命學精釋

洪夢鮮 著

東洋書籍

洪夢鮮
協會報「易理」誌 主幹
季刊「人間時代」編輯委員

(本名 憲植. 雅號 清水學人, 攷童子, 詡諷仙) 翻
壬申年 癸丑月 己卯日 己巳刻, 平北 楚山 出生(原籍 平南 大同郡) 北間島 龍井弘中學校 卒業, 解放으로 東興中學校中退. 歸國後 族叔 洪淳慇翁에게 漢學과 易術을 傳受받음. 以後 中國原書, 日本易書로 易術研究.
韓國易術人協會 中央會 및 韓國易理學會中央會副理事長 歷任, 上記 協·學會附設「易學講座」易經·易占科 專任講師 十五年餘 歷任 健康上 理由로 모든 任員職 辭退.
上記 協·學會誌 編輯委員 學術院委員, 月刊「易友」主幹을 歷任.
現役 易術人 經歷 35年餘, 著述執筆 多年間 活動,「韓國易學總覽」編纂,「易理學寶鑑(第1輯)」編著,「斷易」著述, 現在「生活易占術」執筆中.
月刊「易學」,「易學春秋」誌 등에 實占研究例話 固定寄稿家로 活躍中.

推 薦 辭

　이번에 우리 協·學會의 學術委員이며 會報「易理」誌 主幹인 洪夢鮮先生이 엮어 펴낸 命學精釋의 出刊을 于先 慶賀해 마지 않습니다.
　洪主幹은 일찍 18歲時에 易學에 入門 於焉 40有餘間 오로지 외길로 精進硏究하는 學究派 易術人으로 特히 專攻分野인 斷易·易占에는 造詣가 깊어 大家로 定評이 있습니다.
　더구나 그의 易學術에 對한 情熱은 모든 易術學에 通達하였으며, 易術學普及에도 寄與함이 多大합니다. 本協·學會開催 易學講座에 易經科專任講師로 十數年餘동안 勤續하였고 本會機關誌編輯委員으로 易友誌主幹으로 現在의 會報易理誌主幹으로 多年間 執筆하는 등 後學育成과 易學界 發展에 쏟은 功勞는 참으로 至大합니다.
　洪主幹이 펴낸 命學精釋은 이러한 易學에 對한 愛情의 産物로서 初步者에게는 손쉬운 入門書로 매우 適合하게 꾸며졌고 中級以上의 命學硏究家에게는 더할 나위없는 資料로서 活用하기에 매우 適合要緊하게 꾸며 있어서, 著者의 平素 多情多感한 性品이 如實이 느껴지는 力著입니다. 이에 命學良書임을 確信하게 되어 命學愛好家同志 여러분에게 愛讀을 勸하며 推薦하는 바입니다.

　　　　　　西紀 1992年 3月

　　　　　　　　社團法人 韓國易理學會 中央會
　　　　　　　　　　　總裁 李 昌 財

推薦辭

易學은 天道를 推하여 人事에 及하며 廣大悉備한 것으로써 修養과 經綸 安心立命之道를 顯示합니다.

이 가운데 命理術學은 이로서 修身하고 事業을 興起하고 貧賤不遇에도 處世하여 富貴安寧의 保全을 策定하는 才術學으로서 命理學은 사람의 生年月日時의 干支를 基準하여 그 宿命을 豫知하는 方術인 것입니다.

自他가 共認하는 우리 學會의 命理術學者로서 特出한 境地를 據得 最高峰에 자리한 洪夢鮮 先生께서 이번에 多年間 心血을 傾注한 勞作을 出版하게 되었음은 斯界의 發展을 爲해 易學同好人과 함께 크게 慶賀할 快擧라 하겠습니다.

先生은 平素 驚天動地의 卓越한 才能을 지니면서도 至極히 謙遜한 性品으로서 外柔內剛 하면서 남달리 斯術學에 對한 情熱은 他의 追從을 不許하리만큼이였으며 古今의 運命術書를 廣範圍하게 涉獵하여 正理正論을 取하고 非理邪論은 積極排除하는 良心的인 易術學者이십니다.

孔子는 自己命을 모르는 者는 君子가 아니라고 하였습니다. 우리 人間이 天命을 알고 分數를 지켜서 安心立命할 때 참다운 幸福을 누릴 수 있는 것입니다.

一九九二年 立春節

社團法人 韓國易理學會 中央會

會長 池 昌 龍

序　文

　命學(一名 命理·四柱推命)은 사람이 生年月日時의 干支를 土臺로 해서 그 運命을 豫知하는 方術의 하나이다. 우리들 人間의 生涯——過去에서 現在로, 現在에서 未來로, 未來에서 永劫으로 흘러가는 흐름 가운데의 겨우 一點에 不過하다. 그러나 그러기에 더할 나위 없이 貴重한 한 平生을 如何하게 合理的으로 有効하게 그리고 滿足스럽게 살아갈 것인가 하는 것은 가장 큰 關心事가 아닐 수 없다.
　우리들 人間의 生涯에서 未來를 豫知할 수 있고 그 性格이나 運命을 的確하게 判斷할 수 있다면 그것은 아주 대견한 일이다. 그러한 方法을 찾아내려는 探究는 人類의 歷史와 더불어 古代로부터 存在해 왔으며 東方에서는 易筮文化와 聯關되어 易學의 分野로 命學으로 繼承 發展해 왔다.
　命學도 모든 東洋運命術學과 마찬가지로 根本을 陰陽五行術에 그 原理로 삼고 있다. 陰陽五行說은 一朝一夕에 만들어진 것이 아니며 이에 參與했던 人士는 모두가 그 時代의 超一流級 哲學者였으며, 知識人, 文化人으로서, 天文學者이고 科學者임과 同時에 占星術師였다.
　一說에 依하면 지금은 바닷속에 沈沒 사라진 母(무)大陸——約 二萬八千年前에 繁盛했던 古代高度로 發達되었던 文明의 遺產인 五運六氣가 그 原型이라고도 한다. 그것은 傳說로 친다고 해도 數千年 數百年이라는 長久한 歲月 여러 時代에 걸쳐 많은 先哲 先師에 依해 發展되어 온 것은 史實이다.
　古文獻에 記載된 祿命之祖는 戰國時代의 珞琭子, 같은 時代의 鬼谷子에서 비롯되었고, 漢의 司馬季主 嚴君平, 三國의 管輅, 晋의 郭璞, 北齊의 魏定, 唐의 袁天罡 僧 一行, 李泌, 李虛中이 列擧되어 있다. 李泌는 駱天陽訣과 一行要旨를 터득해서 人命을 推命한바 吉凶이 最驗하였다고 하며, 泌는 이를 虛中에게 傳하고 推衍케 했다고 한다.
　珞琭子에서 李虛中에 이르기까지 論命함에 있어서 生年과 納音을 主로 삼았었는데, 五代때 麻衣道者와 陳希夷 및 徐居易 字는 子平이

虛中의 術學을 硏究끝에 비로소 日主로서 專論하고 正五行으로 看命하게 되었다. 宋의 孝宗時 淮上術士 冲虛子가 이 術學에 精通하여 僧 道洪에게 傳하고 道洪은 元人 徐大升에게 傳하였다.

以上의 記錄에 依하면 現今과 같은 生日을 主로 삼는 推命方式은 徐子平에서 始定되어 徐大升에 이르러 益章大成을 보았으며 「淵海子平」은 徐居易 子平과 徐大升 兩徐公의 著述이다. 以來 이 術學을 「子平術」이라는 通稱을 얻게 된 緣由이다. 「濯纓筆記」에 依하면 後五代때 徐居易 字 子平은 東海人, 雅號를 沙滌先生 또는 蓬萊叟라 稱하고 太華西棠 峯洞에 隱居하였다고 詳載되어 있다.

命術書는 그 以來 神峯 張楠(逸叟) 著 「闢謬 命理正宗」, 萬民英(有吾) 進士 著 「三命通會」, 明代의 劉伯溫 著 「適天髓」, 淸初의 陳相國(素庵) 著 「命理約言」, 이밖에 「命理折疑」, 「命理輯要」, 「子平眞詮」 等의 命學研究家에게 알려져 있다.

近代에 이르러 西紀 1934年(甲戌)에 初版이 刊行된 嘉興 韋千里 著 「命學講義」・「八字提要」는 出刊되자 大端한 好評을 받았던 名著로서 오늘날까지도 그 精彩는 빛나고 있다.

50年代 港都 釜山에서 香港에서 發行된 韋氏命稿를 愛讀했던 筆者는 當時의 感激을 되살려, 20餘年前 韓國易理學會에서 易學講座開設 當時 敎材用으로 이를 重點으로 삼아 編輯하였던 바, 筆者는 專攻分野인 易經・斷易講義를 前任받게 되어 이 原稿는 長期間 햇빛을 못볼 줄로 알았는데, 年前에 圖書出版 東洋書籍 安羅山 社長이 아는 바 되어 出版 勸誘를 받아들여, 增補와 아울러 加筆하여 世上에 내놓게 되었다.

筆者 自身이 命學專攻이 아닌 탓에 內容中에 或 誤流된 說이 있다면 全的으로 淺學非才탓임을 自愧하면서 叱責을 甘受하고자 하며 한편 이 拙書가 因緣되어 命學에 關心을 갖게 되어 더 좋은 良書 名著로 硏究에 精進하는 이가 늘어난다면 望外의 榮光으로 삼고자 하는 바임을 알립니다.

　　　　　壬申 孟春 於서울貞陵淸水川邊寓居 著者 識

命學精釋
目次

推薦辭
序　文

第1章 命學의 基礎知識 ································ 34
第1節 定四柱起例篇 ································ 34
1. 十干・十二支・六十甲子
2. 年柱定法
3. 月柱定法
4. 日柱定法
5. 時柱定法
6. 大運定法・順逆行運・大運歲數
7. 干支單式判斷法

第2節 陰陽五行篇 ································ 48
1. 陰陽說과 그 法則
2. 五行說의 由來
3. 相勝說과 相生說―王朝交替說
4. 五行所屬表
5. 五行各論・六分類와 喜忌
6. 身强과 身弱의 喜忌

第3節 干支位相篇 ································ 66
1. 干支와 氣質
2. 干剋
3. 干合
4. 支合―六合・三合・方合
5. 支冲―六冲
6. 支害―六害
7. 相破
8. 支刑―三刑・相刑・自刑
9. 空亡―旬空과 判斷法

第2章 變通性과 十二運星 ………………………………… 83
第1節 天地星表出篇 ……………………………………… 83
  1. 變通星의 意義
  2. 變通星表出法
  3. 天干變通星早見表(陽干・陰干)
  4. 地支變通星早見表
  5. 地支藏干分野圖
  6. 十二運星表出法
  7. 十二運星早見表
第2節 變通星星情篇 ……………………………………… 89
  1. 比肩의 星情
  2. 劫財의 星情
  3. 食神의 星情
  4. 傷官의 星情
  5. 偏財의 星情
  6. 正財의 星情
  7. 偏官의 星情
  8. 正官의 星情
  9. 偏印의 星情
  10. 印綬의 星情
第3節 十二運星篇 ………………………………………… 96
  1. 十二運의 名稱과 由來
  2. 陰陽生死
  3. 十二運의 構成
  4. 指掌訣法
  5. 十二運星 看命法

    ☆長生 ☆沐浴 ☆冠帶 ☆建祿 ☆帝旺
    ☆衰 ☆病 ☆死 ☆墓 ☆絶 ☆胎 ☆養

第3章 六神에 對한 研究 ········· 117
第1節 六神詳解篇(Ⅰ) ········· 117
1. 傷官 — 構成・由來・能力
   ☆傷官의 利・弊 ☆傷官의 喜・忌
2. 七殺 — 構成・由來・能力
   ☆七殺의 利・弊 ☆七殺의 喜・忌
3. 正官 — 構成・由來・能力
第2節 六神詳解篇(Ⅱ) ········· 129
1. 食神 — 構成・由來・能力
   ☆食神의 利・弊 ☆食神의 喜・忌
2. 印星 — 構成・由來・能力
   ☆印星의 利・弊 ☆印星의 喜・忌
3. 財星 — 構成・由來・能力
   ☆財星의 利・弊 ☆財星의 喜・忌
第3節 比劫祿刃篇 ········· 139
1. 比肩・建祿 — 構成・由來・能力
   ☆比劫祿刃의 利・弊
2. 劫財・羊刃 — 構成・由來・能力
   ☆比劫祿刃의 喜・忌

第4章 格局・用神精釋 ········· 145
第1節 正八格局篇 ········· 145
1. 正八格局取格
   早見表[Ⅰ] 早見表[Ⅱ]
2. 正八格의 成功
3. 正八格의 破壞
4. 正八格의 太過
5. 正八格의 不及

第2節　正八格用神篇 ……………………………… 152
1. 格局用神看法
2. 用神의 需要
3. 用神의 區別
4. 用神行運善惡早見表
   1表・2表・3表

第3節　變格外格篇[甲部] ……………………………… 159
1. 一行得氣格
   (曲直・炎上・從革・潤下・稼穡)
2. 從　格
   (從財・從殺・從兒・從旺・從强)
3. 化氣格
   (化土・化水・化火・化金・化木)
4. 建祿格
   (建祿・月劫・歸祿)
5. 變格外格別格局[甲部]
6. 變格外格別格局[甲部]早見表
   (表1・表2・表3・表4)

第4節　變格外格別格局篇[乙部] ……………………………… 177
1. 變格外格別格局解說[乙部]
   兩神成象・兩干連珠・天元一氣・支辰一氣・干支同體・四位純全・飛天祿馬・倒冲祿馬・暗合・合祿・刑合・拱貴・拱財・拱祿・專印・子遙巳・丑遙巳・六乙鼠貴・日貴・壬騎龍背・六陰朝陽・井欄叉・句陳得位・玄武當權・六壬趨艮・六甲趨乾・日德秀氣・福德・金神・魁罡・專食合祿・傷官帶殺・歲德扶殺・歲德扶財・天干順食・五行俱足・胎元法・時墓
2. 變格・外格別格局早見表[乙部]
   (表1・表2・表3・表4・表5)

第5章 行運(大運・歳運・月建) …………… 191
第1節 行運大運篇 …………………………… 191
1. 行運大運看法
2. 行運의 能力
3. 善惡運의 分析
4. 善惡運總論
5. 大運의 年數
6. 行運大運要訣
第2節 流年歲運篇 …………………………… 201
1. 流年歲運看法
2. 流年과 大運의 關係
3. 流年과 歲運干支
第3節 月建月運篇 …………………………… 203
1. 月建月運看法
2. 月建과 流年의 關係
3. 月建과 時令

第6章 六親論과 婦女命 …………………… 207
第1節 六親看法篇 …………………………… 207
1. 六親看命正法
2. 父母妻子宮位
第2節 六親分論篇 …………………………… 207
1. 妻運의 良否
2. 夫運의 榮枯
3. 父母德의 厚薄
4. 子女緣의 好否
5. 兄弟緣의 好惡
第3節 女命取用篇 …………………………… 213

1. 女命看法
2. 女命用神取用法
3. 女命淫賤秘要

第4節 富貧壽夭篇 ……………………………… 219
1. 富貴吉壽看命訣
   (富・貴・吉・壽)
2. 貧賤凶夭看命訣
   (貧・賤・凶・夭)

第7章 命學研究補充篇 ……………………… 223
第1節 吉凶神殺研究 ………………………… 223
(1) 將星諸辰神殺(早見表・判斷法)
   (將星・攀鞍・驛馬・六害・華蓋・劫殺・災殺・天殺・地殺・年殺・月殺・亡神)
(2) 年支凶殺(早見表・判斷法)
   (孤神・寡宿)
(3) 十干貴神(早見表・判斷法)
   (天乙貴人・太極・福星・天厨・天福・天官・節度・文昌・文曲・三奇貴人)
(4) 十干吉神(早見表・判斷法)
   (十干祿・暗祿・金輿・學士・官貴學堂・長生學堂・夾祿・交祿)
(5) 月支吉神(早見表・判斷法)
   (天德・月德・天月德合・月空・進神・天赦・皇恩大赦・天喜・紅鸞・天醫・驚喜)
(6) 十干凶殺(早見表・判斷法)
   (羊刃・飛刃・紅艷・流霞・梟神・孤鸞・落井・陰錯・陽差・截路・大殺白虎・魁罡)
(7) 月支凶殺(早見表・判斷法)
   (天耗・地耗・白衣・血刃・血支・金鎖・斷橋・斧劈・急脚・天轉・地轉・四廢)

(8) 其他凶殺
      (金神時・湯火殺)
第2節 性情事業疾病研究 ··· 233
   (1) 日主와 性情
      (日主와 太過, 不及, 金多, 木多, 水多, 火多, 土多)
   (2) 用神과 性情
      (變格・外格・身强・身弱・扶抑)
   (3) 事業判斷法
   (4) 疾病과 人體五行
      (五行五臟과 疾病・人體五行配屬表)
第3節 補充研究 ·· 239
   (1) 官殺並見의 影響
   (2) 官殺並見의 喜忌
   (3) 官殺並見의 去留法
   (4) 初學捷徑
   (5) 燥 濕 論

附錄篇 ·· 244

第1節 命學運氣의 바이오리듬 ································· 244
   (1) 吉凶을 決定짓는 扶抑과 調候
   1. 扶抑
   2. 調候
   3. 日干의 强弱 早見表
第2節 調候用神 ·· 251
   (1) 調候用神의 原則
   (2) 調候用神看法
   (3) 生日對 生月 調候用神一覽表
      (甲日生・乙日生・丙日生・丁日生・戊日生・己日生・庚日生・辛日生
      壬日生・癸日生)

命學精釋

第一章 命學의 基礎知識

第一節 定四柱起例篇

1. 十干과 十二支

　命學을 要約해서 말하면——生日의 干支를 中心으로 삼아서, 年・月・日・時의 干支와의 關係를 分類, 人間의 命運을 判斷하는 方術學——이라 할 수 있다. 바꾸어 말해서 命學은 干支를 土台로 한 運命學이다. 그러므로 推命을 하려면 먼저 干支에 대해서 아는 것이 첫째 條件이다.

　干支라 함은 十干과 十二支의 總稱으로서 甲乙丙丁戊己庚辛壬癸를 十干이라고 하며, 子丑寅卯辰巳午未申酉戌亥를 十二支라고 한다. 또 十干을 天干, 十二支를 地支라고도 한다. 十干과 十二支에는 各各 陰陽・五行이 配屬되어 있으며 바로 다음과 같다.

干 支	五行 陰陽	木	火	土	金	水
天 干	陽	甲	丙	戊	庚	壬
	陰	乙	丁	己	辛	癸
地 支	陽	寅	午	辰戌	申	子
	陰	卯	巳	丑未	酉	亥

　六十甲子＝以上의 甲乙丙丁戊己庚辛壬癸의 十干과, 子丑寅卯辰巳午未申酉戌亥의 十二支를 陽干과 陽支, 陰干과 陰支끼리 각각 順位대로 排列하면 六十干支(六十甲子)가 된다.
　이 干支의 結合에는 陽干과 陰支, 陰干과 陽支끼리는 結合이 되지 않는게 原則이다. 干支를 順位的으로 結合하면 다음 표와 같은 六十甲子가 된다.

干支順位(六十甲子)表

甲子₁	乙丑₂	丙寅₃	丁卯₄	戊辰₅	己巳₆	庚午₇	辛未₈	壬申₉	癸酉₁₀
甲戌₁₁	乙亥₁₂	丙子₁₃	丁丑₁₄	戊寅₁₅	己卯₁₆	庚辰₁₇	辛巳₁₈	壬午₁₉	癸未₂₀
甲申₂₁	乙酉₂₂	丙戌₂₃	丁亥₂₄	戊子₂₅	己丑₂₆	庚寅₂₇	辛卯₂₈	壬辰₂₉	癸巳₃₀
甲午₃₁	乙未₃₂	丙申₃₃	丁酉₃₄	戊戌₃₅	己亥₃₆	庚子₃₇	辛丑₃₈	壬寅₃₉	癸卯₄₀
甲辰₄₁	乙巳₄₂	丙午₄₃	丁未₄₄	戊申₄₅	己酉₄₆	庚戌₄₇	辛亥₄₈	壬子₄₉	癸丑₅₀
甲寅₅₁	乙卯₅₂	丙辰₅₃	丁巳₅₄	戊午₅₅	己未₅₆	庚申₅₇	辛酉₅₈	壬戌₅₉	癸亥₆₀

命學을 四柱라고 흔히 말하는데 그것은 生年, 月, 日, 時의 네 기둥을 四柱라고 한 것이다. 즉 人命을 判斷하려면 다음과 같이 各各의 柱에 干支를 붙인다.

甲子(年柱)　　天干四字와 地支四字를 合하면 모두 八個의 干支字로 成
丙寅(月柱)　　立되어 있으므로 一名 八字라고 俗稱되기도 한다.
乙丑(日柱)
己卯(時柱)

2. 年柱定法

年柱는 生年干支를 말하며 一名 太歲라고도 한다. 普通의 太歲干支는 陰曆 正月 初一日에서부터 臘月(陰十二月) 除夕(섣달그믐)까지이나 命學에서는 一干支年은 立春節入을 起点으로 해서 始作되고, 다음해 立春節入前까지를 指稱하는 것으로 되어 있다.

그러므로 立春을 前後해서 탄생한 사람은 年柱를 定할 때 반드시 立春前인가 立春後인가를 萬歲曆에서 찾아서 올바른 것으로 記載해야 한다.

立春은 보통 陽曆으로 2月 4日頃에 들며 閏年관계로 2月 5日이 되는 수도 있다.

年柱를 定할 때는 반드시 立春을 基準으로 하므로 立春前에 出生人은 當年度에 出生해도 前年度의 干支로 年柱를 쓰고, 立春後에 出生人은 當年度에 出生해도 다음 年度의 干支를 年柱로 한다.

立春當日에 出生했을 때도 立春節入의 時刻에 의해서 決定해야 한다. 가령 午前 12時에 入節일 때는 12時 以前 出生人은 當年度 立春日에 出生해도 前年度의 干支로 年柱를 쓴다.

例題1. 庚午 正月 初八日(양력 90年 2月 3日)生
　(年柱) 己巳　當該年 立春은 正月 初九日(陽 2月 4日)이므로 이 出生人은 立春前이 된다. 그러므로 前年度干支「己巳」로 年

柱를 定한다.
　例題2. **丁卯 十二月 十八日**(양력 88년 2월 5일)生
　(年柱) 戊辰 이해 立春은 十二月 十七日(陽 2月 4日)이므로 이 出生人은 立春後가 되므로 陰丁卯年에 出生했어도 다음해 干支인「戊辰」을 年柱로 定함이 옳다.
　例題3. **庚午 正月 初九日**(양력 90년 2월 4일) 午前 11時 13分生이면 이날이 立春日로 節入時刻이 午前 11時 14分에 바뀌므로 節入時刻 以前이 되어 年柱는「己巳」를 쓴다.

3. 月柱定法

生月을 月柱 또는 月建이라 한다. 一年은 12個月이므로 月支는 各月別로 定해져 있다. 즉, 正月은 寅이 月建, 二月은 卯가 月建, 三月은 辰이 月建, 四月은 巳가 月建, 五月은 午가 月建, 六月은 未가 月建, 七月은 申이 月建, 八月은 酉가 月建, 九月은 戌이 月建, 十月은 亥가 月建, 十一月은 子가 月建, 十二月은 丑이 月建이다.

月支에 天干을 붙이려면 年頭法을 외워두면 찾기가 쉽다. 一名「五虎遁歌訣」이라고도 한다.

年頭法(一名 五虎遁)
　甲己之年　丙寅頭
　乙庚之年　戊寅頭
　丙辛之年　庚寅頭
　丁壬之年　壬寅頭
　戊癸之年　甲寅頭

이 歌訣에서 甲己之年이라 함은 天干이 甲字가 붙는 해(甲子·甲戌·甲申·甲午·甲辰·甲寅年과 己巳·己卯·己丑·己亥·己酉·己未年)는 첫머리달인 正月(寅月)은 丙으로부터 始作하니 丙寅月, 二月은 丁卯月, 三月은 戊辰月, 四月은 己巳月, 五月은 庚午月, 六月은 辛未月, 七月은 壬申月, 八月은 癸酉月, 九月은 甲戌月, 十月은 乙亥月, 十一月은 丙子月, 十二月은 丁丑月이 되며 以下 같은 方法으로 알아낼 수가 있다.
즉 年天干이 乙年이나 庚年의 正月은 戊寅月에서 始作해서 二月은 己卯月, 三月은 庚辰月, 四月은 辛巳月 等으로 月干支를 붙여 나간다.
그리고 月柱를 定하는데도 月節氣를 基準으로 한다. 年柱를 定할 때 立春을 基準삼았던 先例에서와 마찬가지로 月柱를 定할 때 그달의 初一

定四柱起例篇 37

日에서 그믐까지를 一個月로 보는 것이 아니라 二十四節 중에서 한 月節에서 다음 月節 사이를 一個月로 삼아 月干支를 定하고 月柱로 삼는 것이다.
 그러므로 月柱를 定하는 데는 二十四節氣와 該當 月節에 對한 知識이 必要하다.
 二十四節은 春分点을 基點으로 삼아 黃道를 二十四等分하여 太陽이 그 分點을 넘어서는 瞬間을 二十四節로 삼은 것으로서 이 方法에 의하면 各 節氣 사이의 時間은 서로가 均等하지는 않으나 曆面上의 春分, 秋分, 夏至, 冬至는 眞春分, 秋分, 夏至, 冬至와 正確히 一致한다. 月建支와 月節氣의 關係는 다음과 같다.

寅月(正月)은 立春에서 驚蟄까지사이(양력 2월 4일경~3월 5일경)
卯月(二月)은 驚蟄에서 淸明까지사이(양력 3월 5일경~4월 5일경)
辰月(三月)은 淸明에서 立夏까지사이(양력 4월 5일경~5월 5일경)
巳月(四月)은 立夏에서 芒種까지사이(양력 5월 5일경~6월 6일경)
午月(五月)은 芒種에서 小暑까지사이(양력 6월 6일경~7월 7일경)
未月(六月)은 小暑에서 立秋까지사이(양력 7월 7일경~8월 7일경)
申月(七月)은 立秋에서 白露까지사이(양력 8월 7일경~9월 8일경)
酉月(八月)은 白露에서 寒露까지사이(양력 9월 8일경~10월 8일경)
戌月(九月)은 寒露에서 立冬까지사이(양력 10월 8일경~11월 7일경)
亥月(十月)은 立冬에서 大雪까지사이(양력 11월 7일경~12월 7일경)
子月(十一月)은 大雪에서 小寒까지사이(양력 12월 7일경~1월 5일경)
丑月(十二月)은 小寒에서 立春까지사이(양력 1월 5일경~2월 4일경)
※ 二十四節氣는 以上의 十二月節과 十二月中氣(雨水, 春分, 穀雨, 小滿, 夏至, 大暑, 處暑, 秋分, 霜降, 小雪, 冬至, 大寒 등 十二氣라고도 함)를 合친 것인데, 命學에서는 十二月節의 節入日時만을 重視하고 있으며 餘他의 中氣인 十二氣는 쓰지 않는다.

例題 1. 庚戌 五月 初二日(양력 70년 6월 5일)生人
(年柱) 庚戌 이해의 萬歲曆에 의하면 五月(午月)節인 芒種은 五月 初
(月柱) 辛巳 三日(양력 6월 6일)에 入節한 것으로 記載되어 있다. 그러므로 午月節前生이 되므로 「辛巳」가 求하는 月干支(月建)이다.

例題 2. 庚戌 五月 初四日(양력 70년 6월 7일)生人

(年柱) 庚戌 앞의 例에 의하면 同年 午月節인 芒種節入後生人이므로
(月柱) 壬午 마땅히「壬午」가 月柱가 된다.

出生日이 月節入日일 境遇도 節入時刻前生은 前節月氣의 月建(月干支)으로 月柱를 定하고 節入時刻後生人은 當然히 當月節 月建으로 月柱를 삼는다.

그러므로 節入日前後에 出生한 사람은 正確한 萬歲曆으로 月節入時刻을 對照해서 月柱를 定해야 할 것이다.

月 建 早 見 表

月節入 年干	正月 立春	二月 驚蟄	三月 淸明	四月 立夏	五月 芒種	六月 小暑	七月 立秋	八月 白露	九月 寒露	十月 立冬	十一月 大雪	十二月 小寒
甲己年	丙寅	丁卯	戊辰	己巳	庚午	辛未	壬申	癸酉	甲戌	乙亥	丙子	丁丑
乙庚年	戊寅	己卯	庚辰	辛巳	壬午	癸未	甲申	乙酉	丙戌	丁亥	戊子	己丑
丙辛年	庚寅	辛卯	壬辰	癸巳	甲午	乙未	丙申	丁酉	戊戌	己亥	庚子	辛丑
丁壬年	壬寅	癸卯	甲辰	乙巳	丙午	丁未	戊申	己酉	庚戌	辛亥	壬子	癸丑
戊癸年	甲寅	乙卯	丙辰	丁巳	戊午	己未	庚申	辛酉	壬戌	癸亥	甲子	乙丑

4. 日柱定法

出生日의 干支를 日柱라고 하며, 一名 日辰이라고도 한다.

命學은 生日干支를 土台로 人命을 推斷하는 術學이므로 日辰을 내려면 正確한 曆書나 萬歲曆을 使用해야 옳은 命式을 配列할 수가 있다.

日辰의 境界와 起點은 子時이다. 子時는 午後 11時서부터 子時初가 든다.

그러므로 當日 午後 11時를 起點으로 그 以前 出生人은 當日(그날)의 日辰을 日柱로 삼고, 午後 11時 以後 出生人은 翌日(다음날)의 日辰을 日柱로 삼는다.

다시 말해서 前日 午後 11時 1秒 지나서부터 當日 午後 11時 正刻까지가 一日이라는 것이다. 가령 庚戌年 五月 初四日(양력 70년 6월 7일) 午後 11時 3分에 出生人은 當日 干支「戊午」를 日柱로 하지 않고 翌日인 五月 初五日(양력 6월 8일)의 日辰인「己未」日을 日柱로 삼는다는 것이다. 그러나 五月 初四日 午後 11時 前後였다는 애매모호한 記憶이었을 때는「戊午」日 마지막 時刻인 亥時와 翌日 첫 時刻인「己未」日 子時의 命式 두 가지를 모두 내어 그 어느쪽이 當者에게 該當하는가를 살펴보아서 決定을 해야 되리라.

5. 時柱定法

時柱는 出生한 時間으로 定하게 되며 時의 干支는 生日의 天干에 따라 定해져 있다.

十二支時刻은 現用하는 2時間式이 一支時刻으로 되어 있으니 換算하면 다음과 같다.

子時 —— 午後 11時~午前 1時前까지(23：00~0：59)
丑時 —— 午前 1時~午前 3時前까지(1：00~2：59)
寅時 —— 午前 3時~午前 5時까지(3：00~4：59)
卯時 —— 午前 5時~午前 7時까지(5：00~6：59)
辰時 —— 午前 7時~午前 9時까지(7：00~8：59)
巳時 —— 午前 9時~午前 11時까지(9：00~10：59)
午時 —— 午前 11時~午後 1時까지(11：00~12：59)
未時 —— 午後 1時~午後 3時까지(13：00~14：59)
申時 —— 午後 3時~午後 5時까지(15：00~16：59)
酉時 —— 午後 5時~午後 7時까지(17：00~18：59)
戌時 —— 午後 7時~午後 9時까지(19：00~20：59)
亥時 —— 午後 9時~午後 11時까지(21：00~22：59)

生時의 干支를 表出하려면 日辰의 天干에 의해서 定하는 것이 定法이다. 예로부터 「時頭法」이라는 歌訣이 있으니 다음과 같다. 모두 子時(午後 11時에서 午前 1時前까지)의 干을 나타내고 있다. 一名「五鼠遁」이라고도 한다.

時頭法(一名 五鼠遁)
甲己夜半生甲子
乙庚夜半生丙子
丙辛夜半生戊子
丁壬夜半生庚子
戊癸夜半生壬子

이 歌訣에서 甲己라 한 것은 日辰 天干이 甲日(甲子日, 甲戌日, 甲申日, 甲午日, 甲辰日, 甲寅日)과 己日(己巳日, 己卯日, 己丑日, 己亥日, 己酉日, 己未日)의 子時는 甲子時라는 것이다. 그러므로 다음은 順位대로 丑時는 乙丑時, 寅時는 丙寅時, 卯時는 丁卯時, 辰時는 戊辰時, 巳時는 己巳時, 午時는 庚午時, 未時는 辛未時, 申時는 壬申時, 酉時는 癸酉時, 戌時는 甲戌時, 亥時는 乙亥時가 된다.

또 生日干이 乙이나 庚일 때는 子時生은 丙子時, 丑時生은 丁丑時, 寅時生은 戊寅時로 順位대로 表出해 나가면 된다(時間 干支 早見表를 참조).

時間干支早見表

時間 日干	自後11時 至前1時	自前1時 至前3時	自前3時 至前5時	自前5時 至前7時	自前7時 至前9時	自前9時 至前11時	自前11時 至後1時	自後1時 至後3時	自後3時 至後5時	自後5時 至後7時	自後7時 至後9時	自後9時 至後11時
甲己日	甲子	乙丑	丙寅	丁卯	戊辰	己巳	庚午	辛未	壬申	癸酉	甲戌	乙亥
乙庚日	丙子	丁丑	戊寅	己卯	庚辰	辛巳	壬午	癸未	甲申	乙酉	丙戌	丁亥
丙辛日	戊子	己丑	庚寅	辛卯	壬辰	癸巳	甲午	乙未	丙申	丁酉	戊戌	己亥
丁壬日	庚子	辛丑	壬寅	癸卯	甲辰	乙巳	丙午	丁未	戊申	己酉	庚戌	辛亥
戊癸日	壬子	癸丑	甲寅	乙卯	丙辰	丁巳	戊午	己未	庚申	辛酉	壬戌	癸亥

以上으로 四柱(年柱·月柱·日柱·時柱의 干支)를 定하여 配列하는 法을 習得했으리라 믿는 바이나, 이 四柱干支는 命運을 判斷하는 重要한 基準이므로 絶對로 誤記가 없어야 한다.

正確한 四柱配列을 爲해 初心者는 例題를 敎材로 삼아 要領을 터득하고 實例를 만들어 練習을 거듭하여 熟達하기 바라는 바이다.

例題 1. 庚午年 正月 初八日(양력 90년 2월 3일) 午後 2時 生人
(年柱) 己巳   庚午年 立春은 同年 正月 初九日(양력 2월 4일) 午前 5
(月柱) 丁丑   時 27分 入節. 이 出生人은 立春前生이므로 前年度 干支
(日柱) 己亥   「己巳」가 年柱가 되며, 立春前月은 丑月로서 己年은 「丁
(時柱) 辛未   丑」月이 된다.
　　　　　　初一日干支가 壬辰日이다. 順位대로 짚어나가면 初八日
　　　　　　은 「己亥」가 되므로 日柱는 己亥이다.
　　　　　　時는 未時로서 己日生이니 甲子時부터 짚으면 「辛未時」
　　　　　　가 되니 時柱로 삼는다.

例題 2. 丁卯年 十二月 十八日(양력 88년 2월 5일) 午前 8時 30分 生人
(年柱) 戊辰   立春이 十二月 十七日(양 2·4) 午後 11時 43分에 入節
(月柱) 甲寅   이라. 이 出生人은 立春後生이므로 丁卯 다음해의 太歲
(日柱) 庚寅   「戊辰」이 年柱가 된다.
(時柱) 庚辰   立春節은 寅月이 되며 戊年頭「甲寅」이 月柱干支가 된다.
　　　　　　日辰은 初一日干支가 癸酉, 十一日干支가 癸未이다. 順位대로 짚어가면 十八日은「庚寅」이며 日柱가 된다.

時柱는 日干이 庚이므로 丙子時부터 生時 辰(午前 八時 30分)까지 짚어나가면(丁丑, 戊寅, 己卯, 庚辰) 곧 「庚辰」時가 時柱가 된다.

例題3. **庚戌 五月 初二日**(양력 70년 6월 5일) 午前 10時 10分 生人
(年柱) 庚戌 太歲인 年干支가 庚戌이므로 年柱는 「庚戌」.
(月柱) 辛巳 生月은 五月이나 午月節 芒種이 初三日(양6·6)에 入節이라 月節前이 되어 巳月建「辛巳」가 月柱干支가 된다.
(日柱) 丙辰 初一日 日辰이 乙卯, 二日은 丙辰日이며 日柱干支가 된다.
(時柱) 癸巳 生時(午前 10時 10分)는 巳時이니 丙日은 子時가 戊子時~癸巳時가 되며 時柱干支이다.

例題4. **庚戌年 五月 初四日**(양력 70년 6월 7일) 午後 10時 10分 生人
(年柱) 庚戌 太歲는 庚戌年이므로 年柱干支는 「庚戌」.
(月柱) 壬午 五月生으로 午月節인 芒種(五月 三日 양6·6)節入後生이므로 壬午月이 月柱干支가 된다.
(日柱) 戊午 初一日日辰이 乙卯이다. 二日은 丙辰, 三日은 丁巳, 四日은 戊午가 된다. 「戊午」가 日柱干支이다.
(時柱) 癸亥 生時는 亥時(午後 10時10分)이다. 戊日干은 子時가 壬子時, 癸丑時, 甲寅時, 乙卯時 —— 亥時는 癸亥時이며 時柱干支가 된다.

6. 大運干支配列定法

大運의 起點은 生月의 干支, 즉 月建으로서 定한다.

또 大運에는 順行運과 逆行運이 있으며 順行이라 함은 甲子·乙丑·丙寅·丁卯와 같이 六十甲子의 順序에 따라서 大運을 配列해 가는 方法을 말한다. 이와 反對로 逆行은 癸亥·壬戌·辛酉·庚申·己未·戊午처럼 六十甲子를 逆行 거슬러가는 運을 말한다.

그 順行과 逆行은 生年天干字로 定하는데 男命이 陽干年(甲·丙·戊·庚·壬)生人과 女命이 陰干年(乙·丁·己·辛·癸)生人을 順行運으로 하고 이와 反對로 男命이 陰干年, 女命이 陽干年生人은 逆行運으로 하는 것이다.

가령 甲子年 丙寅月生 男命을 例로 들면 甲은 陽年干이므로 順行이며 月建인 丙寅을 起點으로서 配列해간다. 이때 月柱인 丙寅은 提綱이라고 해서 兩親運으로서 깊이 問題삼지 않고 다음 干支서부터 取擇한다.

(第一部) 丁卯
(第二部) 戊辰
(第三部) 己巳
(第四部) 庚午
(第五部) 辛未
(第六部) 壬申

以上과 같이 大運干支를 配列해간다.
이번에는 乙丑年 戊寅月生 男命일 때는 乙은 陰干年이므로 逆行運이다. 月建인 戊寅을 起點으로 해서 다음처럼 逆으로 配列해간다.

(第一部) 丁丑
(第二部) 丙子
(第三部) 乙亥
(第四部) 甲戌
(第五部) 癸酉
(第六部) 壬申

다음에는 女命을 例로 들면 乙丑年 戊寅月生일 때, 乙은 陰干年이므로 順行運이 되며 月建戊寅을 起點으로 配列해간다.

(第一部) 己卯
(第二部) 庚辰
(第三部) 辛巳
(第四部) 壬午
(第五部) 癸未
(第六部) 甲申

이와 같이 된다. 또 女命이 甲子年 丙寅月生人일 때는 甲이 陽干年이므로 逆行運이 되어서 다음과 같이 逆으로 大運干支를 配列해간다.

(第一部) 乙丑
(第二部) 甲子
(第三部) 癸亥
(第四部) 壬戌
(第五部) 辛酉
(第六部) 庚申

大運配列法을 익혔으면 다음에는 大運이 몇 歲運이 드는지를 알아야 한다. 소위 大運歲數라고도 하는데 이를 알기 쉽게 歌訣로 要約한 것이 있으니 다음과 같다.

陽男陰女는 未來節이요(順行運)
陰男陽女는 過去節이라(逆行運)

大運의 歲數에는 一歲運에서 十歲運까지 있다. 歲運을 定하는 法은 順行運人은 生日時에서 未來節(다음 月節)까지 몇日인가를 살펴서 보는 것이다. 大運에서는 三日을 一歲로 치는 것이므로 例를 들면 甲子年 三月 初十日(양 84년 4월 10일)生人이 男命이면, 甲年陽干이므로 順行運이다. 辰月生이므로 未來節은 巳月節 立夏(四月 初五日(양 5월 5일))入節日까지 日字를 計算하면 26日이 된다. 三으로 나누면 八年과 2/3가 되니 歲運은 九歲運이다.

逆行運일 때 즉 前記 甲子生人이 女命이면 過去節까지 生日에서 거슬러서 日字를 計算한다. 辰月節은 淸明인데 그해 淸明節日은 三月 初四日(양 4월 4일)이니 生日인 初十에서 거슬러 세면 七日間이다. 二年과 1/3이 되므로 歲運은 二歲運이다.

이상의 例에서처럼 二日이 남으면 一年을 보태고 一日이 남으면 버리는 法을 「一捨二入」이라고 하며 많은 命學同好家들이 보통 常例로 쓰고 있다.

精密한 方法도 있으니 紹介하면 다음과 같다.

一時辰은 十日間. 一日은 十二時辰이니 一百二十日이 되며, 四個月. 三日은 十二個月이 되니 즉 一歲年이 된다. 以上의 原則을 基本으로 하여 生日 生時에서 節入時刻까지를 精密 正確하게 推算하면 幾年干, 幾月 幾日 幾時에 交運이 되는지 算出할 수 있다.

大運干支는 一運이 十年間式이다. 大運年歲에서 二歲運이니 七歲運이니 하는 것은 最初의 大運이 二歲, 또는 七歲時부터 入運된다는 것으로서 그 歲부터 十年間을 그 大運干支로 運命을 推斷한다는 것이다. 그리고 十年마다 大運干支가 바뀌니 이를테면 二歲運이면 다음은 十二歲, 二十二歲, 三十二歲, 四十二歲에 交運되며 七歲運이면 十七歲, 二十七歲, 三十七歲, 四十七歲에 交運이 되는 것이다.

例題 [陽干年일 때]

甲子年 正月 二十四日(양력 84년 2월 25일) 午後 2時生

(年柱) 甲子　　△順行運(男命)　　　　　　▲逆行運(女命)
(月柱) 丙寅　3歲 丁卯　　(第一部運)　　7歲 乙丑
(日柱) 己丑　13歲 戊辰　　(第二部運)　　17歲 甲子
(時柱) 辛未　23歲 己巳　　(第三部運)　　27歲 癸亥

33歲 庚午　　　（第四部運）　　37歲 壬戌
43歲 辛未　　　（第五部運）　　47歲 辛酉
53歲 壬申　　　（第六部運）　　57歲 庚申

生年月日時가 同一하면 男女를 不問하고 四柱干支(年柱・月柱・日柱・時柱)는 同一하다.

△男命이면 陽干年이므로 順行運이다. 그러므로 月柱干支 丙寅 다음의 丁卯서부터 戊辰, 己巳, 庚午, 辛未로 順位대로 大運干支를 配列한다. 또 大運年歲數는 生日에서 未來節까지를 세어보는데 生日인 二十四日에서 未來節인 驚蟄節入日 二月初三日(양력 3월 5일)까지는 만9일째가 되므로 3으로 나누면 三年 즉 三歲運이 된다. 第一部運에서부터 三歲, 十三歲, 二十三歲, 三十三歲처럼 順位대로 적어 넣으면 된다.

▲女命이면 陽干年일 때는 逆行運이다. 그러므로 月柱干支 丙寅에서 거슬러 올라 앞의 干支인 乙丑에서부터 甲子, 癸亥, 壬戌, 辛酉, 壬戌로 逆順해서 大運干支를 配列한다. 또한 大運年歲數는 生日에서 過去節까지 거슬러 세어 집어나간다. 生日 二十四日(양력 25일)에서 寅月節인 立春節入日 正月初四日(양력 2월 5일)까지는 21日째, 만20日間, 三分하면 6年하고 2/3가 되니 七歲運이 된다. 第一部運에서부터 七歲, 十七歲, 二十七歲, 三十七歲, 四十七歲, 五十七歲運이 됨을 알 수가 있다.

例題 [陰干年일 때]
辛酉年 三月 十一日(양력 81년 4월 15일) 午前 10時生人

(年柱) 辛酉　　△順行運(女命)　　　　▲逆行運(男命)
(月柱) 壬辰　　 7歲 癸巳　（第一部運）　 4歲 辛卯
(日柱) 癸亥　　17歲 甲午　（第二部運）　14歲 庚寅
(時柱) 丁巳　　27歲 乙未　（第三部運）　24歲 己丑
　　　　　　　37歲 丙申　（第四部運）　34歲 戊子
　　　　　　　47歲 丁酉　（第五部運）　44歲 丁亥
　　　　　　　57歲 戊戌　（第六部運）　54歲 丙戌

生年月日時가 同一하면 男女를 不問하고 四柱干支는 同一하다.

△女命은 陰干年이므로 順行運이다. 그러므로 月建 壬辰 다음인 癸巳가 第一部 初運이 되며 다음 順位대로 甲午, 乙未, 丙申, 丁酉, 戊戌로 大運干支를 配列한다. 大運歲數는 順行運은 未來節이므로 生日인 十一日서부터 巳月節 立夏節入日 四月初二日(양력 5월 5일)까지 세어가니 21日(만20日)이였다. 三分하면 七年 즉 七歲運이 된다.

▲男命은 陰干年이므로 逆行運이다. 그러므로 月建 壬辰에서 그앞 干支 辛卯가 第一部運이 되고 逆順位되므로 庚寅, 己丑, 戊子, 丁亥, 丙戌로 配列한다.

大運歲數는 逆行運은 過去節이므로 生日인 十一日에서 辰月節 淸明節 入日인 同月 一日(양력 4월 5일)까지 거슬러 센다. 十五日이 되므로 三分하면 四歲運임을 알 수 있다.

예전 術家들이 記錄한 命式에는 大運歲數를 五歲運인 境遇 初五, 冠五, 立五, 井五, 命五, 順五, 希五 등으로 記載한 것을 볼 수 있다. 初는 單이고, 旬은 10數, 冠은 20數, 立은 30數, 井은 40數, 命은 50數, 順은 60數, 希는 70數를 이르는 것이다. 즉 初五는 15歲, 冠五는 25歲, 立五는 35歲, 井五는 45歲, 命五는 55歲, 順五는 65歲, 希五는 75歲運이다.

干支單式判斷

年·月·日·時의 干支만으로도 대체적인 判斷은 可能하다. 命學은 變通星이나 十二運星 格局用神 喜忌 등을 通해서 精密한 命運을 推斷하는 것이나 干支만으로도 判斷하는 것도 重要다.

이 사람이 社會에서 어느 만큼 큰 功績이나 業績을 成就할 人材인가, 運勢는 良好하지만 大人物이 될 材木감으로는 不足하다는 등은 干支만으로도 가히 가려지며 알 수 있는 것이다.

二至와 命運의 盛衰

冬至와 夏至를 二至라고 한다.

冬至에 이르러서 一陽이 始生하고 夏至에 이르면 一陰이 始生한다. 一年 春·夏·秋·冬 四季節을 크게 陰·陽으로 區分한 것이 二至이다.

陽氣가 始生하는 冬至는 萬物의 始生이기도 하므로 歲首로 보는 것이다.

(曆法上 天正冬至를 歲首로 삼았던 太初曆時代에는 子月을 歲首로 삼았다. 現在 널리 使用되고 있는 陽曆은 丑月이 歲首가 되어 있다. 現行 陰曆의 歲首는 立春節入인 寅月을 基準하고 있다. 現今에 이르러 日本命學家中 極히 小數人이 復古를 主張, 冬至로 歲首를 삼아 子月로서 新年 太歲干支를 年柱로 하는 流派가 있다. 本書에서는 이 說을 採擇하지 않는다. 어디까지나 立春을 基準 寅月로 歲首를 삼고 있으니 이 點 誤解없기를 바란다)

春夏秋冬 四時節은 모두 生旺되는 五行이 主司한다.
冬至에서 一陽이 始生하면 木(春)에서부터 生旺해서 다음의 木生火로서 火(夏)가 生旺하는 理가 그것이다.
이를 四柱干支에서 證驗해 본다면 甲乙木日干生은 冬至前이라면 陽氣가 未動이므로 木은 死·絶이 되어 多凶하며 發運이 어렵다. 이에 反해서 冬至後라면 陽氣가 已動하였으니 木은 陽氣에 乘旺해서 發伸 爵祿을 누린다. 이때 勿論 用神이 入格되어야 한다.
丙丁火日干生은 冬至前이면 水氣가 當旺하여 滅火되고 失令에다가 衰絶되어 多凶하다. 그러나 冬至後라면 不忌水하게 된다. 왜냐하면 丙丁火가 木에 乘하여 受生되므로 開運하고 發運이 容易하다.
夏至는 一陰이 始生하니 金生水이다. 曆法上 夏至後 庚金日을 三伏이라 한다. 이 原理는 陰生이면 金生火囚라고 한다. 그러므로 庚辛金日干生은 夏至後이면 不忌火이므로 不凶하다.
壬癸水日干生은 夏至前이라면 時期가 夏火旺盛하므로 火生土로 土를 生하고 그 土는 水를 剋하므로 滅水되므로 凶이 된다. 夏至後라면 비록 土가 盛해도 凶이 되지 않는다.

日主와 他主干支
命學에서는 生日天干을 「日主」 또는 「元」이라고 해서 가장 重要한 것으로 보고 있다. 그러므로 日主와 다른 干支와의 關係에 따라 여러 面으로 吉凶이 달라진다.

★日主가 甲乙木日干일 때
① 年·月·時柱 干支에 日主와 같은 甲乙이 많거나 寅卯와 같은 木性地支가 많으면 金性干支(庚·辛·申·酉)가 있는게 바람직하다. 만일 있다면 高尚有德한 名望家가 된다.
② 他柱에 火性干支(丙, 丁, 巳, 午)가 있으면 聰明하고 優秀한 人物이 된다. 그러나 火性이 過多하면 才能은 있으면서도 社會的으로 頭角을 顯出하기는 至難하다.
③ 他柱에 土性干支(戊, 己, 辰, 戌, 丑, 未)가 많은 것은 財運도 좋고 長壽를 保全한다. 그러나 너무 過多면 도리어 身弱, 病弱해진다.
④ 他柱에 水性干支(壬, 癸, 亥, 子)가 있는 것은 매우 良好한 것이나 너무 過多일 때는 常時 居處가 安定치 못해서 苦生하게 된다.
⑤ 申, 酉月生은 丙, 丁, 巳, 午 等이 干支가 있으면 大器인 人物이다.

★日主가 丙丁일 때
 ① 年·月·時에 甲, 乙, 寅, 卯의 木性干支가 없으면 才能을 發揮할 수가 있으나 永續되지 못한다.
 ② 他柱에 壬, 癸, 亥, 子의 水性干支가 없으면 性格이 過激해져서 남과의 圓滿한 交際가 매우 어렵다.
 ③ 丙午, 丙寅, 丁巳, 丁卯日生人은 處事에 臨해서 決斷力도 있고 進取의 氣風이 豊富해서 有望한 人材가 된다.
 ④ 丙子, 丁亥日生人은 神經質的인 性格으로서 禮儀가 바른 人士이나 消極的이라서 機會를 놓치기 쉬운 點이 있다.
 ⑤ 他柱에 庚, 辛, 申, 酉 등 金性干支가 있으면 社會의 知識에 該博한 有用의 人材이다.
 ⑥ 他柱에 戊, 己, 辰, 戌, 丑, 未 등 土性干支가 많이 있으면 무슨 일이나 잘 되지 않거나 前途豫測을 誤判해서 失敗함이 있다.

★日主가 戊己일 때
 ① 年·月·時에 丙, 丁, 巳, 午 등 土性을 生해 주는 干支가 있으면 良好함을 얻는다.
 ② 他柱에 壬, 癸, 亥, 子 등의 干支가 있음은 좋으며 商才가 있어서 財運에 惠澤받는다. 그러나 水性干支가 過多하면 도리어 損財하게 된다.
 ③ 他柱에도 戊, 己, 辰, 戌, 丑, 未 干支가 過多면 營爲事가 阻滯됨이 많아 困難을 받는다.
 ④ 他柱에 庚, 辛, 申, 酉 등 金性干支가 많으면 日主土性이 衰해져서 性質이 消極的이 되고 身體도 虛弱한 데가 나온다.

★日主가 壬癸일 때
 ① 年·月·時에 庚, 辛, 申, 酉 등의 金性이 適當히 있으면 聰明하고 반드시 成功한다. 그러나 水性과 金性의 均衡이 잡히지 않았을 때는 土性干支가 있으면 도움이 된다.
 ② 他柱에 丙, 丁, 巳, 午 등 火性干支가 많으면 奮發의 意志가 薄하나, 水性과 火性이 서로 均停할 때는 頭腦도 좋고 社會의 有用한 人材가 된다.
 ③ 他柱에 戊, 己, 辰, 戌, 丑, 未의 土性干支가 있으면 愚鈍해지므로 별로 좋지 못하나, 甲, 乙, 寅, 卯와 같은 木性干支가 많을 때는 도리어 良好한 運勢를 가져온다.

④ 他柱에 甲, 乙, 寅, 卯와 같은 木性干支가 많을 때는 性格上 覇氣가 없어서, 매우 消極的이 된다.
⑤ 壬, 癸, 亥, 子 등 水性干支가 많고 土性干支가 없으면, 職業이 자주 變轉되거나 住居가 不安定하기도 한다.

以上에서 干支만으로 대강 把握하고 그 貴賤才能을 判別한다. 여기에서 注意할 點은 命學에서는 어디까지나 日主를 尊重한다는 思考方式에 立脚하고 있다는 것이다. 日主를 어떻게 他의 干支가 補佐하고 있는가. 剋害하고 있는가를 살펴보는게 主眼을 두고 있다. 그러나 그러한 思考方式은 平凡한 五行相生理論에만 치우친 것이 아니라 命學獨特한 思考方式에서 成立되어 있다.

日主 다음에 重要한 것이 月支이며 生月의 십이지인 月建이다. 이것도 日主와의 關係에 있어서 重要한 것이다.

月令과 得氣

寅卯月生人은 日主에 甲이나 乙일 때 月令을 得氣한 命이다.
巳午月生人은 日主에 丙이나 丁일 때 月令을 得氣한 命이다.
申酉月生人은 日主에 庚이나 辛일 때 月令을 得氣한 命이다.
亥子月生人은 日主에 壬이나 癸일 때 月令을 得氣한 命이다.
辰未戌丑月生人은 日主에 戊이나 己일 때 月令을 得氣한 命이다.

이와같이 月令을 得氣한 運命은 매우 좋아서 發伸할 때는 남보다 몇갑절의 發展을 본다.

第二節 陰陽五行說篇

1. 陰陽說과 그 法則

陰陽說은 이 세상의 森羅萬象 모든 것을 陰과 陽으로 分類해서 제각기 다른 性質을 지니는 것으로 삼아서 그 生成變化의 양상을 생각하는 思想이다.

이 陰陽說이 생겨난 始初에는 이 세상의 事象을 剛(陽, 男性)과 柔(陰, 女性)로 나누었으나 後에는 易學에 導入되어서 剛이 陽으로 柔가 陰으로 되어 易의 基本原理가 되었다.

이와같이 陰과 陽은 서로 正反對의 性格을 나타내고 있다.
이 陰陽說의 法則에는 다음과 같은 原則이 있다.
(1) 陰과 陽은 그 性質은 正反對이나 男女關係와 같아서 서로가 잡아당기며 합치려는 性質을 지니고 있다.
(2) 이 세상의 事象은 모든 것이 지나치거나(過) 모자라지 않는(不足) 이른바 中庸의 狀態를 理想으로 삼고 있으나 恒常 그 位置에만 머물 수가 없으므로 時計의 錘처럼 끊임없이 流動하고 變化를 繼續해 간다.
(3) 그리하여 이 세상의 事象의 流動, 變化의 樣相은 不規則한 것이 아니라 一定한 規則에 따르며 그리고 一定한 周期로서 循環을 되풀이해간다.

이러한 陰陽說의 法則은 易의 基本原理가 되었고 天·地·人 三才에 依한 三劃卦는 다시 八卦가 生成되므로서 東洋哲學의 最高峰이랄 易學으로 發展되어 갔다.

2. 五行說의 由來

五行說은 이 世上의 森羅萬象 모든 것을 木·火·土·金·水의 五種으로 分類해서, 그 生成變化의 過程을 解明하려는 理論이라고도 思想이라고도 할 수 있다.
이 다섯가지 즉 木, 火, 土, 金, 水의 順序와 序列上 配列은 重要하다.
五行說은 一般的으로 陰陽說보다 그 起源이나 成立時期가 나중이라는게 定說로 되어 있다.
그 源流는 이미 殷나라때(前 12世紀에 滅亡한 王朝)에 完成되었다고 하며, 陰陽과 함께 서로 密接한 關係를 保全하며 發達해 갔다. 그리하여 周나라때 末期에 가면 더욱 强力한 것이 되어 끝내는 이 宇宙를 支配하는 絶對的 法則으로까지 成長해 갔다. 그리하여 漢나라때(紀元前 202년~紀元後 220년)에 가서는 陰陽說과 融合해서 한몸이 되어 陰陽五行說을 形成하기에 이르렀다.
五行說은 東洋的인 素朴하고도 純粹한 思索形式의 代表的인 것으로서 五行에서의 行은 다닐행 즉「돌고 돌아다닌다」는 것이며 元素라 하기보다는 오히려 活力을 가진 物質이라고 解釋할 것이다.

　五行은 天上에서는 木星·火星·土星·金星·水星의 五行星으로서 나타나고, 언제나 天上을 運行하고, 地上에 있어서는 木·火·土·金·水로서 나타나 그들이 複合되어서 萬物을 이룬다. 天上의 五行과 地上의 五行과는 서로가 密接한 連絡을 가지며, 天上의 現象은 地上의 現象에 影響한다. 人間의 精神과 肉體도 또한 이 五行의 結合에 依해서 생겨난 것임으로서 天地와 서로 影響한다.

　이러한 理論을 五行說이라 하는 것이다.

3. 相勝說과 相生說

　歷史的으로는 五行說을 가장 盛하게 提唱한 學者는 戰國時代 中期의 鄒衍이라는게 定說이며 그의 「五德終始說」이 가장 有名하다. 이 五德說은 「相剋五行」을 根據로 한 理論이다.

　즉 天地開闢以來, 中國의 歷代 各 王朝는 五行中의 어느 하나를 德으로 삼아서 統治했으므로 上天이 그들의 支配를 是認했다는 것이다.

　鄒衍은 當時 이미 알려져 있던 洪範五行의 水, 火, 木, 金, 土의 順序를 고쳐서 새로운 五行의 配列을 만들었다. 「相勝(相剋)五行」의 理論이다.

　이에 의하면 土는 온갖 生物이 出生處이고 또 死去하면 歸藏해가는 母體이며, 이 世上 모든 變化의 觸媒作用을 營爲함으로써 五行中 첫째에 자리한다고 삼았으며, 五行의 配列을 土, 木, 金, 火, 水라고 했다. 이 順序는, 木은 土의 養分을 吸收하고, 金屬은 木을 꺼꾸러뜨리고, 火는 金屬을 溶解시키고, 水는 火를 消火시킨다. 이처럼 차례로 相剋 즉 다투어 相對를 打破한다는 配列이다.

　이러한 相剋五行(또는 相勝五行)을 歷代王朝에 該當시키면 다음같이 된다.

黃帝(土德)←剋 夏(木德)←剋 殷(金德)←剋 周(火德)

　이것은 傳說上 가장 偉大한 帝王인 黃帝를 土德으로 삼고 以下 歷代 各 王朝에 五行을 該當시켜서 周王朝는 火德을 갖춘 王朝였다고 한 것이다.

　鄒衍이 相剋五行說을 主唱한 뒤 約 二世紀가 지난 前漢末期의 成帝때에 儒學者였던 劉向과 劉歆 父子는 「相生五行」에 依한 王朝交替의 理論을 主唱했다.

이 相生五行은 相剋五行에서의 土, 木, 金, 火, 水의 順序와 달라서, 五行을, 木, 火, 土, 金, 水의 順序로 配列한 것이다. 이를테면 木이 불타서 火를 生하고, 火가 불타버리면 土가 생기고 土가 굳어지면 金이 生하고 金이 녹으면 液體인 水가 生한다는 相生의 順序를 가리키는 것으로써 劉向, 劉欽 父子는 이 順序를 王朝交替의 理論으로 삼았다.

前漢은 武帝(紀元前 159~87)때에 가장 隆盛 發展했으며 漢王朝의 繁榮을 持續시키기 위해 儒敎를 國敎로서 認定했다. 儒敎에서의 王朝交替에 對한 思考는 「禪讓」의 傳說을 크게 美化하고 이를 理想으로 삼고 있다. 이 禪讓이라 함은 太古때 堯임금이 舜에게, 舜임금은 禹王에게 帝位를 後孫이 아닌 賢人, 聖人이었던 後繼者를 삼았다는 傳說을 가장 中國의 誇示하는 큰 美德으로 說하는 思想이다.

劉向, 劉欽 父子는 强者가 弱者를 넘어뜨리고 帝位를 奪取함은 좋지 못한 것으로써, 理想的인 王朝交替는 流血없이 平和裡에 行하여야 하므로 上天이 是認하는 王朝의 交替는 相生五行의 理論에 의하지 않으면 안된다고 생각했던 것 같다.

相生五行에 의한 王朝의 五德配列은 다음과 같다.

太昊(木德)→炎帝(火德)→黃帝(土德)→少皥(金德)→顓頊(水德)→帝嚳(木德)→帝堯(木·火德)→舜(土德)→禹·夏王朝(金德)→湯王·殷王朝(水德)→周王朝(木德)→秦(閏으로서 無五德)→漢王朝(火德)

이러한 五行思想의 完成과 함께 十干이나 十二支에도 五行이 配當과 陰陽이 붙여지게 되었고 命學의 基本的인 發生도 이와함께 일어났고 歲月과 함께 漸次 發展해 가게 되었다.

이와같이 宇宙間의 萬象을 五行에 該當시켜서 여러가지 物質과 現象間의 關係를 說明하는 思想이 五行思想인데 먼저 相生과 相剋의 原理를 깊이 硏究해야 한다.

相生의 原理=相生이란 親和的인 關係를 말한다.
相剋의 原理=相剋이란 剋勝的인 關係를 말한다.

⊙五行의 相生相剋關係
五行相生은 木生火·火生土·土生金·金生水·水生木.
五行相剋은 木剋土·土剋水·水剋火·火剋金·金剋木.

52 命學의 基礎知識

五行相生圖   五行相剋圖

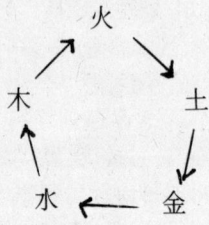   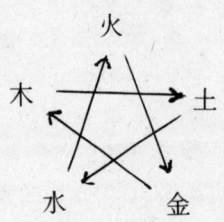

4. 五行所屬表

다음 表는 五行에 萬物을 所屬시킨다는 것을 單的으로 例를 든 五行所屬表이다.

五行	方位	四季	五氣	色	性	味	五金	五臟	五塵	天干 陰陽	地支 陰陽
木	東	春	生	青	仁	酸	金	肝	色	陽甲 陰乙	陽寅 陰卯
火	南	夏	旺	赤	禮	苦	銀	心	聲	陽丙 陰丁	陽午 陰巳
土	中	四季土用	鈍	黃	信	甘	銅	脾	香	陽戊 陰己	陽辰戌 陰丑未
金	西	秋	殺	白	義	辛	鐵	肺	味	陽庚 陰辛	陽申 陰酉
水	北	冬	死	黑	智	鹹	錫	腎	觸	陽壬 陰癸	陽子 陰亥

5. 五行各論

木性의 六分類 및 喜忌

(1) **强木** 日干이 甲이나 乙일 때 春節生人은 月令을 得하므로서 樹木이

春勢를 만나 強해지는 듯 繁榮을 보는 것이다. 이 境遇 土性干支가 있으면 財福을 얻어 成功한다. 金性干支가 있으면 有用한 人材가 되며, 火性干支가 있으면 秀才로서 頭角을 나타낸다. 이에 反해서 水性干支가 있으면 水生木이 되어 도리어 좋지 못한 結果를 招來한다.

(2) 弱木 日干이 甲이나 乙일 때 春節以外의 季節에 태어난 이른바 月令을 얻지 못하고 他에 木性干支가 없으면 弱木生人으로 한다. 이런 境遇, 水性干支가 四柱中에 있으면 크게 救해지며 父母의 助力을 얻어 安泰롭다. 또 木性干支가 있는 流年을 相逢할 때 運이 트고 發達하게 된다. 他에 土性干支가 있으면 力量이 分散되어서 弱한데 더 弱運이 되고, 金性干支가 있으면 剋害를 받아서 病弱 不運해지고 火性干支가 있으면 日主가 泄氣가 되므로 매우 꺼린다.

(3) 浮木 日干이 甲이나 乙일 때 水性干支가 많으면 浮木이라 한다. 이런 境遇 그 水를 制하는 土性干支가 있는 것을 기뻐하며 金性干支처럼 水를 生助하는 干支를 싫어한다.

(4) 焚木 日干이 甲이나 乙일 때 火性干支가 많으면 焚木이라 한다. 이런 境遇 水性干支가 있어서 火를 剋制함이 좋으며, 土性干支가 있어서 火를 泄氣시켜줌을 기뻐한다. 이에 反해서 木性干支를 봐서 火를 助長시킴은 火가 더욱 기승을 부려 熾烈해져서 我身인 日主를 弱하게 하므로 短壽夭命하게 된다.

(5) 折木 日干이 甲이나 乙일 때 土性干支가 많을 것을 折木이라 한다. 이런 境遇 水性干支가 있어서 木을 生助함이 좋으며 藏干에도 土性이 있거나 土性干支 年運이 돌아옴을 싫어한다.

(6) 斷木 日干이 甲이나 乙일 때 金性干支가 많으면 斷木生人이라 한다. 이런 境遇 火性干支가 있어서 金性을 制함을 기뻐한다. 水性干支가 있어서 金性을 泄氣시키고 弱해진 木性을 生助해 주므로 良好라고 본다. 이에 對해서 土性干支가 있어서 金性을 더 生助할 때는 斷木의 凶禍를 더욱 深化시키므로 꺼리고 싫어한다.

四季와 木性의 喜忌

春木＝旺令
喜 甲乙木日干이 春節生人은 旺令이다. 그러나 초봄은 아직 寒氣가 嚴할 때이므로 火性의 干支가 있는 것이 바람직하다. 만약에 火性干支가 四柱命局中에 含有해 있으면 溫暖한 氣를 받아서 發展成功의 機會를 惠

澤받는다. 水性干支를 相逢하면 日主가 生扶되어 물론 良好한 狀態가 되는 것이며, 若干의 土性을 含有한 命局도 財運에 惠澤받는 좋은 運命이다.

忌 만약에 甲乙木日干이 月令은 得했더라도 土性干支가 많으면 도리어 財産을 잃고 困難함이 많아지게 된다. 金性干支가 많거나 强力할 때는 日干이 剋害되어서 傷殘剋伐을 받아 良好를 얻지 못한다.

夏木＝休令

喜 甲乙木日干이 夏節生은 休令이다. 夏節에는 木의 根이 乾燥해서 枝葉이 枯衰할 때이므로 水性干支가 盛해서 滋潤의 功이 있음이 바람직한 것이다. 또한 樹木은 土가 있어야만이 그 根을 伸張할 수가 있으므로 적당한 土性干支가 있는 것이 良好하다. 金性干支가 缺乏한 命局도 自己의 才能을 社會에 有用하게 供與할 수 없게 되므로 역시 적당히 있는 것이 좋다고 할 수 있다.

忌 甲乙木日干이 夏節生人은 火性干支가 旺한 것은 焚化의 患을 招來한다고 해서 좋지 않다. 또 土性干支도 適量이면 좋으나 많은 것은 반갑지 않다. 도리어 災難이 發生하기 때문이다. 金性干支가 많아도 傷殘 遭遇라 해서 失敗, 傷處, 疾病 등 厄運을 만난다. 木性干支가 많을 때는 社會에 有用의 人材가 되기 어렵다.

秋木＝死令

喜 甲乙木日干이 秋節生은 死令이다. 가을은 漸次 凄凉한 氣를 품고 樹木들은 凋落하는 季節이다. 命式中에 木性干支가 많으면 多材之美로서 多方面에서 發展하는 것이다. 또 初秋出生人은 水性과 土性干支가 있어서 相滋됨이 좋다. 仲秋生人일 때는 金性干支가 强한 것이 良好한 命이며, 寒露頃에 出生人은 火性干支를 만남이 良命이다.

忌 甲乙木日干이 秋生일 때 土性干支가 많아 두터우면 信任받을 사람이 못되며, 霜降頃에 出生人은 水性干支가 盛하면 木漂之患이라 해서 居處나 心思가 安定을 못얻는 命運이다.

冬木＝相令

甲乙木日干이 冬節生人은 金性干支가 많은게 좋으며 火性干支가 있어서 暖氣를 띤 것이 成功을 거두게 된다. 土性干支가 厚하면 培養의 德을 保有함으로 福祿도 厚한 命이다.

忌 甲乙木日干이 冬節生人은 水性干支가 盛하면 個性이 缺乏해지므로 가령 木性干支가 많아도 그것을 도와주기는 어렵다.

火性의 六分類 및 喜忌

(1) **强火** 日干이 丙이나 丁일 때 夏節生人은 月令을 得하므로서 火多繁盛함을 强火라 한다. 金性干支가 있어서 力量이 分割됨을 기뻐하고, 水性干支가 있으면 모두 쉽게 調成되는 命이며, 土性干支가 있으면 秀拔한 才能을 지녀서 社會에 認定받는다. 木性干支가 많으면 木生火해서 火가 重加되어서 身强人에게는 良好하지 못하다.

(2) **弱火** 日干이 丙이나 丁일 때 月令을 얻지 못하였거나 他에 生扶하는 干支가 없는 것을 弱火라 한다. 이런 境遇 木性干支가 있어서 日干을 生助함이 좋으며, 火性干支가 있는 것도 기뻐한다. 이에 反해서 金性干支가 있어서 力量이 分散되거나 水性干支때문에 剋을 받거나 土性干支가 있어서 日干을 泄氣함을 싫어한다.

(3) **熾火** 日干이 丙이나 丁일 때 木性干支가 多하면 불길이 치솟아 熾火가 된다. 이런 境遇 金性干支가 木性을 剋制함으로 기뻐하며 水性干支가 木性을 生助함을 싫어한다.

(4) **晦火** 日干이 丙이나 丁일 때, 土性干支가 多한 것을 晦火라 한다. 이런 境遇 金性干支가 있어서 土性을 泄氣시키거나 木性干支가 있어서 土性을 剋制함을 기뻐하며 火性干支가 있어서 土性을 다시 盛하게 함을 싫어한다.

(5) **熄火** 日干이 丙이나 丁일 때 金性干支가 多한 것을 熄火라 한다. 이런 境遇 木性干支가 있어서 木生火로 丙丁火를 生助하고 金性을 剋하는 것이 좋고, 金性을 무겁게 하는 命局을 꺼린다.

(6) **滅火** 日干이 丙이나 丁일 때 水性干支가 多함을 滅火라고 한다. 이런 境遇 土性干支가 있으면 水性을 制하고 日干인 火性을 살릴 수가 있으며, 木性干支가 있으면 水性을 泄氣시키고 火를 生助하므로 기뻐한다.

四季와 火性의 喜忌

春火＝相令

喜 丙丁火日干이 春節生人은 母旺子相(母子相旺)이라 하여 매우 良好한 命이다. 이런 境遇 金性干支가 있으면 더욱 크게 功을 펼친다. 가령 金性干支가 多하여도 無妨하며 支障이 없다. 木性干支가 少有함은 日干

이 生助되어 좋으나 木性이 多하면 火炎이 되므로 좋다고 할 수가 없다. 水性干支는 木火의 兩쪽을 調齊해서 마땅함을 얻는다.
忌 丙丁火日干이 春節生人일 때 火性干支가 盛하면 感情的인 性格때문에 事端을 惹起하기 쉽고 土性干支가 多할 때는 事多困難이요, 阻滯多塞한 命運이다.

夏火＝旺令
喜 丙丁火日干이 夏節生人은 勢力을 믿고 權威를 行하는 命이다. 金性干支가 있으면 良工이라 하여 社會의 有用한 人材가 된다. 土性干支가 있으면 稼穡이라 해서 良好를 얻는다.
金性과 土性이 함께 있는 것은 좋으나 水性干支가 없으면 眞正한 功果를 發揮할 수 없다. 水性干支가 있으면 權威를 振揚하고 失敗함이 없다.
忌 丙丁火日干이 夏節生人은 他에 火性干支를 봄을 싫어한다. 이런 境遇 危險한 思考方式을 지니기 쉬운 것이다. 木性干支가 있으면 오랜 天壽를 保全키 어렵다.

秋火＝囚令
喜 丙丁火日干이 秋節生人은 火性干支가 重見됨을 기뻐하며 木性干支가 있는 것도 함께 名譽와 榮達을 뜻하는 命이다.
忌 丙丁火日干이 秋節生人은 土性干支가 厚重됨을 싫어한다. 또 水性干支가 있어서 日干을 剋하는 것도 좋지 않다. 金性干支가 多하면 傷處, 手術 等의 災殃이 發生한다.

冬火＝死令
喜 丙丁火日干이 冬節生人은 休絶形亡이라 해서 별로 良命은 못되나 木性干支가 있으면 그것을 救할 수 있게 된다. 또 土性干支가 있으면 水性을 制壓해서 榮達을 본다. 火性干支가 他에도 있는 것이 有利하다.
忌 丙丁火日干의 冬節生人은 金性干支가 있을 境遇 財星이 表出되나 必遭災殃이라 한다.

土性의 六分類 및 喜忌
(1) 强土 日干이 戊나 己일 때 月令을 得하거나 他干支에 의해서 日干이 强化되어 있음을 强土라 한다. 이런 境遇 水性干支가 있어서 分力됨

을 기뻐한다. 木性干支가 있으면 疏通되는 妙를 얻게 되며, 金性干支가 있으면 自己의 才能을 마음껏 發揮할 수가 있게 된다.
　다만 火性干支가 있어서 火生土로 强土를 더욱 强하고 重하게 됨을 싫어한다.
　(2) **弱土** 日干이 戊나 己일 때 月令을 얻지 못하였거나 他에 土性干支가 없는 것을 弱土라 한다. 이런 境遇 火性干支가 있어서 火生土하고 日干을 강하게 함을 기뻐한다. 또한 土性의 行運을 만날 때에도 良好를 얻는다.
　水性干支가 있어서 力量이 分散됨을 싫어하고, 木性干支가 있어서 制剋됨도 좋지 않다. 또 金性干支가 있어서 泄氣됨도 싫어한다.
　(3) **焦土** 日干이 戊나 己일 때 火性干支가 많은 것을 焦土라 한다. 이런 境遇 水性干支가 있어서 火性을 剋制함을 기뻐한다. 이에 반하여 木性干支가 있어서 火性을 生助하는 것을 꺼린다.
　(4) **變土** 日干이 戊나 己일 때 金性干支가 많은 것을 變土라 한다. 이런 境遇 火性干支가 있어서 金性을 制해 줌을 기뻐한다. 또 水性干支가 있으면 金性이 泄氣되어서 金性이 弱해지므로 良好를 얻는다.
　(5) **流土** 日干이 戊나 己일 때 水性干支가 많은 것을 流土라 한다. 이런 境遇 火性干支가 있어서 土를 生助해줌을 기뻐한다. 金性干支가 있어서 水性 重加됨을 싫어한다.
　(6) **傾土** 日干이 戊나 己일 때 木性干支가 많은 것을 傾土라 한다. 이런 境遇 金性干支가 있어서 木性을 制함을 기뻐하고 火性干支가 있는 것도 좋은 것이다. 火性은 木性을 泄氣하고 土性을 生助해 주기 때문이다.

四季와 土性의 喜忌

　春土＝死令
喜 戊己土日干이 春節生人은 死令이라 해서 土勢가 매우 弱하다고 보는 것이다. 이런 境遇 火性干支가 있어서 土性을 生扶하거나 他에 土性干支가 있어서 比助가 됨을 良好로 본다. 또 金性干支가 있어서 木性을 制해줌도 좋으나 金性干支가 너무 많으면 土性은 盜氣된다.
忌 戊己土日干이 春節生人은 木性干支가 많거나 水性干支가 있는 것을 싫어한다.

夏土＝相令
喜 戊己土日干이 夏節生人은 相令이 되므로 土勢가 燥烈하다고 본다. 이런 境遇 水性干支가 있고 그것도 水盛할 때 得滋潤이라 해서 成功하는 命이다. 거기에 金性干支가 있으면 더욱 良好함을 얻는다.
忌 戊己土日干이 夏節生人일 때 火性干支가 旺盛하면 焦土로 化해 버리므로 良好할 수 없다. 거기에 木性干支가 있으면 土를 剋하고 火를 生해 주므로 더욱 애로가 많다. 그러나 土性이 太過한 命局일 때만은 木性干支를 보는 것을 기뻐한다. 만일 土性太過에 木性이 없으면 모든 일이 順調롭지 못하게 됨으로 싫어한다.

秋土＝休令
喜 戊己土日干이 秋節生人은 子旺母衰의 形象이라서 火性干支가 있는 것을 꺼리지 않는다. 그것은 月支의 金性이 煉成되어서 有用之器인 人材가 되는 命이 된다고 보는 것이다. 또 木性干支가 있는 것도 아주 良好한데 그것은 純良한 制로 삼기 때문이다. 特히 土性干支가 많으면 大端한 助力을 得하는 命運이 된다.
忌 戊己土日干이 秋節生人일 때 金性干支가 많으면 土生金으로 泄氣가 되어 좋지 못하며, 또 水性干支가 있는 것도 싫어한다.

冬土＝囚令
喜 戊己土日干이 冬節生人은 外寒內溫한 命으로서 木性干支나 火性干支가 있는 것이 寒谷에 回春한듯 良好한 命이 된다. 他에 土性干支가 더 해지면 가장 좋은 命運이 되는 것이다.
忌 戊己土日干이 冬節生人일 때, 金性干支가 있어서 金水氣冷이 됨을 싫어한다. 이는 土氣가 酷寒때문에 凍土된 것 같아서 아주 身弱이 되기 때문이다. 이런 境遇 壽元이 損命되니 오랜 生命을 保全키 어렵다.

金性의 六分類 및 喜忌
(1) **强金** 日干이 庚이나 辛일 때 月令을 得해서 繁盛한 것을 强金이라 한다. 이런 境遇 木性干支가 있어서 金性의 力量을 分割됨을 기뻐한다. 火性干支가 있으면 鍛煉되어서 훌륭한 性能을 發揮하게 된다. 水性干支가 있으면 吐秀라고 하며 自己가 가진 優秀한 才能을 마음껏 發揮할 수 있게 된다. 이에 對하여 土性干支가 있으면 金性이 加重되어 도리어 좋지 않은 狀態가 나온다.

(2) **弱金** 日干이 庚이나 辛일 때 月令을 얻지 못하였거나 他에 金性干支가 적은 것을 弱金이라 한다. 이런 境遇 土性干支가 金性을 生助해 주거나 金性의 行運을 만남을 기뻐한다. 이와 反對로 木性干支가 있으면 弱한데 力量이 分散해서 나빠지며 火性의 剋制를 받거나 水性干支의 泄氣를 당함도 좋지 못하다.

(3) **埋金** 日干이 庚이나 辛일 때 他에 土性干支가 多하면 金性이 埋沒되는 형상이 돼버린다. 이런 때 木性干支는 土性을 制해 주므로 기뻐하고 火性干支는 土性을 生助하므로 좋지 않다.

(4) **沈金** 日干이 庚이나 辛일 때 他에 水性干支가 多하면 金性은 水에 沈下해 버리므로 社會의 用을 못하게 된다. 이런 때 土性干支는 水를 剋하므로 기뻐하고 木性干支는 水性을 泄氣시키므로 좋아한다. 이에 對하여 金性干支는 金生水로 다시 水性力을 增幅하므로 나쁘다.

(5) **缺金** 日干이 庚이나 辛일 때 木性干支가 多할 때 缺金이라 한다. 이런 境遇 土性干支가 他柱에 있거나 流年으로서 土性을 만날 때 기뻐한다. 이에 反해서 木性流年은 크게 꺼린다.

(6) **熔金** 日干이 庚이나 辛일 때 他에 火性干支가 多할 때 熔金이라 한다. 만일 水性干支가 있어서 制火하거나 土性干支가 있어서 火性을 泄氣하고 金性을 生助함을 기뻐한다.
木性干支가 있어서 火性을 生助해 줌을 싫어한다.

四季와 金性의 喜忌

春金＝囚令
喜 庚辛金日干이 春節生人은 아직 餘寒之候라서 火性干支가 있는 것이 좋으며 반드시 社會에 나가서 發展과 榮達을 본다. 만약에 庚이나 辛日干이 水性干支로 泄氣되어 柔弱해졌을 때는 若干의 土性干支가 있어서 生助하면 幸運이 命이 된다. 火性干支가 있을 때는 金性干支가 他에 있거나 行運에 돌아올 때 그 比助를 得하므로 기뻐하는 것이다.
忌 庚辛金日干이 春節生人은 水性干支가 多할 때는 餘寒의 季節이라서 良好할 수 없는 것이다. 또 木性干支가 盛한 경우는 金折이라고 해서 金性이 갖는 剛健함이 도리어 柔弱이 되어 버린다.

夏金＝死令
喜 庚辛金日干이 夏節生人은 그 性質이 柔和해서 他柱에 若干의 土性이

있으면 日干이 生助되므로 福分이 增加한다. 日干의 金性이 弱할 때는 金性流年運이 돌아왔을 때 盛運이 된다.
　時柱에 火性干支가 있다면 火性干支가 어딘가에 나타나 있을 때 命局으로서 必要條件이며 이런 경우 生活이 潤澤해지고 良好함을 얻는다.
忌 庚辛金日干이 夏節生人은 火性干支가 많음을 싫어한다. 木性干支가 盛하면 身體가 다치거나 病에 걸리기 쉽다. 土性干支가 많으면 自己才能이 社會에서 認定못받아 파묻힌 生活을 하게 된다.

秋金＝旺令
喜 庚辛金日干이 秋節生人은 月令을 得하였으므로 權勢를 얻는 命運이다. 만약에 命式中에 火性干支가 있으면 鍛煉되어져서 鐘鼎成材라 해서 社會的으로 著名하게 되는 逸材이다.
　水性干支가 있으면 吐秀라고 하며 精神發越해서 그 才能을 敬愛받게 된다. 木性干支가 있거나 木運流年이 돌아오면 억센 才能으로 威嚴을 베풀어 成功을 하게 된다.
忌 庚辛金日干이 秋節生人은 土性과 金性이 많을 때는 너무 金이 過剛해져서 반드시 失敗를 招來하고 頑固해서 남과의 人和를 잃게 된다.

冬金＝休令
喜 庚辛金日干의 冬節生人은 土性干支로서 水를 制함이 必要하다. 그런 다음에 火性干支가 함께 있으면 溫養之命이라 해서 더욱 絶妙하다.
忌 庚辛金日干이 冬節生人은 木性干支가 많을 때는 決斷力이 모자라서 機會를 逸失하기 쉽다. 또 水性干支가 盛하면 社會에서 頭角을 나타낼 수가 없으며 一生동안 沈潛한 가운데 지내게 된다.

水性의 六分類 및 喜忌
(1) **强水** 日干이 壬이나 癸일 때 冬節生人은 月令을 得하였으므로 强水라 한다. 이른바 身强인 것이다. 이런 境遇 命式에 火性干支가 있어서 力量이 分散됨을 기뻐하며 財運이 良好함을 가리킨다. 土性干支가 있으면 流水에 對한 堤防役割을 해주게 되므로 自己의 限界를 지키며 順調로운 人生을 지낸다.
　木性干支가 있으면 水性이 갖는 聰明함이 社會에 有用하게 쓰여져 榮達을 보게 된다.
　이에 反하여 金性干支가 있을 때는 金生水로 水性이 加重되어 크게 꺼리며 싫어한다.

 (2) **弱水** 日干이 壬이나 癸일 때, 月令을 얻지 못했거나 水性干支가 稀少한 境遇를 弱水라고 한다. 이런 때는 金性干支가 있어서 水性을 生助해줌을 기뻐하며 他의 援助를 얻어서 良好해지는 命運이다. 이에 對하여 火性干支가 있을 때는 力量이 分散되어 伸張을 보지 못하며 土性干支가 있어서 剋制를 받을 때는 몸이 虛弱하거나 自己의 생각이 社會에서 不用된다.

 또 木性干支가 있으면 泄氣되어 弱水의 뜻이 더욱 깊어져 發展의 機會를 얻지 못한다.

 (3) **滯水** 日干이 壬이나 癸일 때 金性干支가 많으면 滯水라 하며, 阻滯됨이 많은 命運이다. 그러나 이런 境遇 他에 火性干支가 있으면 金性을 制해주므로 良好를 保全할 수 있다. 土性干支가 있어서 金性을 生助함을 싫어한다.

 (4) **縮水** 日干이 壬이나 癸일 때 木性干支가 많으면 縮水라 한다. 이런 境遇 火性干支가 있어서 木性을 制해줌이 必要하다. 그럴 때 비로소 安泰를 期할 수 있다. 그러나 水性干支가 있어서 木性을 生助한다면 良好하지 못하다.

 (5) **沸水** 日干이 壬이나 癸일 때 火性干支가 많은 것을 沸水라 한다. 이런 境遇 金性干支가 있어서 水性을 生助해줌이 必要하다. 그래야만 社會에 有用한 人材로서 發展을 본다. 火性干支行年運은 良好함을 못얻는다.

 (6) **淤水** 日干이 壬이나 癸일 때 土性干支가 많은 것을 淤水라 한다. 이런 境遇 木性干支가 있어서 土를 剋함을 기뻐하며 金性干支가 있어서 土를 泄氣시킬 때 良好를 얻게 된다.

 이와 反對로 火性干支가 있어서 土를 生助함은 良好를 얻을 수 없다.

四季와 水性의 喜忌

 春水=休令
喜 壬癸水日干이 春節生人은 休令이다. 이런 境遇 土性干支가 盛할 때 良好하며 근심이 적어진다.

 木性干支가 있으면 功成을 이룬다. 金性干支가 있으면 日干의 水性을 生扶하므로 좋으며 이런 때는 火性干支와 함께 命局에 있는 것이 바람직하다.

忌 壬癸水日干이 春節生人은 水性干支가 盛하면 좋지 못하다. 이는 堤防

둑이 무너지는 격이 되어 事業的으로나 家庭的으로 不安定하다. 金性
干支가 많거나 火性干支가 繁多함도 좋지 못하다.

夏水＝囚令
喜 壬癸水日干이 夏節生人은 季節上 涸水될 때이므로 金性干支가 있어서
 金生水로 生助됨이 가장 바람직하다. 또 같은 水性干支가 있어서 比助
 를 얻을 때 良命이다.
忌 壬癸水日干이 夏節生人은 乾涸해져서 좋지 못한데 木性干支가 盛하면
 氣가 損耗되어 더욱 재미가 없다. 또 土性이 重하면 流水는 막혀버리
 므로 꺼리고 싫어한다.

秋水＝相令
喜 壬癸水日干이 秋節生人은 母子旺相이라서 內外光輝함이 있다. 金性
 이 있으면 아주 淸澄함이 사랑스럽고 火性干支를 많이 보면 隆盛을 가
 져오며, 木性干支가 있으면 妻宮이 繁榮을 가져온다.
忌 壬癸水日干이 秋節生人은 土性干支를 꺼리는데 이는 土性이 日干을
 剋하여 混濁해지기 때문이다.
 水性干支가 多하면 泛濫되는 모양이 되어 憂苦가 많아진다. 이미 水性
 干支가 重重일 때는 土性干支를 得해야 참으로 淸平이 되어 敬愛받는
 다. 木性干支가 過多함도 良好를 얻을 수 없다.

冬水＝旺令
喜 壬癸水日干이 冬節生人은 旺令이므로 權威와 力量이 있다. 이런 境遇
 火性干支가 있으면 良好하다. 木性干支가 많을 때는 有情한 命이 된
 다. 土性干支가 있으면 泛濫之憂를 멈추게 하므로써 安泰를 얻는 命運
 이다.
忌 壬癸水日干이 冬節生人은 金性干支가 多함을 싫어한다. 이는 義로운
 精神이 缺한 命運이며, 土性干支가 多하면 報恩을 모르는 命이다(그러
 나 水性干支가 많을 때는 土性干支로 堤防을 쌓지 않으면 아니된다).

6. 身强・身弱과 喜忌
　四柱로서 命運을 推斷하려면 日干을 主로 삼는데, 그 日干은 己身이기
도 하므로 命學用語에서는 「身」이라고 한다. 이 身의 强한가 弱한가는
判斷上 가장 緊要한 것이므로 이에 對해서 詳論하기로 한다.

| 身強에 對해서 |

★身强의 構成
身强은 一名 身旺이라고도 하며 이를 構成하는데 세가지 要件이 있다.
(1) 月令을 得하고 있을 것. 예를 들면 日干이 甲이나 乙일 때 春節生이거나, 日干이 丙이나 丁일 때 夏節生인 경우처럼 月令을 得하고 있는 것이 身强을 構成하는 條件의 하나이다.
(2) 日干을 扶助하는 干支가 많을 것. 예를 들면 日干이 甲木일 때 他에 壬・癸・亥・子 같은 水性干支가 많거나 甲・乙・寅・卯와 같은 同性인 干支가 많을 때 身强으로 친다.
(3) 得氣를 얻은 것. 四柱中 四支(年・月・日・時支)가 日干에서 十二運이 旺盛(長生, 沐浴, 冠帶, 建祿, 帝旺)한 것을 得氣라 한다.
이상 세가지가 身强의 條件이다. 그리고 이 세가지를 모두 갖추어야 身强이 되는 것이 아니라 이 가운데 한가지만 該當되어도 身强이 된다.

★身强의 區別
(1) **最强**. 이것은 月令을 得한데다가 日干을 生助하는 干支가 많은 것. 예를 들면

甲寅(年) 甲木日干이 春節인 卯月生이므로 月令을 得하였으며, 旺하
丁卯(月) 고 있다. 또 甲에서 卯는 帝旺이 되므로 得氣도 되어 있다.
甲子(日) 四柱八字를 보면 木性干支와 水性干支가 많아서 日干甲木
甲子(時) 을 生扶하고 있다. 그러므로 이와 같은 命局은 最强의 身强으로 삼는다.

(2) **中强**. 日干을 生助하는 干支가 많으나 月令을 얻지 못한 경우 中强의 身强으로 한다. 즉

甲寅(年) 乙木日干이 秋節生이므로 死令이 되고 酉月은 日干 乙木에
癸酉(月) 서 絶地가 된다. 그러므로 月令을 얻지 못했다. 그러나 四
乙亥(日) 柱中에 水性干支나 木性干支가 많이 있어서 日干을 扶助하
丙子(時) 고 있으므로 中强의 身强으로 본다.

다음은 僅僅히 月令을 得하였고 扶助하는 干支가 若干 있을 때도 中强이 된다.

甲寅(年)　壬水日干이 冬節生으로서 旺令으로 壬에서 子月은 帝旺이
丙子(月)　된다. 그러므로 月令을 得한 것이 된다. 그러나 水性을 扶
壬寅(日)　助할 金性干支가 全然 없다. 그래서 이 命局例도 中强으로
丙午(時)　본다.

(3) **次强**. 月令은 못 얻었으나 日干을 扶助하는 干支가 若干 있고 年, 月, 日, 時의 十二支에 强한 十二運이 있을 때 次强의 身强이 된다. 例를 들면

辛亥(年)　甲木日干이 秋節生이므로 死令에 해당한다. 그러므로 月令
丁酉(月)　을 失하였다. 天干에 水性干이 없으므로 日干甲木을 生助함
甲寅(日)　이 없다. 겨우 年支인 亥水가 日干 甲木을 生助하고 十二運
丁卯(時)　도 長生에 자리하고 日支寅은 建祿, 時支卯는 帝旺, 月의
　　　　　酉는 胎가 되어 모두 得氣되어 있으므로 次强으로 한다.

★**身强의 喜忌**
喜[身强生人은 抑制를 喜한다]
　抑制의 構成에는 그 原因을 이루는 것이 네가지가 있다.
　(1) **受剋**. 이것은 日干이 剋을 받는 것으로써 예컨데 甲木日生이 金性
　　　干支가 있는 것을 말한다.
　(2) **被泄**. 이것은 日干에서 生해 주는 干支가 있는 것으로써 甲木星이
　　　他에 火性干支가 있는 것을 말한다.
　(3) **被分**. 이것은 日干에서 剋하는 干支가 있는 것으로써 甲木日生이
　　　他에 土性干支가 있는 것을 말한다.
　(4) **氣衰**. 이것은 十二運이 弱한 것으로써 예를 들면 甲木日生이 辰·
　　　巳·午·未·申·酉·戌(衰·病·死·絶·胎·養)같은 十
　　　二支가 있는 것을 말한다.
忌[身强生人은 生扶됨을 忌한다]
　生扶의 構成에는 原因을 이루는 것이 세가지가 있다.
　(1) **受生**. 日干을 生해주는 干支가 있는 것을 말한다. 예를 들면 甲木
　　　日生人이 他에 水性干支가 있는 것을 말한다.
　(2) **得援**. 이것은 日干과 同性의 干을 말한다. 예를 들면 甲木日干生人
　　　이 他에도 甲木이 있는 경우를 말한다.
　(3) **氣盛**. 이것은 强한 十二運이 있는 것으로써 예를 들면 甲木人이
　　　亥·子·丑·寅·卯(長生, 沐浴, 冠帶, 建祿, 帝旺)을 만나
　　　는 경우를 말한다.

| 身弱에 대해서 |

★身弱의 構成
身弱을 構成하는 데는 세가지 要件이 있다.
(1) 月令이 衰弱해 있을 것. 예를 들면 甲木日로서 夏節이나 秋節生을 月令이 衰弱으로 친다.
(2) 日干이 他에서 剋을 받거나 日干에서 泄氣되어 있는 것. 예를 들면 甲木日生人이 四柱에 金性干支나 火性干支가 多했을 경우를 말한다.
(3) 失氣로서 弱勢의 十二運을 갖고 있는 것. 예를 들면 甲日干으로서 巳年午月申時처럼, 甲에서 巳는 病, 午는 死, 申은 絶이 되므로 氣가 衰弱運에 든 것을 失氣라고 한다.

★身弱의 區別
(1) **最弱.** 月令을 얻지 못하였고 日干에서 泄氣되거나 日干을 剋하는 干支가 多할 때 가장 最弱으로 한다. 예를 들면
戊申(年) 甲木日干이 秋節生이므로 死令에 該當하고 있다.(最衰)
庚申(月) 四柱에 午火가 있어서 泄氣되고 있으며 金性干支가 四개나
甲午(日) 있어서 日干甲木이 剋을 받고 있어 最弱이 된다.
庚午(時)

(2) **中弱.** 日干을 剋하거나 泄氣하는 干支가 많고 月令을 得한 것은 中弱이다. 예를 들면
丙辰(年) 日干이 甲木인데 火性干支가 셋 있어 泄氣하고 庚金이 두개
庚寅(月) 나 있어서 甲木을 剋하고 있다. 다만 甲日干이 春節生으로
甲午(日) 月令은 得하고 있으므로 中弱의 身弱으로 한다.
庚午(時)
다음은 月令은 失하였으나 泄氣와 剋制함이 적은 것도 中弱이 된다. 예를 들면
甲寅(年) 日干이 丁火인데 冬節生이므로 月令은 失令하였다. 그리고
丙子(月) 子의 水性에서 剋을 받고 있다. 다만 木性干支가 四개, 火
丁卯(日) 性干支가 二개 있어서 扶助되어 있으므로 中弱으로 친다.
乙巳(時)

(3) 次弱. 月令은 失令되지 않았으나 剋制와 泄氣하는 干支가 조금 있는 것. 또 年日時 十二支에 弱勢의 十二運일 때는 次弱의 身弱이다. 예를 들면

辛巳(年)　壬水日干이 冬節生이므로 月令을 얻고 있다.
辛丑(月)　天干에 二個의 金性이 있어서 日干을 生助하고 있다.
壬寅(日)　다만 年支巳는 壬日干에서 絶이고 日支寅은 病, 時支卯는
癸卯(時)　死, 月支丑은 衰로서 四支가 모두 失氣되어 있으므로 이를 次弱으로 친다.

★身弱의 喜忌
喜[身弱生人은 生扶됨을 喜한다]
(1) 受生. 日干을 生助하는 干支가 있는 것을 受生이라고 한다. 예를 들면 甲木日生이 水性干支를 보게 되는 것을 말한다.
(2) 得援. 日干과 同性의 干支가 있는 것을 得援이라 한다. 예를 들면 甲木日生이면 同性인 甲・乙・寅・卯처럼 木性干支가 있는 것을 말한다.
(3) 氣盛. 日干에서 氣盛한 十二運(長生, 沐浴, 冠帶, 建祿, 帝旺)이 되는 十二支가 있는 것을 말한다.

忌[身弱生人은 抑制를 忌한다]
(1) 受剋. 日干을 剋하는 干支를 보는 것.
(2) 被泄. 日干에서 泄氣하는 干支를 보는 것.
(3) 被分. 日干에서 剋하는 干支를 보는 것.
(4) 氣衰. 日干에서 弱勢인 十二運이 表出되는 十二支가 있는 것을 말한다.

第三節　干支位相解意篇

干支의 位相이라 함은 四柱干支間의 對照位置에 따른 善惡을 이르는 名稱이다. 곧 天干의 干剋, 干合, 地支의 支合, 三合, 方合 등의 諸合과 이른바 刑, 冲, 破, 害 등의 諸殺의 位相, 位置는 推命하는데 매우 重要한 役割과 作用을 갖는다.

1. 干支의 氣質

① 天干의 氣質

十干의 陰陽은 그 基本되는 本質을 陽剛, 陰柔로 하고 있다.

陽干은 陽干의 剋을 심히 두려워 하지만 陰干의 剋은 두려워 하지 않는다. 陰干도 마찬가지로서 陽干의 剋을 두려워 하지 않으나 같은 陰干의 剋을 심히 두려워한다.

陽干은 剛强하므로서 그 性質은 威勢가 堂堂하며 꺾이지 않는 不屈의 精神을 지니면서도 情이 두텁고 깊다. 그 處世法은 산뜻하고 시원스러워서 中途抛棄같은 不徹底한 일처리를 가장 싫어한다.

陰干은 柔軟하므로서 勢를 만나면 義理도 저버리고 野卑해지며 매우 吝嗇하다. 그 處世法은 驕慢과 阿諂 아양에 의지함이 많은 것이다.

보통 見利忘義함은 陰이 過强한 者이며, 豪快한 性味는 陽이 强한 사람이다. 大體的으로 陰陽이 均等된 命局이 가장 良好하다. 이러한 順正之命은 남을 害치고 自利만 貪하려는 마음이 없음을 가리킨다.

甲은 乙의 氣이며, 乙은 甲의 質이므로 天上에서 生氣가 되어서 萬物에 流行하고 있는 것이 甲이며, 大地에서 萬物을 爲하여 이 氣를 授承한 것이 乙이다. 더 細密하게 分析해 보면 生氣를 퍼뜨리는 것이 甲의 甲이며, 生氣가 凝成한 것이 甲의 乙이다. 萬物에 枝葉이 있는 것이 乙의 甲이며, 樹木의 枝葉은 그 自體가 乙의 乙이다. 甲이 成했을 때는 이미 乙의 氣가 갖추어져 있으며, 乙이 成했을 때는 이미 甲의 質이 堅해져 있다.

이처럼 甲과 乙은 各各 木의 氣와 質을 代表하며 陰陽으로 나누어져 있다.

甲은 陽木으로서 木의 生氣이며 乙은 陰木으로서 木의 形質이다. 다른 五行도 이와 같다.

庚은 陽金으로서 秋節의 肅殺氣이다. 辛은 陰金으로서 人世의 五金의 質이다. 木의 生氣는 木에 바탕해서 天上에서 流行하고 秋節의 肅殺氣를 만나면 剋을 당하지만 刀斧를 두려워 하지는 않는다. 그러므로 甲은 庚을 두려워 하고 辛을 두려워 하지 않는다.

木의 形質은 刀斧에 잘리지만 秋節의 肅殺氣를 만나면 落葉만 떨어져 나갈뿐 도리어 굳어진다. 그러므로 乙은 辛을 두려워하고 庚을 두려워 않는 것이다. 이로써 乙은 庚을 官으로 하고 辛을 殺로 삼는 理致를 首肯될 것이다.

丙은 陽火로서 融和의 氣이며 丁은 陰火로서 薪柴의 火質이다. 秋節의 肅殺氣도 融和의 氣를 만나면 剋되어서 消去된다. 金屬類는 融和의 氣에는 影響받지 않는다. 그러므로 庚은 丙을 殺로 하고 辛은 丙을 官으로 하는 것이다. 그러나 金屬類는 薪柴의 火에 熔金이 되므로서 丁을 殺로 한다. 이와같이 陽干은 氣이고 陰干은 質이라는 것을 理解한다면 生剋制化도 自由自在로 應用하게 될 것이다.

② 地支의 氣質

地支의 所藏은 一干에 限定되어 있지 않으므로 그 生剋制化는 대단히 어려운 것이다. 그러나 제아무리 理가 多端에 걸쳐 있더라도 本氣가 爲主임을 잊지 말아야 된다.

寅은 반드시 甲이 主이고 丙은 次이며, 申도 또한 庚이 主이고 壬은 次인 것이다. 他의 地支의 藏干도 本氣를 가장 重하게 보아야 하며 餘氣나 中氣는 次要的인 位置인 것이다.

陽支는 動性으로서 强하고 吉凶의 作用도 速하다. 陰支는 靜性으로서 弱하고 禍福의 作用도 遲하다. 이는 命局에서나 行運에서도 마찬가지다.

天干과 地支의 差는 實로 天地間만큼 다르다. 例컨데 甲이 木氣, 乙은 天의 木質, 寅은 地의 木氣, 卯는 地의 木質이다.

十二支中 子午는 陽支이나 子中에는 癸가 있고 午中에는 丁이 있다. 그러므로 體는 陽이나 실제는 陰으로 用하고 있다(子午는 體陽用陰).

巳亥는 陰支이나 亥中에는 壬이 있고 巳中에는 丙이 있으므로 體는 陰이지만 실제로는 陽으로서 用하고 있다(巳亥는 體陰用陽).

2. [干剋]

十干은 五行을 代表해서 木二, 火二, 土二, 金二, 水二로 나누어져 있다.

또 干끼리의 相剋은 五行의 相剋이다. 예를 들면 木剋土로 木은 土를 剋하므로서 甲乙은 戊己를 剋한다고 보는 것이다.

干剋의 影響

(1) 庚이 甲을 만난 경우, 庚이 主剋으로서, 甲은 受剋이 된다. 필경 庚은 甲을 金剋木하고 剋하는 것이다. 剋을 당하는 쪽은 致命的인데, 剋하는 쪽도 損害가 심한 것이다.

(2) 日干은 剋을 해도 剋을 당해도 損害가 되지 않는다. 剋하면 財가 되고 剋을 받으면 官이 되기 때문이다.

(3) 四柱에서 喜神이 相剋한다면 凶하며 忌神이 相剋되면 吉하다.

干剋의 區別
(1) 庚年甲月은 位置가 가장 가까와서 相剋의 힘이 극심하다.
(2) 庚이 申위에 있고 甲이 寅위에 있으면 勢가 强해지므로 相剋도 극심하게 된다.
(3) 兩庚이 一甲을 剋하는 경우는 勢가 심하게 다르므로서 도리어 輕하게 된다.
(4) 이와는 反對로 兩甲이 一庚의 剋을 받을 때는 본래 一甲은 一庚을 對敵할 수가 없었으나 兩甲은 勢力에서 一庚과 맞먹으므로서 相剋은 激甚하게 된다.
(5) 一庚一甲일 때는 甲보다 庚이 强한 것이 當然하지만 甲이 得氣하고 있을 때와 得勢하고 있을 때는 도리어 庚이 弱해진다.
(6) 庚年甲日처럼 中間에 月柱가 있으면 相剋의 힘은 輕해진다.
(7) 庚年甲時처럼 距離가 멀 경우 相剋의 힘은 더욱 輕해진다.
(8) 庚年壬月甲日의 경우 庚과 甲의 中間에 壬이 調和하고 있으면 剋이 成立되지 않는다.
(9) 庚年丙月甲日의 경우 庚은 丙의 相剋을 받아 甲을 剋할 수 없게 된다.
(10) 庚年甲月壬日의 경우 庚은 壬에게 洩하게 되지만 位置上 甲과 가까우므로 壬은 調和作用을 못해서, 庚과 甲은 역시 相剋으로 본다.
(11) 庚年甲月丙日의 경우 역시 庚과 甲이 가까우므로 相剋되며 丙과 庚의 相剋은 사라진다.
(12) 庚年甲月戊日의 경우 四柱에서 庚이 强하면 甲이 剋된다고 보며 甲이 强하면 戊가 剋되고 戊가 强하면 도리어 甲이 剋되어지게 된다.
(13) 陽干과 陽干, 陰干과 陰干의 剋은 가장 극심하고, 陰干이 陽干을 剋할 때는 比較的 害가 적으며, 陽干이 陰干을 剋하면 干合이 되어서 害가 되지 않는다.

3. [干合]
庚과 甲, 辛과 乙을 陽과 陽, 陰과 陰으로서 相剋이 되지만 庚과 乙은 一陽一陰이므로서 干合이라고 한다. 이는 一男一女가 夫婦가 되는 것과 같은 것으로서 易經에서의 「一陰一陽之謂道」이다. 兩陰兩陽은 偏하여 있으므로 凶으로 보는 것이다.

干合의 成立과 化五行

干合은 夫婦有情의 象이라 일컬어지듯 陽干에서 陰干을 相剋하는 狀態에서 成立되며, 干과 干끼리 相合해서 化하여서는 또다른 變化된 五行을 創出해낸다. 이는 마치 男女가 서로 다른 環境에서 자라다가 夫婦로서 一家를 이루어 또다른 家庭을 만들어냄과 洽似하다.

甲己	乙庚	丙辛	丁壬	戊癸
陽 陰	陽 陽	陽 陰	陰 陽	陽 陰
木 土	木 金	火 金	火 水	土 水
合化土	合化金	合化水	合化木	合化火

萬物이 모두 土에서 生하는데 甲己는 干合의 始이므로 土로 化하고 土는 金을 生하므로 乙庚의 干合은 金으로 化하게 되며, 다음의 丙辛干合은 水로 化하고, 丁壬干合은 木으로 化하고, 戊癸干合은 火로 化한다.

그러나 干合해서 化五行으로 變하는가 아닌가는 時令, 賓主, 明暗, 地位, 歲運에 따라서 달라진다.

(1) **時令.**
甲己는 辰戌丑未月에 限해서 土로 化한다.
乙庚은 申酉巳丑月에 限해서 金으로 化한다.
丙辛은 亥子申辰月에 限해서 水로 化한다.
丁壬은 寅卯亥未月에 限해서 木으로 化한다.
戊癸는 巳午寅戌月에 限해서 火로 化한다.
以外의 月은 干合뿐이며 化五行으로 變하지 않는다.

(2) **賓主.**
日干이 合하면 五行이 變化하지만 기타의 干合은 化五行으로 變하지 않는다.
例를 들면 甲日己月은 化土가 되지만 甲年己月은 土가 되지 않는다. 그러나 格局이 化局이 되면 年月의 干合도 역시 干合한다.

(3) **明暗.**
明이란 天干이며 暗은 地支中에 暗藏된 藏干을 말한다. 天干과 天干은 化하게 되지만, 天干과 藏干, 或은 藏干과 藏干의 干合은 五行이 變하지 않는다.

(4) 地位.
甲日己時나 甲日己月은 地位가 가까우므로 季節에 따라서는 五行이 變化되기도 하지만 甲日己年 등은 地位가 멀어서 變化하지 않는다.

(5) 歲運.
歲運에 대한 干合은 變化는 取하지 않으며 그냥 財官으로 본다. 日干 以外의 五行과 干合해도 역시 變化는 취하지 않는다.

干合의 影響
(1) 甲日에서 辛을 본 경우 辛은 甲의 正官이지만 丙이 있어서 辛과 干合하면 甲의 正官이 되지 못한다. 丙은 甲日의 食神이지만 辛과 干合해서 食神이 되지 못한다. 그러므로 이러한 경우 正官도 食神도 作用을 잃게 된다.

(2) 日干自身의 合은 그것에만 限하지 않는다. 乙日로서 庚을 만나 正官인데 역시 正官의 作用은 한다.

(3) 丙年 辛月로서 年日干合한 경우 이 兩干에 喜神이 있으면 喜神의 作用을 잃기 때문에 凶하며, 이 兩干에 忌神이 있으면 忌神이 作用을 잃게 되어 도리어 吉이 된다.

干合의 區別
(1) 甲年己月처럼 서로의 地位가 가장 가까운 것이 干合의 힘도 最大가 된다.

(2) 甲年己時일 때 서로의 地位가 가장 멀리 떨어져 있어서 干合의 힘도 매우 적어서 거의 禍福作用이 없으며 10分의 2·3의 힘도 나오지 않는다.

(3) 兩辛一丙이거나 兩丙一辛인 경우는 妬合이라고 해서 男子 하나에 두 女人이나 女人 한사람에 두 男性처럼 合하는 힘이 分散해서 10分의 5·6의 作用밖에 안나온다.

(4) 庚年乙月甲日乙時인 경우, 甲日이 中間에 끼어 있어서 妬合이 되지 않으며 단지 庚乙의 干合으로 본다.

(5) 乙年庚月乙日은 庚의 左右에 乙이 있으므로 妬合이다. 乙年乙月庚日은 月의 乙과 日의 庚과의 干合만으로서 年의 乙은 合이 되지 못한다. 庚年乙月乙日도 年과 月의 干合뿐이고 日과는 全然 干合이 되지 않는다.

干合과 干剋이 同時인 경우

命式中에 天干의 剋과 干合이 同時에 있는 경우는 用神이 地支에 있으면 問題가 없으나 만약에 用神이 天干에 있을 때는 우선 剋과 合의 力量을 잘 考慮한 뒤에 비로소 用神을 取해야 할 것이다.

(1) 庚年乙月甲日 같으면 甲보다 乙이 庚과 가까우므로 合을 取하고 剋을 취하지 않는다.

(2) 庚年辛月乙日 같으면 庚보다 辛이 乙에 가까우므로 剋을 取하고 合을 취하지 않는다.

(3) 甲年庚月乙日 같으면 庚이 甲을 剋하는가가 問題로서 庚은 乙과 合하고 있으므로서 甲을 剋할 수가 없다.

(4) 丙年庚月乙日 같으면 丙이 庚을 剋하는가가 問題로서 丙에는 合이 없고 庚을 剋할 수가 있으므로 剋의 作用만 있다고 본다.

(5) 丙年庚月乙日 같으면 丙이 强하면 剋으로 허고 庚이 强하면 合으로 한다.

干合과 그 性情

干合은 前記한 것처럼 四柱構成上 有利하게 또는 不利한가를 살피고 用神에 어떤 影響을 波及하는가를 가늠하는데 있다. 그러나 術書에 따라 이런 干合은 이렇고 저런 干合은 저렇다고 여러가지 例를 들어 說明한 것이 있다. 이에 好事家를 爲해 그 性情을 列擧하기로 한다. 그러나 이는 어디까지나 參考로 삼을 것이며 이에 너무 執着말 것이다.

甲己合化土＝中正之合
乙庚合化金＝仁義之合
丙辛合化水＝威嚴之合
丁壬合化木＝仁壽之合
戊癸合化火＝無情之合

(1) **甲己合의 性情**

自己의 分數를 지키며 處世에 節度와 品位가 있어 高尙하며 寬大하다. 남과 다투기 싫어하며 世人의 尊敬을 받는다.

甲日己合은 信義는 있으나 智慧가 不足하다.

己日甲合은 信義가 없고 聲濁鼻低한 傾向이 있으며 十中八九는 異腹兄弟가 있다.

(2) 乙庚合의 性情

剛直果敢하고 仁義心이 두텁다. 偏官이나 死・絶이 同柱하면 勇敢하지만 賤한 傾向이 있다.

乙日庚合은 禮儀가 바르나 智慧가 不足하다.

庚日乙合은 慈悲心은 없으면서도 義로운 일만 過張한다. 齒牙가 健全한 이가 많다.

(3) 丙辛合의 性情

威嚴과 儀表가 있으나 偏屈性으로 殘忍하며 好色하는 傾向이 있다.

丙日辛合은 智慧가 뛰어나 詐謀를 잘 쓰고 儀意가 疏忽하다.

辛日丙合은 大望抱負者가 僅少하고 몸집도 倭小한 傾向이 있다.

(4) 丁壬合의 性情

感情的으로 흐르기 쉽고 好色으로 高潔하지 못하다. 萬若 偏官이나 桃花가 있으면 淫亂으로 破家한다.

丁日壬合은 小心하고 嫉妬心은 强함, 키가 크고 날씬한 사람이 많다.

壬日丁合은 몸집이 크고 부지런한데 怒하기 쉽고 性質이 偏屈한 傾向이 있다.

(5) 戊癸合의 性情

男女間에 美麗하고 好奢함을 좋아하나 無情한 傾向이 있다.

戊日癸合은 聰明하나 內心 無情하고 顔色이 붉은 傾向이 있다.

癸日戊合은 愚昧嫉妬格에 有始無終型이 많다. 男命은 年長女와 配匹하고 女命은 老郞에게 出嫁하는 傾向이 있다.

地支相合

★支合의 種類

(1) 六合.

子丑合(土)　寅亥合(木)　卯戌合(火)

辰酉合(金)　巳申合(水)　午未合(日月合)

六合의 原理는 月將(六壬神課 等에서 쓰이는 十二月將)에서 나온 것이다. 예를 들면, 子月將은 丑이므로 子丑合이 되고 卯月將은 戌이므로 卯戌合이 된다. 이를테면 月令과 月將과의 合이 六合이다.

(2) **局合.**
亥(生) 卯(旺) 未(墓) ── 三合木局
寅(生) 午(旺) 戌(墓) ── 三合火局
巳(生) 酉(旺) 丑(墓) ── 三合金局
申(生) 子(旺) 辰(墓) ── 三合水局

局合은 三合會局이라고도 한다. 局合은 五行의 生·旺·墓를 取한 것이다. 즉 木의 長生은 亥이고 木의 帝旺은 卯이며 木의 墓는 未이므로 亥卯未를 木局으로 한 것이다.

이와같이 合局은 四柱의 十二支構成에 三合支가 있을 때를 이르는 것이나 때로는 會局할 二支가 나란할 때 半會局으로 取한다는 說도 있다. 그러나 會局은 中心支인 卯·午·子·酉와 같은 旺氣의 支가 있고 他에 會局하는 支가 있을 때에 半會局으로 取하며 예를 들면 木局의 半會局은 亥·卯, 卯·未는 成立되고 亥·未는 旺支인 卯가 빠졌으므로 半會局이 成立되지 않는다고 본다.

(3) **方合.**
寅卯辰은 東方合
巳午未는 南方合
申酉戌은 西方合
亥子丑은 北方合

方合은 十二支中 三支가 같은 方位의 支를 柱中에 있을 때 方合으로 보는 것이다. 예를 들면 寅卯辰 三支가 모두 春節地支로서 方位는 모두 東方으로 되어 있으니 東方合이라 하고 木氣가 旺相함을 말하며 三合會局과 거의 同一한 作用을 한다.

★**支合의 影響**
(1) **六合.** 두개의 支가 合한다는 것은 잡히고 묶여서 動作하지 못하는 것과 같아서 一切의 作用을 減衰시킨다. 예를 들면 惡한 變通星은 그 凶意가 減해지고 良好한 變通星도 그 吉意가 減해진다.
(2) **局合.** 四柱에 局合인 三合會局이 있으면 그 支는 모두 局五行으로 變한다. 예를 들면 亥年卯月未日인 경우, 亥는 水로 하지 않고 또 未도 土로 하지 않는다. 亥卯未는 三支를 모두 木으로 하는 것이다. 이 경우 木이 喜神이라면 吉하고 木이 忌神이라면 凶作用이 일어난다.
(3) **方合.** 四柱에 方合이 있으면 그 支는 方五行으로 變한다. 예를 들

면 寅卯辰이 모두 갖추어 있으면 辰은 土로 하지 않고 木으로 化한다. 이 三支 東方木이 喜神이면 吉하고 忌神이면 凶이 된다.

支合의 區別

① 局合은 旺支를 重視한다. 旺支란 子, 午, 卯, 酉이며 各五行의 帝旺에 해당하므로 旺支라 한다. 局中에 三支가 갖추어 있지 않고 二支만 있을 때 旺支가 있으면 局合으로 하나 旺支가 없으면 局合으로 보지 않는다. 半會局은 三合會局보다 合의 勢는 약간 떨어진다.

② 方合은 三支가 갖추어 있어야 되며 一支가 缺해도 方合으로 成立되지 않는다.

③ 六合은 이웃에 나란할 때만 影響이 크며, 隔해서 있으면 六合이 되지 않는다. 예를 들면 年과 月, 月과 日, 日과 時일 때 六合이 可能함 年과 日일 때는 六合力이 弱해진다.

④ 方合이나 局合일 때는 三支만 갖추면 成立되며 그 사이가 隔해도 合이 된다. 半會일 때와 六合만 이웃끼리가 아닐 때 合이 되지 않는다.

⑤ 六合일 때 一支가 空亡되면 合의 作用은 많이 減小된다.

⑥ 戊日寅月生의 東方合일 때는 모두 七殺(偏官)로 하고,
戊日卯月生이 東方合일 때는 모두 正官으로 하며,
戊日辰月生이 東方合일 때는 柱中에 甲多면 七殺로 하고 乙多면 正官으로 한다.

⑦ 卯卯戌, 寅寅亥처럼 二支와 一支의 合을 妬合이라 한다. 그러나 支中 藏干은 複雜하므로 그 害는 天干에서처럼 극심하지는 않다.

⑧ 寅卯辰으로 東方合인 경우 寅卯辰 等이 二支가 있으면 力量이 加해지는 것으로서 妬合이 되지 않는다. 또한 三合會局에서도 마찬가지로서 예를 들면 亥卯未局會인 경우 또 亥나 卯나 未가 있어도 妬合이라 보지 않으며 力量이 加해진다고 보는 것이다.

⑨ 寅卯辰의 東方이 亥를 만나면 方合을 生助하는 神으로 삼으며, 未를 보면 方合의 財가 되며, 局이 方合과 混在했다고 보지는 않는다.

⑩ 亥卯未 木局이 寅을 보면 同氣가 되며, 辰을 보면 財 된다. 그러므로 方과 局이 混在하지는 않는다.

5. 支冲(六冲)

地支間의 對照中 六冲은 支冲이라고도 하며 地支順位가 六번째로 떨어진 것이 相冲한다는 뜻이 된다. 또 十二支方位面에서 相反된 位置에 있으므로 相冲이라 한다.

子午相冲   丑未相冲   寅申相冲
卯酉相冲   辰戌相冲   巳亥相冲

★支冲의 影響
(1) 地支의 藏干은 하나만이 아니므로써 그 相剋은 天干처럼 單純하지는 않다. 그러므로 于先 本氣(正氣), 時令, 多寡 等을 考慮해야 된다.
[本氣(正氣)] 二支가 相冲할 때 于先 本氣(正氣)를 본다. 예를 들면 子午相冲일 때 子는 水, 午는 火이므로 子가 勝하고 午가 敗하게 되어 午는 負傷을 받고 子는 疲勞하게 된다.
[時令] 子午相冲은 本氣로 볼 때는 子가 勝하게 되지만 夏節生일 대는 午가 月令을 得하므로서 子가 負傷을 입는다.
[多寡] 午年子月午日午時인 경우, 本氣나 時令으로 볼 때는 모두 子가 勝하게 되지만 三午一子로서 적은 子쪽이 지고 만다.
(2) 四柱中에서 喜神이 冲을 받으면 凶하고 忌神이 冲되면 도리어 吉이 된다.

★支冲의 區別
(1) 寅申, 巳亥의 相冲은 어느 쪽이나 극심하게 다친다. 申의 冲은 寅中의 戊가 申中의 壬을 剋하고 또 丙도 庚을 剋한다. 또 申中의 庚은 寅中의 甲을 剋하고 壬도 丙을 剋한다. 이처럼 長生支(寅中巳亥)는 서로가 同位를 相剋하므로 兩쪽이 모두 다치고 傷하게 된다. 어느쪽이 強한가는 결국 時令과 多寡에 依해서 決해지는 것이다.
(2) 辰戌, 丑未의 本氣는 모두 土이므로 冲動은 注目받고 剋傷은 아주 輕한 편이다. 當然히 中氣나 餘氣는 剋되어지지만 普通 時令과 多寡를 念外로 둔다면 丑이 未를 勝하고(癸水가 丁火를 剋함), 辰이 戌에게 勝한다.
(3) 子午, 卯酉는 藏干이 單字라 子가 午를 勝하고 酉가 卯를 勝한다.
(4) 年支와 時支의 相冲은 별다른 作用이 없다.
(5) 年支와 日支, 月支와 時支처럼 一位를 隔한 相冲은 作用은 있으나 弱하게 본다.
(6) 支冲이 空亡을 만나면 冲의 힘이 減해진다.
(7) 午年午月子日인 경우는 月日相冲만이며 年日은 冲이 되지 않는다.
(8) 午年子月午日인 경우는 만약에 午가 得力해 있으면 冲은 훨씬 緩和된다. 왜냐하면 勝負가 확실해져 있기 때문이다. 그러나 만약에 子가 力

强하게 得力했다면 두 弱支인 午와 一强支가 되는 子와의 相冲이므로 勝負는 결말나기 어렵고 冲은 극심한 것이 된다.

★支冲의 作用
六冲은 相互背反的인 狀態를 가리키는 것으로서 凶意가 극심하다. 例를 들면 狂暴, 忘恩, 離別, 夫妻喪配, 離鄕, 害子女, 孤獨, 病苦, 損災, 訟事, 官災, 口舌 등의 厄難이 있다는 것이다.
또한 일에 臨하여 頭緖를 못잡고 好機를 逸失하는 등 心思가 低調하여 迫力이 不足하고 環境에 適應하지 못하는 等 주로 凶象을 나타낸다. 그러나 四柱의 害神을 冲해서 變吉하는 境遇도 있다. 또한 空亡된 柱를 冲했을 때는 禍가 變해서 吉이 됨도 特徵의 하나이다.
① 生年과 生月이 相冲하면 祖業을 지키지 못하고 離鄕하니 客地나 他鄕살이 身世된다.
② 生月을 相冲하면 父母兄弟間 無德하고 父母와 別居해서 生活한다.
③ 生日과 生時가 相冲되면 妻子를 剋하고 和睦하지 못하다.
④ 生日과 生年이 相冲하면 父母와 不和하고 日과 月이 相冲하면 忘恩, 長患의 傾向이다.
⑤ 日支를 他支가 冲하면 夫婦間에 和睦치 못하거나 生離死別한다.
⑥ 子午冲은 一身이 不安하다. 卯酉冲은 親한 사람을 背反, 근심걱정이 많다.
寅申冲은 多情多感하여 愛情이 많다. 巳亥冲은 쓸데없이 남의 걱정을 잘 한다.
辰戌冲은 喪配, 背反, 孤獨하다. 丑未冲은 每事가 多滯됨이 많다.
⑦ 空亡支를 冲했을 때는 禍가 變하여 爲吉이 된다.

6. 支害(六害 또는 相穿)
支害는 六合에서 由來한 것이다.
子丑은 六合이다. 그러므로 丑을 冲하는 未는 子와 相害하며 子를 冲하는 午는 丑을 相害한다. 이와같은 理由에서
寅亥의 六合에서 寅巳의 相害와 申亥의 相害가 나온다.
卯戌의 六合에서 卯辰의 相害와 酉戌의 相害가 나온다.
辰酉의 六合에서 卯辰의 相害와 酉戌의 相害가 나온다.
巳申의 六合에서 寅巳의 相害와 申亥의 相害가 나온다.
午未의 六合에서 丑午의 相害와 子未의 相害가 나온다.

支害의 影響

(1) 支害가 있으면 當然히 同時에 冲과 合도 있게 되므로 支害때문에 喜神을 除하게 되면 凶이 되고 忌神을 除하게 되면 吉이 된다.

예를 들면 子午의 冲이 있고 다시 丑을 만나면 午는 子와 冲이 되고 또 丑에게 相害를 받게 된다. 그러나 이런 경우 丑은 子와 六合해서 이때문에 子의 冲을 받지 않으며 丑의 害를 받는 것으로 된다. 午가 喜神이면 吉하다.

(2) 支害만 있고 命局에 相冲이 없으면 全然 作用을 일으키지 않는다.
(3) 害가 六合을 만나면 合의 作用에만 注意한다.
(4) 相害하는 兩支가 隔해 있으면 相害하지 않는다.

7. 相破(一名 戰剋)

地支相破라는 것이 오래된 術書에 실려 있는데, 實驗結果 表出의 根據도 薄弱하고, 그 作用力도 微弱하므로 削除해도 無妨하다고 여겨지나, 命學研究의 參考로 삼기 爲해서 다음에 실었다.

相破는 十二支 順位로 順次十位째와 逆次四位째에 該當되므로 四惑十惡이니 戰剋이라 한다.

子酉相破 卯午相破 寅亥相破
丑辰相破 戌未相破 巳申相破

相破의 作用

① 年을 破하면 兩親과 早別한다.
② 月을 破하면 變轉이 甚하다.
③ 日을 破하면 妻子緣이 薄하다.
④ 時를 破하면 晩年이 不遇하다고 하는데 冲과 같은 强한 影響力은 없다.

8. 支刑

地支의 刑은 局合과 方合에서 表出될 수 있다. 그러므로 亥・午・酉・辰의 自刑이 있고, 寅巳申이 互刑도 있고 丑戌未의 刑도 있는데 表出方式은 三刑圖를 參酌하면 쉽게 理解가 될 것이다.

亥卯未(木局)　寅午戌(火局)　巳酉丑(金局)　申子辰(水局)

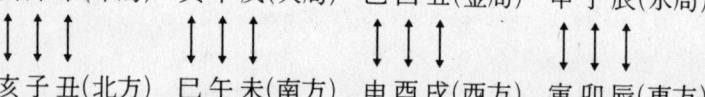

亥子丑(北方)　巳午未(南方)　申酉戌(西方)　寅卯辰(東方)

支刑의 區別
(1) **三刑.**
寅刑巳　巳刑申　申刑寅
丑刑戌　戌刑未　未刑丑
(2) **相刑.**
子刑卯, 卯刑子
(3) **自刑.**
辰刑辰, 午刑午, 酉刑酉, 亥刑亥

支刑과 그 作用

現代命學에서는 支刑의 作用이나 그 影響은 전혀 根據도 없고 實驗上 全然 作用이 없다고 結論지어져 있는게 現實이다. 或者가 支刑을 損害가 있다고 하는 것은 逆說에 不過하다.

研究家를 爲해 舊著 等에 記載된 支刑의 作用을 여기에 옮겨 보았으나 이에 너무 拘碍받거나 盲信하지 말고 實地로 經驗을 通해 適否를 가려 보기 바라는 바이다.

(1) **恃勢之刑**(寅巳申──三合의 生氣支끼리인 것)

四柱의 十二支構成 중에 寅·巳, 巳·申, 寅·申이 있거나 또는 寅·巳·申 셋이 모두 있거나, 寅·巳·巳가 있을 때 成立된다.

이 支刑은 自己의 勢力을 믿고 猪突的으로 猛進해 나간다는 特徵을 가진다. 그러므로 그 積極性이 때에 따라서는 아주 멋진 伸展性을 나타내게 되며, 蹉跌을 빚으면 極端的인 惡運勢를 가져오기도 한다. 有利한 面이 많이 나타나는가, 아니면 有害한 面이 많이 나타나는가는 그 刑이 있는 柱의 十二運의 好惡에 依해서 定해진다. 十二運의 吉凶兩쪽이 나올 때는 人生에 波亂이 있다.

女命에 이 刑이 있으면 孤獨한 運命에 빠져든다고 한다.

(2) **無恩之刑**(丑戌未──三合의 墓氣支끼리인 것)

四柱의 十二支構成중에 丑·戌, 戌·未, 未·丑이 있거나 또는 丑·戌·未가 모두 있거나 丑·戌·戌이 있을 때 成立된다.

이 支刑은 性格이 冷酷함을 가리키며 義理가 없고 恩惠를 갚을줄 모르는 等 無情한 刑殺이다. 더구나 이 刑이 있는 柱에 十二運의 死氣나 絶氣가 들어 있으면 恩惠를 怨讐로 갚는 일도 發生한다. 그러나 十二運이 良好할 때는 그것이 制壓되고 凶意가 消滅된다.

女命에 이 刑이 있으면 孕胎中에 苦生한다던지 難産하는 傾向이 있다고 한다.

(3) **無禮之刑**(子卯 —— 三合의 旺氣支끼리인 것)

四柱의 十二支 構成中에 子·卯가 있을 때 成立된다. 즉 子日生일 때 卯가 年, 月, 時支에 있을 때와 卯日生일 때 子가 年, 月, 時支에 있을 때 成立되며 他柱끼리도 子·卯가 있으면 成立된다.

이 相刑은 가장 좋지 않으며 性質이 亂暴하고 禮儀가 없다는데서 他人에게 不快한 感을 준다는 것. 특히 이 刑이 있는 柱의 十二運이 나쁘면 肉親에게 弊를 끼치는 일 등을 식은죽 먹듯이 恣行하는 者가 나오기도 한다.

⑪ 木空則折이라 木이 逢空하면 꺾이는 것이므로 中途挫折한다.

⑫ 火空則發이라 火가 逢空하면 더욱 기세좋게 불타오르므로 失敗數가 적다.

⑬ 土空則崩이라 土가 逢空하면 산사태처럼 무너지므로 凶하다.

⑭ 金空則鳴이라 金(쇠)이 逢空하면 울려서 소리가 나므로 名聲을 떨친다.

⑮ 水空則流로다 水는 逢空하면 흘러가는 流水가 되므로 吉하다.

空亡은 이를테면 運命上의 에어·포켓으로서 空亡을 만났을 때 여러가지 면에서 失數를 犯하거나 잘못을 저지르기도 한다. 婚前에 그만 童貞이나 處女性을 喪失하는 境遇에 或 그 月의 月支나, 日辰(日支)이 空亡에 該當할 때가 있음을 往往 經驗한다.

또 空亡年에 大患難·長病이 侵犯한 實例도 不少하니 이에 對한 硏究도 하나의 命題이다.

옛 先人들도 空亡은 五行의 本質性에 따라 吉凶이 달라진다 했으며, 그러므로 凶中反吉之兆와 吉中減福之兆가 生하나니 이것이 空亡의 造化之道라 하였다.

女命은 母子間이 不和로 잘 다투는 것을 目賭한다.

(4) **自刑之刑**(辰辰, 午午, 酉酉, 亥亥)

自刑은 四柱중에 午·午, 辰·辰, 酉·酉, 亥·亥처럼 두支씩 있을 때 成立되며 午午午처럼 셋이 있을 때도 成立된다. 그러나 넷 모두일 때는 特殊한 格(支辰一氣 등)으로 보며 貴格으로 삼는다.

이 刑은 自尊心이 缺如되어 있어서 熱情的인 意志나 强한 執着心이 없다는 刑이다. 그러므로 꾸준하게 한가지 일을 始終一貫 해내기는 어렵다. 그러면서도 쓸데없는 固執으로 내 主張만 내세운다. 그러나 十二運

이 吉凶에 따라 그런 點이 抑制되거나 助長되기도 한다.
　　四柱에 三辰이 있거나 三午가 있을 때 凶兆가 더욱 甚한데 이런 경우도 十二運이 良好할 때는 도리어 自刑은 크게 有利해지는 傾向이 있다.

9. 空亡(一名 旬空)

　　天干 10에 對하여 地支 12를 配合했을 때, 10日後에 地支가 2支 남게 된다. 그 남은 地支가 空亡이다. 예를 들면 甲子日에서 癸酉日까지 셈하면 戌亥의 2支가 남는다. 이것을 甲子旬中 戌亥가 空亡이라 하며 줄여서 旬空, 六甲空亡, 또는 六旬空亡이라고도 한다.
　　空亡은 原則上, 生日干支인 日柱를 基準으로 삼아서 年, 月, 時柱의 地支에서 찾아본다.
　　空亡의 作用은 眞空과 半空에 따라 輕重이 있다는 說이 있다. 즉 生日干의 陽干일 때는 空亡에 該當된 陽支가 眞空이 되고 陰支가 半空이 된다. 이와 反對로 陰干日生은 空亡支中에서 陰支가 眞空이 되고, 陽支가 半空이 된다. 例를 들면 甲子日生과 乙丑日生은 同一한 旬中이라 戌亥가 空亡이나,
　　甲子日은 陽干日이므로 陽支戌이 眞空이고 陰支亥는 半空이다.
　　乙丑日은 陰干日이므로 陰支亥가 眞空이고 陽支戌은 半空이다.
　　이때 眞空쪽이 空亡作用이 重하고 半空일 때는 輕하다. 즉 眞空은 70%, 半空은 30%로 본다.
　　이 理論에 따르면 空亡이 있는 柱가 매우 良好할 경우, 眞空을 만나면 그 柱의 吉意가 70%쯤 減殺되어 버리고 半空을 만나면 吉意가 30% 減殺된다는 것이다.
　　또 이와는 反對로 凶意가 강한 變通星이나 十二運이 表出된 柱라 할지라도 眞空을 만나면 그 凶意가 70% 減少되고 半空일 때는 30%나 減少되게 된다.
　　行年運, 流年에 空亡일 때 例컨데 子丑空亡人이 子年이나 丑年이 오면 空亡年이라 해서 좋지 못하다거나, 子月 丑月이 一年中에서 運氣가 別로 신통치 못하다고 보기도 하는데, 이때에도 이른바 眞空, 半空 理論은 適用된다.

六十干支順位 및 空亡表										空亡
第一旬	甲子₁	乙丑₂	丙寅₃	丁卯₄	戊辰₅	己巳₆	庚午₇	辛未₈	壬申₉	癸酉₁₀	戌亥
第二旬	甲戌₁₁	乙亥₁₂	丙子₁₃	丁丑₁₄	戊寅₁₅	己卯₁₆	庚辰₁₇	辛巳₁₈	壬午₁₉	癸未₂₀	申酉
第三旬	甲申₂₁	乙酉₂₂	丙戌₂₃	丁亥₂₄	戊子₂₅	己丑₂₆	庚寅₂₇	辛卯₂₈	壬辰₂₉	癸巳₃₀	午未
第四旬	甲午₃₁	乙未₃₂	丙申₃₃	丁酉₃₄	戊戌₃₅	己亥₃₆	庚子₃₇	辛丑₃₈	壬寅₃₉	癸卯₄₀	辰巳
第五旬	甲辰₄₁	乙巳₄₂	丙午₄₃	丁未₄₄	戊申₄₅	己酉₄₆	庚戌₄₇	辛亥₄₈	壬子₄₉	癸丑₅₀	寅卯
第六旬	甲寅₅₁	乙卯₅₂	丙辰₅₃	丁巳₅₄	戊午₅₅	己未₅₆	庚申₅₇	辛酉₅₈	壬戌₅₉	癸亥₆₀	子丑

空亡作用의 約束과 判斷

① 空亡이 있는 柱가 支合일 때는 空亡은 作用하지 않는다.

② 變通星이나 十二運星이 凶意가 極甚할 때, 그 柱가 空亡되면 凶은 化해서 吉해진다. 이럴 때 支合이 되면 재미없다.

③ 四柱中에서 正財나 正官이 있는 柱가 空亡되었을 때는 機智가 있어서 社會的으로는 發展할 可能性이 있으나 家庭運에는 惠澤받지 못한다.

④ 冲이나 刑은 空亡의 役割을 減殺하는 意가 있으므로 空亡된 柱가 刑, 冲을 당하면 空亡의 意를 잃게 된다.

⑤ 年·月·時 三位三支가 皆空亡일 때는 도리어 運이 매우 良好해진다.

⑥ 女命이 傷官이 있는 柱가 空亡되면 子女는 한 名일 때가 많고, 夫婦사이가 몹시 나빠서 언제나 離別할듯, 갈라설듯 하면서도 못헤어지는 경우를 흔히 본다.

⑦ 年柱가 空亡되면 父母德이 없으며 거개가 20歲前에 片親을 잃는다.

⑧ 月柱가 空亡되면 兄弟同氣間에 德이 없고 어려울 때 도움이 되지 못한다.

⑨ 時柱가 空亡되면 子女德이 없으며 無子女거나 있어도 도움이 못된다.

⑩ 年·月支가 모두 空亡되면 妻子息과 生離死別하는 事端이 發生하기 쉽다.

第二章　變通星과 十二運星

第一節　天地星表出篇

1. 變通星의 意義

五行의 理는 바로 生·剋의 理로서 社會의 相互關係의 哲學인 것이다. 生을 받거나 生해주거나 剋하거나 剋을 받는다는 것은 親和와 背反을 單的으로 表現한 것이라 볼 수가 있다.

命學自體가 六親間, 또는 社會的인 親和와 背反의 理를 解明하려는 것 일진데, 그 무엇인가를 根據로 삼아서 그 무엇을 解明의 열쇠로서 使用해야 하는 것이다.

그러므로써 人間의 出生을 現象界에 生을 享受한 原點으로 삼고서 그 해, 그달, 그날, 그시각을 命運을 解明하는 하나의 열쇠로 規定하여 便法上 干支를 적어놓고 그 干支의 五行 生剋之理에서 이끌어 냈던 것이다.

그러나 五行 生剋之理를 干支上에서 생각함보다는 一定한 名目을 지어서 表記했을 때 여러 面으로 알기 쉽고 편리하므로 變通星의 名稱이 생겨난 것이다.

그러므로 變通星은 五行·陰陽 生剋의 代名詞인 것이다.

五行의 生剋과 그 原理는 東洋思想에 있어서 倫理와 道德의 規範이며 科學·哲學의 根元的思想으로서, 이러한 思考方式은 全世界에 通하는 眞理인 것이다. 그렇다면 그것으로서 人命을 헤아리고 判斷함에 가장 適切하고 妥當하다 할 것이다.

變通星은 命學에서 六神이라고 하며 그 名目은 比肩, 劫財, 食神, 傷官, 偏財, 正財, 偏官(七殺), 正官, 偏印(倒食, 梟印), 印綬의 十種이다.

이를 六神이라 함은 六神論篇에서 再論하겠으나, 比肩·劫財는 格을 構成할 수가 없으므로 別格으로 치며 偏正財와 偏正印은 그냥, 財·印으로 하고 있기 때문이다. 거기에 傷官, 食神, 正官, 七殺(偏官)을 더하여 六神으로 삼은 것이다.

2. 變通星의 表出法

　變通星을 表出하려면 生日天干 즉 日干을 日主로 삼아서 他柱에 있는 干支와의 對照로 보아서 表出한다. 日干과 他柱의 天干(年干·月干·時干)과의 對照로 表出한 變通星을 天星이라 하고, 日干과 各柱의 地支(年支·月支·日支·時支)를 對照해서 表出한 變通星을 地星이라고 한다. 天星의 表出은 아주 쉽고 簡單하지만 地星의 表出은 支藏干(地支中에 含藏되어 있는 天干)을 于先 알아야 하고 節氣에 따른 餘氣, 中氣, 正氣(本氣)의 區分을 살펴야 되는 等 若干 複雜하므로 이 點에 留意할 必要가 있다.

　○比和者는 兄弟이니 比肩·劫財이다.
　比肩=日干과 五行이 同一하고 陰陽이 同一한 것(甲日見甲, 乙日見乙, 丙日見丙, 丁日見丁, 戊日見戊, 己日見己, 庚日見庚, 辛日見辛, 壬日見壬, 癸日見癸).
　劫財=日干과 五行이 同一하고 陰陽이 다른 것(甲日見乙, 乙日見甲, 丙日見丁, 丁日見丙, 戊日見己, 己日見戊, 庚日見辛, 辛日見庚, 癸日見壬).

　○我生者는 子孫이니 食神·傷官이다.
　食神=日干五行에서 生하는 것으로 陰陽이 同一한 것(甲日見丙, 乙日見丁, 丙日見戊, 丁日見己, 戊日見庚, 己日見辛, 庚日見壬, 辛日見癸, 壬日見甲, 癸日見乙).
　傷官=日干五行이 生하는 것으로 陰陽이 다른 것(甲日見丁, 乙日見丙, 丙日見己, 丁日見戊, 戊日見辛, 己日見庚, 庚日見癸, 辛日見壬, 壬日見乙, 癸日見甲).

　○我剋者는 妻財이니 偏財·正財이다.
　偏財=日干五行을 生하는 것으로 陰陽이 同一한 것(甲日見戊, 乙日見己, 丙日見庚, 丁日見辛, 戊日見壬, 己日見癸, 庚日見甲, 辛日見乙, 壬日見丙, 癸日見丁).
　正財=日干五行이 剋하고 陰陽이 다른 것(甲日見己, 乙日見戊, 丙日見辛, 丁日見庚, 戊日見癸, 己日見壬, 庚日見乙, 辛日見甲, 壬日見丁, 癸日見丙).

○剋我者는 官鬼이니 偏官·正官이다.
　偏官=日干五行을 剋하는 것으로 陰陽이 同一한 것(甲日見庚, 乙日見辛, 丙日見壬, 丁日見癸, 戊日見甲, 己日見乙, 庚日見丙, 辛日見丁, 壬日見戊, 癸日見己).
　正官=日干五行을 剋하는 것으로 陰陽이 다른 것(甲日見辛, 乙日見庚, 丙日見癸, 丁日見壬, 戊日見乙, 己日見甲, 庚日見丁, 辛日見丙, 壬日見己, 癸日見戊).

○生我者는 父母이니 偏印·印綬이다.
　偏印=日干五行을 生하는 것으로 陰陽이 同一한 것(甲日見壬, 乙日見癸, 丙日見甲, 丁日見乙, 戊日見丙, 己日見丁, 庚日見戊, 辛日見己, 壬日見庚, 癸日見辛).
　印綬=日干五行을 生하는 것으로 陰陽이 다른 것(甲日見癸, 乙日見壬, 丙日見乙, 丁日見甲, 戊日見丁, 己日見丙, 庚日見己, 辛日見戊, 壬日見辛, 癸日見庚).

3. 天干變通星早見表

日干＼變通星	比肩	劫財	食神	傷官	偏財	正財	偏官	正官	偏印	印綬
甲日	甲	乙	丙	丁	戊	己*	庚	辛	壬	癸
乙日	乙	甲	丁	丙	己	戊	辛	庚*	癸	壬
丙日	丙	丁	戊	己	庚	辛*	壬	癸	甲	乙
丁日	丁	丙	己	戊	辛	庚	癸	壬*	乙	甲
戊日	戊	己	庚	辛	壬	癸*	甲	乙	丙	丁
己日	己	戊	辛	庚	癸	壬	乙	甲*	丁	丙
庚日	庚	辛	壬	癸	甲	乙*	丙	丁	戊	己
辛日	辛	庚	癸	壬	乙	甲	丁	丙*	己	戊
壬日	壬	癸	甲	乙	丙	丁*	戊	己	庚	辛
癸日	癸	壬	乙	甲	丁	丙	己	戊*	辛	庚

註 *票는 干合의 表示

4. 地支(正氣藏干)變通星早見表

變通星 日干	比肩	劫財	食神	傷官	偏財	正財	偏官	正官	偏印	印綬
甲 日	寅	卯	巳	午	辰戌	丑未	申	酉	亥	子
乙 日	卯	寅	午	巳	丑未	辰戌	酉	申	子	亥
丙 日	巳	午	辰戌	丑未	申	酉	亥	子	寅	卯
丁 日	午	巳	丑未	辰戌	酉	申	子	亥	卯	寅
戊 日	辰戌	丑未	申	酉	亥	子	寅	卯	巳	午
己 日	丑未	辰戌	酉	申	子	亥	卯	寅	午	巳
庚 日	申	酉	亥	子	寅	卯	巳	午	辰戌	丑未
辛 日	酉	申	子	亥	卯	寅	午	巳	丑未	辰戌
壬 日	亥	子	寅	卯	巳	午	辰戌	丑未	申	酉
癸 日	子	亥	卯	寅	午	巳	丑未	辰戌	酉	申

　以上으로 命式의 變通天星을 내는 法은 아셨으리라 여겨지는데 變通地星을 내는데는 藏干에 대해 說明이 必要하다.

支藏干을 아는 法

　藏干이라 함은 十二支中에 含有하고 있는 干의 活動作用을 말한다. 하나의 支中에는 二個 以上 四個까지 干이 包含되어 있다고 하며, 그것을 餘氣, 中氣, 正氣(本氣)의 干으로 分類하고 있다. 그 分類의 基準은 節入日에서 몇일 지났을 때 태어났느냐에 따라서 餘氣의 干으로서 變通地星을 내기도 하고 正氣(本氣)의 干으로서 變通星을 表出할 때도 있다.
　즉 生日의 그 生月節入節日을 基準해서 깊은(深節) 태생일 때는 年·月·日·時의 十二支 藏干은 모두 正氣가 되는 것이고, 生日이 그 生月節入日을 基準해서 얕은(淺節) 태생이면, 年·月·日·時의 十二支 藏干은 子·午·卯·酉 四支를 뺀 다른 支는 모두 餘氣가 되는 것이다.
　餘氣, 中氣, 正氣는? 餘氣라 함은 前氣의 나머지 氣라는 뜻으로써, 丑이라면 子의 正氣(癸)가 餘氣의 干이 되며, 卯라면 寅의 正氣(甲)가 餘氣가 된다는 것이다. 이에 對하여 正氣라고 함은 그 十二支가 지닌 純粹한 바른 氣라는 뜻으로서 節入日에서, 다음 節入日까지의 一個月의 折半 以上을 占有하고 있다. 中氣라 함은 餘氣와 正氣와의 中間의 氣라는 뜻이다.
　이것을 圖表로 作成한 것이 「月支藏干分野圖」이다. 여기에서 注意해서 살펴야 할 點은, 가령 丑의 藏干을 찾아볼 때 節入日(小寒)이 初五日

이라 假定하면, 初五日 初六日 初七日 初八日 初九日 初十日 十一日 十二日 十三日 이렇게 節入日에서 세어서 九日間이 餘氣로서 癸가 되고, 十四日 十五日 十六日 三日間이 中氣로서 辛이 되고 十七日에서부터 다음달 節入日(立春)前日까지 正氣로서 己가 된다는 뜻이다. 이 點을 錯誤 없도록 特히 注意할 것이다.

이 藏干을 알아낸다면 變通天星을 表出한 것과 똑같이 日干에서 이 干을 對照해서 地星을 求한다.

5. 地支藏干分野圖

支	餘 氣		中 氣		正 氣	
寅	戊	(節入日 立春) 節入後 7日間	丙	節入後 8日째부터 6日間	甲	節入後 15日째부터 驚蟄前日까지
卯		(節入日 驚蟄)			乙	節入日에서부터 淸明前日까지
辰	乙	(節入日 淸明) 節入後 9日間	癸	節入後 10日째부터 3日間	戊	節入後 13日째부터 立夏前日까지
巳	戊	(節入日 立夏) 節入後 5日間	庚	節入後 6日째부터 9日間	丙	節入後 15日째부터 芒種前日까지
午		(節入日 芒種)	己	節入日 芒種 節入後 19日間	丁	節入後 20日째부터 小暑前日까지
未	丁	(節入日 小暑) 節入後 9日間	乙	節入後 11日째부터 3日間	己	節入後 13日째부터 立秋前日까지
申	戊	(節入日 立秋) 節入後 10日間	壬	節入後 11日째부터 3日間	庚	節入後 14日째부터 白露前日까지
酉		(節入日 白露)			辛	節入日에서부터 寒露前日까지
戌	辛	(節入日 寒露) 節入後 9日間	丁	節入後 10日째부터 3日間	戊	節入後 13日째부터 立冬前日까지
亥	甲	(節入日 立冬) 節入後 12日間			壬	節入後 13日째부터 大雪前日까지
子		(節入日 大雪)			癸	節入日에서부터 小寒前日까지
丑	癸	(節入日 小寒) 節入後 9日間	辛	節入後 10日째부터 3日間	己	節入後 13日째부터 立春前日까지

例題 丙寅 四月 十二日(양 86·5·20) 午時生人

		藏干	天星	地星
(年柱)	丙	寅 (甲)	食 神	比 肩
(月柱)	癸	巳 (丙)	印 綬	食 神
(日柱)	甲	子 (癸)		印 綬
(時柱)	庚	午 (丁)	偏 官	傷 官

6. 十二運星 表出法

十二運星 表出方法은 매우 簡單하다. 生日天干에서 各柱의 十二支를 對照하면 되는 것이다. 早見表를 실었으니 쉽게 찾을 수가 있다. 이 十二運星은 命運判斷上 重要한 役割을 하는 것이므로 錯誤가 없도록 表出하는 것이 중요하다.

十二運의 名稱은 長生·沐浴·冠帶·建祿·帝旺·衰·病·死·墓·絶·胎·養의 十二種이 있다. 이 가운데 예전에 使用하던 名稱과 다른 것이 몇가지 있다. 즉 예전에는 臨官이 지금은 建祿으로 바뀌었고 지금의 墓는 예전에는 庫藏 또는 葬이라고 불렀다. 또 지금의 絶은 예전에는 胞라고 불렀으니 參考함이 좋은 것이다.

例題 丙寅 四月 十二日(양 86·5·20) 午時生人

(年柱)	丙	寅	建祿
(月柱)	癸	巳	病
(日柱)	甲	子	沐浴
(時柱)	庚	午	死

7. 十二運星 早見表

十二運 \ 日干	甲日	乙日	丙日	丁日	戊日	己日	庚日	辛日	壬日	癸日
長生	亥	午	寅	酉	寅	酉	巳	子	申	卯
沐浴	子	巳	卯	申	卯	申	午	亥	酉	寅
冠帶	丑	辰	辰	未	辰	未	未	戌	戌	丑
建祿	寅	卯	巳	午	巳	午	申	酉	亥	子
帝旺	卯	寅	午	巳	午	巳	酉	申	子	亥
衰	辰	丑	未	辰	未	辰	戌	未	丑	戌
病	巳	子	申	卯	申	卯	亥	午	寅	酉
死	午	亥	酉	寅	酉	寅	子	巳	卯	申
墓	未	戌	戌	丑	戌	丑	丑	辰	辰	未
絶	申	酉	亥	子	亥	子	寅	卯	巳	午
胎	酉	申	子	亥	子	亥	卯	寅	午	巳
養	戌	未	丑	戌	丑	戌	辰	丑	未	辰

以上으로 變通星表出法과 十二運星表出法을 마치면서, 다음에는 變通星이 지닌 星情과 運命上의 特徵, 十二運星의 性情과 特徵을 풀이하기로 한다.

第二節 變通星 星情篇

1. 比肩 —— 獨立, 分離의 星情

★六親＝兄弟姉妹. 朋友, 同輩, 知己.

比肩의 特性은 分家, 獨立의 意가 강하고 내 主張을 내세우려는 固執이 강하다. 그때문에 남과 不和, 爭論을 惹起하거나 비방을 산다. 남과 融和가 잘 안되어 孤立單行하기 쉬우므로 他星과의 配合에 따라서는 夫婦緣이 바뀌는 수가 있다.

그러나 權威性과 獨立·自尊心이 강하므로 남과 接觸去來가 적은 職業·業種으로 나가는게 좋다. 四柱中에 比肩이 많으면 兄弟間에 爭財하게 되고 朋友知己와도 사이가 벌어진다.

○刑冲破害됨을 꺼리며 剋害되면 兄弟朋友가 도움이 못된다. 比肩柱에 沐浴·死運星을 相逢하면 兄弟間에 早死, 夭折者가 發生한다.

○同柱에 劫財가 있으면 父親德이 薄하고 時에 羊刃을 보면 父親과 早別한다. 生時에 比肩이면 後繼相續者는 養子가 된다.

○女命이 比肩多星함은 色災 등 亡身數가 있고 比劫이 多하면 父母를 剋하고 良夫와 緣이 없고 財를 破하므로 蓄財하기 어렵다.

2. 劫財──締觀, 破壞의 星情
★六親＝兄弟姉妹, 義兄弟, 朋友知己.

比肩과 닮았으나 驕慢, 不遜, 暴戾, 爭鬪 등의 意가 더욱 짙다. 언제나 野望과 抱負가 지나치게 크므로, 投機를 좋아하고 僥倖을 믿다가 家產을 蕩盡, 家族 離散같은 非運을 自招하기도 한다. 柱中에 偏印이 있으면 凶意가 尤甚해지나 正官이 있으면 制和되어 吉로 變한다.

○同柱劫財면 早別父親하고 夫婦緣이 바뀌며 同事同業같은 共同事業에 破綻이 생겨 萬事에 失敗 損財한다.

○義兄弟, 異父母의 姉妹때문에 苦生하는 者가 많이 있다.

○羊刃까지 있으면 凶意가 더하여져서 夫妻宮이 再三 바뀌고 財產上 災禍도 극심하다.

○年·月에 有劫財는 長子가 아니다.

○日·時에 偏官과 함께 있으면 子息運이 좋지 못하다.

3. 食神──豐厚, 和暢, 保守의 星情
★六親＝丈母, 孫子, 女命은 子息

食神은 衣食豐饒를 나타내며, 身體도 豐滿하고 性品이 樂天的으로 和暢하며, 財祿도 潤澤하다. 進取性이나 勇敢性은 缺如해서 積極的으로 每事에 나서려는 力量은 不足하다. 道義心은 두터우나 耽美派로서 風流를 즐기며, 따라서 歌舞遊藝를 좋아하며 色難을 만나기 쉬운 것이 탈이다. 比肩이 있으면 福德이 늘고, 偏印은 抑制되므로 吉한 面이 凶으로 化하게 된다.

○年·日에 食神이 있고 帝旺을 만나면 父祖의 積德으로 福運이 한층 豐厚하다.

○四柱에 食神이 하나만 있고 月柱에 建祿이면 大發達하며 生時 建祿은 버금간다.

○四柱에 劫財와 偏印이 있으면 福祿이 많이 損傷된다.

○食神은 四柱中 單 하나 있는게 가장 吉하나, 多出이면 도리어 凶하며 女命은 多淫하게 된다. 偏官이 있으면 身體가 虛弱한 傾向이 있다.
○柱中에 食神이 唯一星이고 逢正官이면 富貴榮全한다.

4. 傷官 ── 焦燥, 妨害, 鬪爭의 星情
★六親=祖母와 孫子. 女命은 子息과 孫子.

傷官의 特性은 眼下無人格으로 스스로 尊大하므로 才能을 많이 품고 있어도 他人의 誤解를 사기 쉽고 誹謗과 中傷을 받아 中途挫折되는 수가 있다. 特히 傷官이 過多면 子女緣이 薄하고 相續에도 紛爭이 있다.

女命은 剋夫星으로 꺼리며 男命도 妻運을 破한다. 名譽損傷數도 頻發한다.

四柱에 印星이 있으면 凶意가 制化되어 平穩을 얻게 되나 比·劫이 있으면 兇暴함이 益加된다.

○生日傷官이고 生時에 有財星이면 年少時에 發達한다.
○生日傷官은 콧대만 높으며 진짜 才能과 實力은 적은 者로서 말솜씨가 좋고 아름다우나 詐欺性이 많은 傾向이 있다.
○年之傷官은 福分이 줄고 깎이며, 傷官이 겹치면 加凶된다.
○年月이 모두 傷官이면 兩親父母나 妻子息때문에 苦厄이 많고 女命은 婚期를 놓치는 傾向이 있다. 生日에서 空亡되면 婚事의 破綻은 防止된다.
○食傷이 많하면 頭腦가 明晳해서 敎師, 敎授로 이름을 떨치거나 技·藝 方面에서 特出한 才能을 發揮 名聲을 얻는다.
○羊刃과 함께 있고 柱中에 不見財星일 때 審美眼이 特出나서 美를 愛好하며 才幹이 많으나 父親을 剋한다.
○女命은 貞節觀念이 높지만 夫君과 生死別해서 靑霜으로 守節하는 境遇가 많이 있다. 特히 時傷官이고 無制化이면 必是 寡婦이다.

5. 偏財 ── 金錢出納多, 多煩의 星情
★六親=父親. 男命은 妻妾과 妻兄弟. 女命은 媤母.

偏財는 淡白한 性品으로 慷慨之氣가 있으며 金錢出納은 繁多하나 蓄積되기는 어렵다. 義俠心때문에 財物을 아낌없이 남을 援助하는 美德이 있어서 奉仕의 인 일에 興味를 갖는다.

慈愛의 星情으로 蓄妾을 하거나 女難數가 있고 生家를 떠나 他鄕, 他國에서 새로운 面을 開拓하여 自手成家로 財富가 되기도 한다. 偏財多星

이면 女命은 父親이나 媤母때문에 苦楚를 겪으며, 病難, 災厄을 여러번 當하나 남을 돕는 美德이 長點이다.
　傷官·食神은 性情을 强化하고 比肩은 食神을 抑制하므로 좋지 못하다.
　○年月의 偏財는 父親이므로 義父에게 養育되는 이가 있다. 月柱에 있고 他柱에도 多見이면 財多身弱이 되므로 福運이 薄하다.
　○偏財가 死·絶을 逢하면 母親과 早別하고, 墓를 逢하면 父親을 早別한다. 偏官과 同柱함도 父親緣이 薄하다. 建祿과 함께 있으면 父親의 恩惠를 厚受하며 幸福하다.
　○偏財가 있으면 長壽한다. 精力이 旺盛 絶倫해서 小室을 여럿 거느리는 이도 있다.
　○同柱에 偏財가 겹쳐 있으면 他鄕이나 海外에서 成功하는 者가 많다. 偏財는 衆財가 聚集하므로 商業이 最適이다. 다만 女命은 偏財가 多量일 때 도리어 財運이 薄하다.
　○女命이 偏財에 衰運을 逢하면 夫君과 生離死別하는 非運이 있다.

6. 正財 ── 寬容, 蓄財의 星情
　★六親＝正妻星. 伯叔父. 女命은 媤母. 夫의 伯叔母.
　正財의 特性은 正義感이 많고 邪曲된 것을 싫어한다. 理非를 分別, 옳다고 생각한 일에 대해서도 積極的이 되는 陽性으로 寬容과 度量이 있다. 好酒好色으로 良緣配偶者에 惠澤받는다. 그러나 反面에 酒色難도 따르니 愼戒를 要한다. 財運과 女福이 좋고 資金的으로도 無理는 않는다. 매우 堅實한 人生을 營爲하여 社會的으로 名譽와 信賴를 얻는다.
　正財가 多星이면 多情多感때문에 破財하며 生母를 剋하고 生家를 繼承하지 못한다.
　四柱에 劫財가 있으면 特性이 抑制되고 食神은 幸惠를 倍加시킨다. 正財는 地支에 藏干으로 表出되는게 가장 좋다.
　○年月에 正官과 함께 있으면 富貴名門家 出生이다. 日·時에 있으면 靑少年時에 獨立해서 富貴를 이룬다. 年月 모두 있으면 他家를 養繼하는 境遇가 많다.
　○生時에 단 하나 正財가 있으면 性格은 燥急하나 能히 富貴를 누린다. 다만 겹쳐 있으면 도리어 福力이 半減된다.
　○生日支(坐下) 正財는 地位가 向上됨을 뜻하며 或은 妻德으로 成功한다.

○生日支와 正財가 있는 支와 支合이면 夫妻가 和合하나 他柱와 正財가 있는 支와의 支合됨은 그 妻가 不正하며, 生日과 正財支의 刑冲破害 됨은 妻와 不和하다.

○正財에 墓運이 同柱면 財寶가 聚集하고 또는 賢妻의 內助로 富貴榮達한다. 但, 絶運이 同柱면 子息運이 없다.

○正財가 空亡되면 落魄의 暗示가 있고, 正財가 冲破되면 苦生이 不絶이다.

○女命이 正官·印綬와 正財가 함께 있으면 才色兼備이다. 다만 正財多星이면 도리어 薄福하며 印星과 함께 多星이면 多淫亂하다.

7. 偏官 —— 改革, 轉換의 星情

★六親=男命은 子息. 祖母. 女命은 正婚外의 男便(內緣의 夫). 夫의 兄弟.

偏官은 一名 七殺로서 特性은 頑固하고 偏頗한 性格으로 남과 다투기 쉽고 性急해서 感情이 激發하는 수가 많다. 勢道를 부리고 權力에 驕慢하며, 내 主張을 貫徹시키고 남의 非難은 介意치 않는 反面 義俠心이 있어서 强한 者를 꺾고 弱者를 扶助하는 왕초·보스 氣質이 濃厚하다.

食神이 있으면 凶暴함이 制化되므로 轉吉되지만 偏財가 있으면 助長되어 凶禍의 度가 加重해진다.

○時偏官은 子息運이 없고 食神이 있으면 中晩年에 子息을 두며 其子가 怜悧하다.

○時上에 偏官一位만 있으면 剛直하며 正義感이 있어서 굽히지 않으며 年少時節부터 他의 위에 서게 되며 領袖·頭領格이다.

○生月에 羊刃과 共柱면 有父無母하고 三刑이 있으면 無父無母格이다.

○日坐偏官인 男命은 制化가 없으면 因妻誤平生한다.

○偏官과 偏印이 同柱면 放浪性이 있어서 流浪劇團, 巡廻演藝人, 行商人 등 他鄕살이로 轉轉移動하는 業에 從事한다(外販員?)

○印綬와 同柱면 殺印相生되어 勢力이 擴大하고 主役을 도맡아 手下者를 많이 두고 衆望을 얻어 擁立되어 大成功한다.

○女命은 偏官이나 正官은 單 하나 있는게 結婚運이 좋다. 四柱에 偏官正官이 混雜되어 많으면 再嫁, 三嫁하게 된다. 偏官多星이면 男性때문에 節操가 깨어져 品行이 紊亂하게 된다.

8. 正官 —— 嚴正, 發展의 星情
★六親=男命은 子息. 甥姪. 女命은 正夫星. 祖母.

正官은 品位端正 慈悲心있고 才智가 縱橫無盡하며 財祿과 名譽, 富貴 兼全의 吉星이다. 血統과 家門이 바르고 道德堅固하며 正義感이 강해서 衆望을 크게 獲得한다.

女命은 貴人賢人에게 出嫁해서 幸福하게 過平生한다. 그러나 正官多星이면 夫婦緣이 變하고 도리어 困窮에 빠진다.

偏財·正財와 같이 있으면 吉意가 增加되고 傷官을 만나면 吉惠運이 損傷을 입게 되어 相續上에 障害가 發生하고 名譽上에도 欠이 나게 된다.

○正官은 相續權이므로 生年에 있으면 長子이며 相續者이다. 生月에 있으면 弟로 出生하며 父母의 慈愛를 厚受하고 平生동안 苦生함이 없다.

○生日正官은 一家를 經營함에 地位安定하며 良家의 閨秀 才媛과 配匹되어 妻德으로 大成한다.

○時正官은 孝子를 두어 老後 安樂하다. 다만 同柱建祿은 晩年 苦生한다.

○長生을 만나면 學問으로 뛰어나며 富貴榮華를 누린다. 女命은 高貴한 身分인 夫君에게 出嫁한다.

○女命 正官에 沐浴이면 夫君이 好色家이고, 死絕이면 夫君이 不運하여 不出世하니 運이 트이지 않는다.

○正偏官이 겹쳐있는 女命은 剋夫하며 또는 情夫를 두는 수가 있다.

○女命은 正官一位가 좋으며 多星이면 도리어 榮達을 얻지 못한다. 그리고 色欲이 旺盛, 娼女 등으로 墮落하는 수가 많다.

○女命이 正官이나 偏官이 一位이고 長生을 만나면 河川에서 龍이 나듯, 황금가마타듯 吉惠運이다.

9. 偏印 —— 病災, 離別의 星情
★六親=繼母, 乳母, 姨母, 外叔伯父, 妾의 父.

偏印은 一名 倒食으로서 食神을 倒伐한다는 데서 나온 것이다. 失權, 破財, 離別, 病災, 色難과 事多不如意라는 뜻이 强調되며 福壽가 損傷된다.

偏印이 多星이면 初年良好하더라도 後에 가서 破綻이 있으나 偏財를 보면 性情이 制化되어 柔和된다.

學者, 硏究家, 藝術家, 藝能人, 興行師, 宗敎家, 易術人, 投機事業 또

는 물장사같은 偏業에 從事면 이 强烈한 特性으로 大成을 보게 된다. 四柱에 正·偏官이 함께 있으면 凶意가 더욱 극심해진다.
　○食神과 同柱함을 가장 꺼린다. 食神의 吉意를 亡殺하기 때문이다.
　○生年 偏印은 家督·食祿을 喪失할 憂가 있다. 長生과 같이 있으면 다시 回復한다. 萬若에 養과 함께 있으면 繼母膝下에서 生育된다.
　○生日偏印은 男女不問하고 良配偶를 얻기 어렵다.
　○生日 偏印이고 柱中에 食神이 있으면 이른바 倒食이 되는 運命이다.
　○四柱가 陽八通 偏印이 겹치면 妻子緣이 薄하다.
　○印綬와 같이 있으면 二業種을 兼業하고, 正官이 있으면 남에게 잘보여 그 福分을 나누어 받는 일이 생긴다.
　○女命 偏印多星에 食神이 있으면 子女福이 없으며 있다 해도 生死別한다.

10. 印綬 —— 智慧, 學問의 星情
　★六親=母親星. 男命은 丈人. 女命은 婿, 孫子.
　印綬의 特性은 學問과 才能이다. 때로는 放恣하며 제멋대로의 面도 있으나 仁義를 重히 여기고 慈悲로운 人情많은 君子이다. 大人다운 風貌와 福壽雙全 健康長壽로서 名聲을 크게 떨치며 恩惠를 기리 子孫代까지 潤澤케 하는 好運格이다. 그러나 여럿 겹치면 男命은 剋妻하고 女命은 剋母한다.
　柱中에 正財를 보면 吉意가 서로 半減되므로 正財의 財運마저 相殺되고 만다.
　正官이 있으면 吉意가 益加 旺盛 福祿이 늘어나고 名聲을 드날리기도 한다.
　四柱에 印綬가 많으면 多母親이 되어 衆母의 젖을 먹게 된다. 幼少時에 남의 젖을 먹고 자라나거나 他家에서 養育되는 수가 있다.
　○年印綬는 高貴家門에서 出生한다. 生日에 劫財가 있고 十二運이 弱하면 相續者로 태어나고 弟妹가 家系를 繼承하는 수가 있다.
　○生月印綬이고 生日에서 刑冲되면 母系(外家)가 凋落한다.
　○印綬는 月支星이 最吉하며 時上印綬가 次吉하다. 正財와 同柱는 多招 災禍로서 立身出世에도 妨害가 많다.
　○印綬와 正官이 함께 있으면 官印兩全이라 貴命이다. 長生이면 賢母의 恩惠를 받는다.
　○同柱 傷官이면 名利 모두 깨지고 羊刃을 보면 心身 모두 損傷을 입게

된다.

○女命이 印綬와 傷官 또는 羊刃이 同柱면 孤獨運이 되어 俗世를 떠나 山寺의 比丘尼가 되는 수가 있다.

○印綬와 正官·正財 等이 同柱인 女命은 高貴家門出生으로서 才智優秀한 才媛이며 容貌도 美麗端正하다.

○女命은 印星이 많으면 도리어 薄幸 薄福하여 正財를 보면 媤母와 不和하다.

○印綬와 正財가 多星인 女命은 多淫하므로 娼妓之命이다.

○印綬格인 사람은 敎授, 學者, 著述家, 文士, 辯護士, 書畫家, 音樂家 또는 工藝家로서도 品位를 保持하며 獨創的인 것을 案出해내어 萬人의 敬愛를 받는 職業에 適合하다.

第三節 十二運星篇

1. 十二運星의 名稱과 由來

十二運星은 長生, 沐浴, 冠帶, 建祿(臨官), 帝旺, 衰, 病, 死, 墓, 絶, 胎, 養으로서 日主에서 十二支를 그대로 짚어서 돌려 얻어지는 12運星이다.

이 12運의 名稱은 人間의 一生을 假借해서 形容한 것으로서, 이를테면 ○長生이란 사람이 처음 誕生한 狀態이고 ○沐浴이란 갓난애기를 처음 沐浴시키는 것이며 ○冠帶란 자라서 冠禮(成年式)를 올리는 상태를 가리키며 ○建祿(臨官)이란 첫 出仕로 俸祿을 받게 되는 첫 出勤한 모양이고 ○帝旺이란 君王을 輔佐해서 大任을 맡는 뜻이 있으니, 現代式으로 會社 代表로 就任함과 같다. ○衰란 極盛함이 지나 차츰 衰退해 가는 모양으로 事物이 變化의 時期이다. 老成과 老衰를 뜻하며 ○病이란 衰弱이 極에 達한 狀態로 病이 깃든 모양이며 ○死는 氣가 다하여 즉 氣盡脈盡해서 生의 終末의 모양이다. ○墓란 造化收藏의 狀態로 이를 大地인 土에다 埋葬하는 것 ○絶이란 이미 前氣는 斷絶되고 後氣가 胞에서 바야흐로 이어지려는 狀態이며, ○胎란 後氣가 結集해서 孕胎가 이루어지는 것 ○養이란 母腹에 깃든 胎兒가 成長養育되는 狀態를 가리키며 다시금 이 뒤를 長生, 沐浴, 冠帶로 循環해 가는 것이다.

이 중에서 帝旺은 盛함이 極이므로 이제부터 衰로 轉하려는 狀態로서, 長生·沐浴·冠帶처럼 이제부터 興隆해 가려는 運星쪽이 더욱 良好하다 할 것이다.

이와는 反對로 絶은 衰의 極이므로 이제부터 盛으로 돌아서려는 것이기에 멀리 衰·病·死처럼 이미 生氣를 喪失한 運星보다는 越等히 優秀하다고 할 수 있다.

2. 陰陽生死

十二支의 氣는 干을 通해서 生旺墓絶의 十二運과 連繫되어 陽干은 順行, 陰干은 逆行한다. 十二運星도 陽順·陰逆의 理로 成立되어 있으며 四時節의 運氣의 消長에 의해 이때까지 世上에 誇示하던 사람이 後退하고 時期를 기다리던 사람이 앞줄에 進出 나타나기도 한다.

日元의 干이 十二支의 月上에 流行해서 十二運星을 나타내는데는 一定한 規則에 따른다. 陽干에서 長生을 얻은 十二支는 같은 五行의 陰干에 의해 死를 얻는 十二支가 되는데 이는 全的으로 自然之理라 할 것이다.

가령 甲乙로서 살펴볼 때 甲은 陽木으로서 天의 生氣가 萬木에 流行하는 氣이므로 甲에서 亥를 보아 長生, 午가 死가 된다. 乙은 陰木으로서 木의 枝葉과 같은 質이므로 天의 生氣를 받아서 發展하는 것이며 그러므로 午가 長生이고 亥가 死로 定한 것이다.

木은 亥月頃에 枝枯하고 落葉하여 生氣는 안으로 收藏되어 春節 發泄의 機를 기다린다.

그러므로 甲木일 때는 午月에는 枝葉의 繁盛하는 節候인데 어째서 死가 되느냐하면 外로는 繁盛한다고 해도 內로는 生氣가 發泄의 限껏 盡해 버렸으므로 이로서 死로 定한 것이다.

質을 主體로 삼는 乙木은 이에 反해서 枝葉이 繁盛하는 午月을 長生으로 하고 枝葉이 枯落하는 亥月을 死로 한 것이다.

이것은 비단 甲乙만을 論及한 것이나 他의 十干도 이에 따라서 考究함이 좋으리라 본다.

十二支는 十二個月의 呼稱이므로 이것으로서 氣의 盛衰를 엿볼 수가 있는 것이다.

3. 十二運의 構成

陽干인 甲·丙·戊·庚·壬은 順行이므로 十二支位대로 짚어나간다.

陰干인 乙·丁·己·辛·癸는 逆行이므로 十二支를 逆行으로 짚어나간다.

甲日은 亥에서 長生, 寅이 建祿, 卯가 帝旺, 未가 墓, 申이 絶이 된다.

乙日은 午에서 長生, 卯가 建祿, 寅이 帝旺, 戌이 墓, 酉가 絶이 된다.

丙戊日은 寅에서 長生, 巳가 建祿, 午가 帝旺, 戌이 墓, 亥가 絶이 된다.
丁己日은 酉에서 長生, 午가 建祿, 巳가 帝旺, 丑이 墓, 子가 絶이 된다.
庚日은 巳에서 長生, 申이 建祿, 酉가 帝旺, 丑이 墓, 寅은 絶이 된다.
辛日은 子에서 長生, 酉가 建祿, 申이 帝旺, 辰이 墓, 卯가 絶이 된다.
壬日은 申에서 長生, 亥가 建祿, 子가 帝旺, 辰이 墓, 巳가 絶이 된다.
癸日은 卯에서 長生, 子가 建祿, 亥가 帝旺, 未가 墓, 午가 絶이 된다.
이상은 十干日에서 長生과 建祿, 帝旺, 墓, 絶을 表出한 것인바 餘他 運星은 이미 前章에 記載된 十二運星早見表를 參照하면 簡單히 表出할 수가 있다.

4. 指掌訣法

예전에는 모든 方技 術學을 익히고 習得하려면 指掌訣로 修得하였다. 十二運의 表出法은 이른바 「胞胎訣」이라 했는데, 다음과 같다.

胞胎訣에서는 胞(絶), 胎, 養에서 始作해서 四指에 拇指로서 짚어나간다.

즉, 胞, 胎, 養, 生, 浴, 帶, 官(臨官~建祿), 旺, 衰, 病, 死, 葬(墓)의 順序로 略稱된다.

陽干	金寅水絶巳	庚金日은 寅에서 起胞하고, 壬水日은 巳에서,
順行	木申火土亥	甲木日은 申에서, 丙火戊土日은 亥에서 起胞해서 順行으로 짚어나간다.
陰干	金卯水絶午	辛金日은 卯에서 起胞하고 癸水日은 午에서,
逆行	木酉火土子	乙木日은 酉에서 丁火己土日은 子에서 起胞해서 거슬러 逆行해서 짚어나간다.

예를들면 庚金日은 寅에서 胞(絶), 卯가 胎, 辰이 養, 午가 沐浴, 未가 冠帶, 申이 建祿, 酉가 帝旺, 戌이 衰, 亥가 病, 子가 死, 丑이 葬 즉 墓이고 다시 寅이 胞(絶)가 되며 循環한다.

陰干인 辛金日은 卯에서 起胞(絶)해서 逆行하여 다음은 寅이 胎, 丑이 養, 子가 長生, 亥는 沐浴, 戌이 冠帶, 酉가 臨官(建祿), 申이 帝旺, 未가 衰, 午가 病, 巳가 死, 辰이 葬(墓)이 되며, 다시 卯로 돌아오니 逆次로 循環한다.

이상은 胞(絶)에서 始作되는 十二運星 指掌訣인 「胞胎法」이다. 이러한 舊法보다는 長生에서 始作되는 새로운 「長生指掌訣」을 만들어보면 다음과 같다.

▲「甲亥丙戊寅　　　　　「甲亥長生丙戊寅
　庚巳壬生申」　또는　庚巳順次壬生申」
▲「乙午丁己酉　　　　　「乙午長生丁己酉
　辛子癸生卯」　또는　辛子逆次癸生卯」

이때 略稱인 生·浴·帶·祿·旺·衰·病·死·墓·絶·胎·養으로 짚어서 돌리면 쉽다.

甲日이면 亥에서 生, 子에 浴, 丑에 帶, 寅에 祿, 卯에 旺, 辰에 衰, 巳에 病, 午에 死, 未에 墓, 申에 絶, 酉에 胎, 戌에 養, 다시 亥로 되돌아오니 甲은 陽干이므로 順次로 循環해서 짚어감이다.

乙日이면 午에서 生, 巳에 浴, 辰에 帶, 卯에 祿, 寅에 旺, 丑에 衰, 子에 病, 亥에 死, 戌에 墓, 酉에 絶, 申에 胎, 未에 養, 다시 午로 돌아오니 乙은 陰干이므로 逆次로 循環해서 짚어감이다.

이상에서 알 수 있듯이 陽干日(甲·丙·戊·庚·壬)은 長生이 모두 孟月支(寅·巳·申·亥)가 該當되고 陰干日(乙·丁·己·辛·癸)은 長生이 모두 仲月支(子·卯·午·酉)가 該當되고 있다.

鑑命家中에는 生日의 十二運만으로, 判斷하는 一派가 있는데, 이는 命學의 眞義를 理解하지 못하고, 五行生剋의 變通을 無視한 輕率한 方法이라 하겠다.

命運의 判斷은 어디까지나 十干十二支를 土台로 格局·用神·强弱·喜忌 等으로 綜合해서 推命함이 本質임을 銘心, 不斷한 硏究로 높은 水準의 境地에 達通하시기 바란다.

5. 十二運星 看命法

十二運星은 日干에서 四柱의 四支를 對照해서 表出하고 있는데, 이것은 元來 日干五行의 氣의 旺衰를 十二支上에서 考察하는데 있다. 그러므로 十二運은 季節을 나타내는 月支에 表出되는 것을 가장 重要視하며 生日干과 照會 條件이 有利·不利를 살펴본다.

이 十二運星에 重點을 두어 命運을 判斷하는 法은 現存 日本에서 가장 많이 發展되어 널리 普遍化되고 있어서 日本式 看命法으로 알려져 있으나 實은 源流는 우리나라에서 이미 오래前부터 先學들이 開發한 것으로서 그 實例는 晝周易과 唐四柱에 뿌리를 둔 것이다.

或者는 日本流라고 輕視하는 傾向도 있으나 難解한 命學을 쉽게 풀이하는 方法의 하나로써 그 硏究 價値는 充分히 있다고 반다. 硏學者의 評價를 돕고자 여기에 그 全貌를 紹介한다.

十二運의 星情을 宿命暗示誘導라고 보며 生月支와 生日支에 表出되는 十二運星을 第一位로 삼으며 時支와 年支는 次位로 보고 있다.

十二運星의 宿命暗示

[長生] 福壽, 恩愛, 增進, 幸福, 長久, 繁榮, 圓滿, 溫厚, 人望, 熟達, 品位의 誘導

☆性格 生月, 生日에 長生이 있으면 容貌나 態度가 女性的으로 柔和하며 어딘지 淸潔한 印象을 준다. 內向性으로서 自身의 意見을 말할 때 조심성 있게 한다. 무엇을 始作하고자 할 때에도 주위 事情이나 남의 立場을 생각해서 되도록 남과 마찰이 없기를 바라므로 大膽하고 決斷性있는 行動을 취하기는 어렵다. 그때문에 好機를 놓칠 때도 있다. 그러나 주윗 사람들한테 好感을 사게 됨으로 社會的으로 어느 정도 地位도 얻어 비교적 安泰롭게 지낸다. 趣味도 高尙해서 品位있는 藝術的인 것을 좋아하며 복장이나 調度品 等도 쎈스가 있다.

☆運命 身旺일 때는 事業家로서나 商人으로서 어느 程度 統率力이 있으나 身弱일 때는 統率力이 없어서 크게 伸長하거나 社會의 指導의 地位로 나가기 어렵다.

대체로 次位에 安住함이 安泰롭고 自進해서 社長이나 會長으로 就任하면 失敗하는 傾向이 있다. 常務나 副會長에 머무는 것이 無難하다. 언제나 社會의 中堅層으로서의 活躍은 期待되지만 그 以上을 바라고자 하면 無理가 된다.

自營으로 事業을 일으키는 데는 좀 弱點이 있으므로 小規模인 것이면 몰라도 大規模의 事業에는 맞지 않으므로 적당한 背後勢力者가 없다면 成功할 수 없다.

☆宮合 長生과 宮合이 잘 맞는 十二運은 帝旺과 墓가 첫째이다. 이는 三合法則에 맞기 때문이다. 月·日柱에 長生을 가진 사람은 男命일 때 自己의 上司나 윗사람이 月·日柱에 帝旺을 가진 사람을 얻으면 發展을 이룰 수가 있고, 그 交誼도 오래 持續된다. 또 配偶者나 手下人은 月·日柱에 墓를 가진 사람이 바람직하며 部下라면 내 事業의 完成에 온힘을 쏟아 줄 것이며 아내라면 家庭生活에서의 幸福을 채워 준다.

두번째는 建祿과 養으로서 長生人에게 큰 影響力을 주는 傾向이 있다.

세번째는 沐浴이며 내쪽에서 愛情이 가는 사람이다. 그러므로 相對에게 더 플러스가 되기도 한다.

가장 나쁘고 재미적은 것은 病과 胎이고 冠帶와 衰가 이에 버금간다.

☆職業 長生은 藝術이나 機能面에 出衆한 데가 있으므로 技術的인 것과 直接 또는 間接的으로 관계가 있는 일에 提携해서 成功할 可能性이 많다. 또한 무엇을 시켜도 速하게 熟達하며 圓滿하게 잘 다스리는 才能이 있고 더구나 上司를 拒逆함이 없으므로 勤務者로서도 社內에서 好評받아 發達하는 傾向이 있다. 다만 頭領的인 才幹이 모자라므로 主長의 位置에 서는 것은 福이 깎이니 破敗를 自招하기 쉽다.

○生年에 있으면 대개 晚年에 發達한다.
○生日에 있으면 中年에 發達한다.
○生日에 있으면 中年前부터 發達이 顯著하며 妻德이 있어 夫婦圓滿하고 兩親의 慈愛를 厚愛하며 兄弟의 友愛도 親密하다. 또한 長壽를 누리며 言行도 穩和하다.
○生時에 長生이 있으면 子女가 榮達하며 반드시 祖宗과 家門을 榮躍케 한다.

☆女命 生日이 長生이고 破害됨이 없으면 一生동안 幸福하게 지내며 善良한 子女를 두어 老後를 安樂하게 보낸다. 壬申日·丙寅日은 以上의 吉祥暗示가 益增하고, 戊寅日, 丁酉日은 福分이 減弱한 傾向이 있다.

[沐浴] 勞苦, 浮沈, 色災, 住居變轉, 變緣, 事多不安定, 但有德望의 誘導

☆性格 敎養如何에 따라서 良好하지만, 目的에 대해 不安定하고 注意力이 散慢해서 持續力이 모자라서 敎養을 갖추기에 普通 以上의 努力이 必要하다. 그리고 自身의 缺點을 알지 못해서 感情이 내키는데로 行動한다면 成功했다가 失敗를 하는 浮沈이 甚한 人生을 되풀이하다가 끝내 孤獨과 不遇한 가운데 人生을 마감하게 된다.

대체적으로 心身이 不安한만큼 居處도 一定한 곳에 求住 定着하기 어려워 한가지 業途를 貫徹하기 힘들며, 住居가 轉轉, 業種을 變하는 것이 特徵이다. 個中에는 5次나 10次式 職業이 바뀌는 사람도 있다.

歌舞藝能的인 것을 즐겨해서 일찍 演藝方面에 參與, 苦生을 사서 해서 肉親에게 걱정과 弊를 끼친 끝에 뒤늦게 빛을 보는 사람도 있고, 마냥 不遇속에 묻히는 사람이 더 많이 있다.

沐浴은 性的으로 早熟하거나 異性交際가 많아서 色情上 過失이 發生하기 쉬운 面이 있다. 그러므로 結婚後에도 이런 일로 問題가 惹起되는 수가 男女를 不問하고 많이 있다.

☆運命 沐浴이 月柱나 日柱에 있는 사람은 거의가 家業을 좋아하지 않

는다. 그렇다고 뚜렷한 目的도 쉽사리 定하지 못해서 學校 등도 어떤 學部를 選擇할 것인지 速히 決定을 내리지 못한다. 結局은 本人이 藝體能系를 고르거나 주위의 意見에 따라서 適當한 學部를 고르게 되는 경우가 많다.
　職業으로 나아가도 安定性이 없어서 勤務處나 業種을 바꾸는 傾向이 强하다. 때에따라서 一時的으로는 成功하기도 하지만 永續되기는 어렵다.
　結婚後에도 다른 異性에게 마음이 動搖해서 家庭에 風波가 자주 일어나기 쉽고 그래서 夫婦緣이 바뀔 可能性이 있다. 乙巳日生은 德望있는 人士로 衆人의 尊敬을 받는다. 그러나 福分이 薄한 사람이 있으며 福分이 있으면 病弱한 傾向이 있다.
　☆宮合　沐浴이 月柱, 日柱에 있으면, 衰와 絶을 가진 사람과 性格的으로 가장 잘 맞는다. 이를테면 好人이라는 사람과 溫順한 사람이 아니면 오래 交際하기 어렵다. 같은 溫順한 性格이라도 死運인 사람과는 원만하기가 어렵고 오래 사귀기 힘들다.
　日主가 陽干이면 胎運인 사람이 沐浴人의 援助者인 貴人이 되고 日主가 陰干이면 建祿과 帝旺人이 助力人이 될 可能性이 强하다. 그러나 日主가 陽干인 경우는 帝旺人과 圓滿하기 어려우며 良好한 交際關係를 오래 持續되지 못한다.
　☆職業　懷疑的인 星情이므로 學問, 藝術分野 等이 堅實性이 있다. 事業方面이라면, 一事를 貫徹해서 굳건히 밀고 나가면 發展하지만, 자꾸 變轉하게 되면 成敗가 無常하다. 勤務者는 出所進退를 그르치는 수가 있으니 그 點을 언제나 操心해야 한다.
　○生年에 沐浴이 있으면 兩親이 故鄕을 떠나 他鄕異地에서 苦生하며, 自身도 晩境에 困窮하거나 或은 妻가 早亡하거나 早別한다.
　○生月에 沐浴이 있으면 中年에 身上變動이 있고, 婚姻에 變緣이 아니면 長子를 損한다.
　○生日에 沐浴이 있으면 父母德이 薄하고 幼少때 勞苦하며 祖業이나 遺産을 繼承치 못한다. 또는 父母와 早年에 生死別하고 妻緣을 定하기 어렵고 반드시 故鄕을 떠난다.
　四柱中에 比肩, 劫財를 만나면 固執不通으로 他言은 不容納, 父母兄弟 사이도 圓滿을 못얻고 奢侈를 좋아하고 好色이다.
　○生時에 沐浴이 있으면 晩年이 衰頹하며 刑冲破되면 不運에 빠진다.
　☆女命　不平不滿이 쌓여 그 結果, 離別의 不幸을 招來하기 쉽다. 甲子日·辛亥日生은 고집이 센 편이다.

[冠帶] 高位, 發展, 成功, 尊敬, 有德, 向上, 繁榮, 慈悲, 威嚴, 盛名의 誘導

☆性格 强旺한 運星인만큼, 自尊心이 매우 强하다. 어떤 일이건 自己의 立場을 有利하게 하고자 하므로 때로는 제멋대로 行動하기도 한다. 그러면서도 他人의 行動에 對해서는 批判的이며 自身의 缺點은 온갖 口實로 辯明하면서 남의 缺點만은 辛刺하게 꼬집고 헐뜯는 氣質이 있다.

그러므로 敵을 만드는 수가 많다. 그러나 어떠한 難事도 獨力으로 해내는 覇氣와, 障害를 만나더라도 弱한 態度는 보이지 않는 點이다.

名譽心, 競爭心이 强하며 스스로 頭角을 나타내기 위해 有名人士들과 交際도 좋아하지만 그것으로서, 하루 속히 社會에 認定받고자 함이며, 그 交際가 永續되기는 어렵다. 그것은 조금치라도 相對方한테 눌리는 것을 싫어하기 때문이며 그런 態度가 보이면 떨어져 나간다.

部下나 手下人을 對함에는 同情心도 많고 잘 돌봐주는 좋은 點이 있다.

☆運命 社會의 中心이 되어 活躍하며 中年서부터 發展上昇運이니 焦燥하지 말고 實力을 쌓아감이 좋을 것이다. 그러나 敵을 많이 만들면 그것이 妨害가 되어 큰 運勢를 놓치는 경우도 있으니 그 點을 特히 조심해서 萬全을 期하도록, 平素 溫健한 態度로 行動함이 必要하다.

☆宮合 冠帶와 잘 맞는 十二運은 病과 胎이다. 夫婦間 宮合인 경우, 男性이 冠帶가 있고 女人에게 病이나 胎가 있는 것이 理想的이며, 社會的으로도 成功하며 夫婦間 愛情도 圓滿하다.

가장 나쁜 것은 冠帶와 墓로서 만약에 夫婦間이라면 도저히 幸福과는 거리가 멀고 온전히 살아가기 어렵다. 宮合은 夫婦間뿐만아니라 父母와 子女間, 主從關係에 있어서도 重要하다.

☆職業 職業의 選擇이나 適否는 變通星이나 格局用神의 喜忌로서 判別하는 것이 原則이나 十二運의 星情에 依한 그 傾向을 아는 것도 보탬이 된다.

冠帶는 社會의 華麗한 面을 担當하는 性向이므로 表나지 않은 質素한 活動分野에는 適合치 못하다. 여러모로 社會의 톱에 나서려는데서 姓名 三字가 社會에 浮上되는 일에 가장 興味를 끌린다.

그런 理由에서인지 政治家, 作家 등 冠帶를 가진 이가 많고 實業界에도 많이 있다.

○生年에 冠帶가 있으면 老後 幸福하다. 但 老後冠帶는 夫婦緣이 變하는 暗示이다.

○生月에 冠帶가 있으면 中年에 發達한다. 비록 靑少年時代에 不遇했어도 40歲前後서부터 猛然히 伸展 發達한다.

○生日冠帶면 有德才識한 人物로서 慈悲도 많고 社會에서 上位를 占하며 衆人의 尊敬을 받고 盛名을 四海에 揚名한다. 가령 幼少時代에 不如意해도 中年以後에는 漸次 發達로 繁榮을 이룩한다.

兄弟親友間 友情이 厚한 美風이 있으나 可惜하게도 男女 姻緣은 佳偶를 맺기 힘들다.

○生時에 冠帶가 있으면 子女가 賢明하고 必히 發達한다.

○冠帶있는 支와 生月이 刑冲될 때 또는 四柱의 天·地星이 劫財·傷官·偏印이고 이를 抑制하는 變通星이 없을 때는 詐謀, 欺世, 騙人 或은 投機를 일삼고, 때로는 不正手段을 圖謀하여 破家亡身殺이 들어 家名을 汚辱시킨다.

☆女命 生日 冠帶면 容姿端正美人으로서 貴夫를 섬긴다. 다만 前項의 凶星이 있고 抑制됨이 없으면 도리어 災殃을 招來한다. 壬戌日, 癸丑日生은 官白虎殺로서 其性이 剛强해서 夫緣이 變하기 쉽다.

[建祿] 溫良, 恭謙, 高尙, 發達, 名聞, 豐厚, 財祿, 開運, 長壽, 隆昌의 誘導

☆性格 學者型, 선비 같아서 思考方式이 매우 緻密한 편이며 神經質的인 面이 있다. 경위가 밝고 堅全着實하므로 危險性있는 일은 절대로 손대지 않는 편이다. 證券, 株式같은 投機的인 것은 充分한 財의 餘裕가 있어서 그 一部를 利用한다면 몰라도 無理한 돈으로는 손대는 일은 없다. 頭腦가 좋아서 머리가 잘 돌아가나 自身의 能力, 限界를 깨달아서 伸展될 機會를 만났을 때도 주저하다가 찬스를 놓치고 마는 경우도 생긴다.

精神的으로 孤獨性이 있고 內向的이며 他人의 干涉도 싫어하고 他人에 對해 干涉하는 것도 좋아하지 않는다.

事物에 對한 批判眼目이 優秀하고 性品이 高尙하다. 企劃이나 技術에 對한 才能도 뛰어난다.

☆運命 일찍 生家를 떠나 生活하는 사람이 많고 또 父祖의 業을 바꾸어 自己가 좋아하는 業途로 나아가 크게 成功하는 傾向이 있다.

交際나 處世術은 별로 잘하는 편이 못된다. 그러나 好機를 타면 뜻밖의 大發展을 이룰 可能性이 있다. 藝術的인 것이나 企劃性의 才能을 伸張시키고 努力한다면 漸次 大成하는 功果를 거둔다.

☆宮合 日柱나 月柱에 建祿이 있는 사람은 死나 養運星人과 아주 잘 맞

는다. 이에 反해서 絶을 가진 사람과는 사이좋게 해 나갈 수가 없다. 病運도 그리 좋지 않으나 絶보다는 좀 낫다.

長生, 沐浴은 死, 養 다음가는 良好한 合性이다. 그 外는 대체적으로 害도 利도 아니다.

☆職業 高度의 才能이 要求되는 專門職이 알맞고 肉體的인 일보다는 智的인 職業에 向한다. 예를 들면 藝術家, 作家, 學者 등으로 發展한다. 事業的으로는 企劃性이 있어서 나쁘지는 않으나 創業 當時는 有用한 人材로서 重用되지만 그後 事業이 軌道에 오르면 그때부터 敬遠받기 쉽다.

또 事業도 初期에는 熱意를 가지나 차츰 興味를 잃어서 自己本來의 길을 되찾아 가는 傾向이 있다.

○生年에 있으면 晚年에 顯達한다.
○生月에 있으면 中年에 家業이 興隆한다. 단 祖家에 居住하지 않는다.
○生日에 建祿이 있으면 家權을 獲得하고, 兄位를 繼承하며, 或은 他鄕에서 一家를 再興하거나 또는 社會의 地位가 兄을 凌駕한다. 有德한 人品은 上下의 親愛를 받고 藝能에 秀拔하며 文學之才도 지닌다. 다만 幼時에 多幸한 者는 中年後에 運氣가 衰頹하며, 이에 反하여 中年前에 不幸한 者는 壯年以後에 運氣가 展開한다.

建祿日生人은 財産이 富裕하면 妻를 剋하고 財가 無하면 그 妻가 長壽인 傾向이 있다.

○生時에 建祿이 있으면 實子가 發達하여 그 福祉를 받는다.
☆女命 生日建祿은 夫運을 凌駕하여 一家의 中心이 되어 夫는 있으나 마나한 狀態라거나 未亡人이 되기 쉽다. 結婚後에도 職業을 가진 이가 많다. 또 小室이나 副妻는 正妻로 올라서는 運命傾向이 있다.

[帝旺] 旺盛, 强健, 獨立, 單行, 頭領, 權威, 勇往, 智謀, 名譽, 高揚의 誘導

☆性格 强運星이므로 自尊心이 강하여 남의 밑에 들기를 아주 싫어하므로 남의 밑에서 꾸준하기는 어렵고 機會만 있으면 獨立自營하려 한다. 그러나 冠帶가 靑年的이라면 帝旺은 壯年的이므로 좀더 愼重한 편이다.

困境에 處하더라도 虛張聲勢로 豪言壯談하는 氣質로서 弱點을 보이기를 몹시 싫어한다. 특히 他人에게 弊를 끼치기를 싫어하고 義理가 두텁고 食事를 함께 했다면 率先 自己가 支拂하려 하며 어쩌다 待接받으면 반드시 後日 그 품갚음을 해야 직성이 풀린다. 그러므로 普通 親한 사이에

金錢貸借도 꺼리며 銀行이나 私金融을 利用한다.
 또 上司의 指示에 따라 움직이는 것이 못마땅하게 여기므로 어떤 일이거나 自己 생각대로 自由스럽게 社會에서 活躍하고 싶은 것이 希望事項이다. 때문에 自己主張이 强해서 남과 意見衝突로 敵을 만들기 쉽다.
 이러한 傾向은 陽干日일 때가 가장 强하고 陰干日일 때는 反對로 內向的인 性格인 경우도 있다.
 ☆運命 男性이나 女性이나 父母膝下에서 成功하기는 어렵다. 왜냐하면 머리를 누르는 사람 밑에서는 절대로 伸張하지 못하기 때문이다. 强勢이므로 多少의 困難이 있더라도 積極的으로 나서야 할 것이다.
 女性은 結婚後에도 반드시 職業을 놓으려 않는다. 家事일보다는 職業에 興味를 갖는 점으로는 다분히 男性的이다. 社會에서 成功 可能性이 强하나 家庭的으로는 외롭고 쓸쓸한 生涯를 보내기 쉽다.
 ☆宮合 帝旺과 잘맞는 十二運은 長生과 墓이다. 이와같은 夫婦間의 結合이나 交友關係는 人生에 보탬이 많다.
 帝旺과 가장 안맞는 것은 十二運의 胎이며 서로가 爭論만 惹起됨이 많고 障碍가 많다.
 ☆職業 너무 細細한 일은 맞지 않으며 무엇이건 大規模의인 것이 適合하다. 自由를 사랑하므로 답답한 틀에 박힌 方面은 適合하지 않다.
 勤務人은 그 職場에서 上位로 올라서고 싶어하며 또 그만큼의 努力을 한다. 그러므로 반드시 成功의 찬스를 잡게 된다.
 ○生年에 帝旺이 있으면 名門家 出生으로 慈悲心이 富하나 權位를 내세우거나 콧대가 높아서 敬遠받는 수가 있다.
 ○生月에 있으면 壯重한 性品으로 嚴格하며 壯大한 것을 좋아하며 他人의 下位에 섬을 매우 싫어한다.
 ○生日에 있으면 더욱 旺盛, 過剛하여 어떠한 難事도 必히 自力으로 猛烈히 進行시킨다. 단 常人에게는 位가 不當해서 官星이 없으면 도리어 孤立되어 苦心하는 수가 많다.
 家督을 繼承해도 金錢浪費가 극심해서 일단은 全部喪失하는 수도 있으나 獨立獨行 반드시 몇倍의 財産을 다시 回復할 力量을 지니며, 學術이나 技能方面으로도 第一人者가 되어 世界에 盛名을 威揚한다.
 ○生時에 帝旺이 있으면 實子가 發達하여 家名을 榮躍케 한다.
 ○生日帝旺이고 年月에 衰, 病, 死, 墓, 絶 등이 있으면 長子라도 生家를 繼承치 않고 他鄕에서 生活하거나 或은 養子格이다. 萬若에 無理하게 生家를 相續하면 반드시 妻緣이 바뀐다.

○帝旺있는 支와 支合이 있으면 모든 凶暗示가 制壓되어 安靜한다.
☆**女命** 帝旺이 生日에 있으면 대개 丈夫의 氣性으로 氣位高하여 夫를 剋한다. 萬若 夫運이 強盛하면 도리어 自身이 病弱해지는 傾向이 있다. 四柱中 正官이 一位거나 또는 偏官이 一位면 이 厄을 免한다.

[衰] 溫順, 淡白, 弱氣, 薄志, 破財, 災厄, 破緣, 不定, 衰微, 執着力 不足의 誘導

☆**性格** 圓熟한 性品은 他人과 다투기 싫어하며 溫順해서 꾸준히 眞摯하게 제몫을 해나가는 편이다. 그러므로 覇氣나 積極性은 모자라며 發表力같은 才能도 적다고 볼 수 있다.

投機的인 世界에 뛰어들기도 싫어하는 편으로서 證券, 賭博, 株式같은 變動이 많은 職業은 不適合하다.

또 自身의 才能을 언제나 적게 評價하여 공갈 허풍을 떠는 行動은 취하지 않는다. 自尊心은 그리 弱하지는 않으나 그러면서도 속으로만 窮理하는 편이다.

交際도 華奢하지 못하고 質朴하므로 自然히 남의 눈에 그리 띄지 않아서, 上司에게 認定받거나 信賴받는 일도 적은 것이다. 그러므로 衰生人은 좀더 自己 才能에 自身感을 갖도록 하고 또한 그 才能을 發揮하도록 힘쓰는 것이 重要하며 人間的인 明朗도 함께 지니는 것이 꼭 必要하다.

☆**運命** 以上과 같은 性格이므로 일찍서부터 發展하기는 어려우며, 三十, 四十을 지나서야 겨우 社會의 認定을 받는 運勢로서 質朴한 運勢라 하겠다.

強攻을 못하므로 機會를 捕捉해서 伸張하지 못하는 대신 大失敗도 적다. 다만 心志가 弱한 편이라 他人의 保證을 서 주거나 쓸데없는 同情心으로 他를 援助하다가 損財하고 家産을 蕩盡하는 일도 적지 않다.

生日에 있을 때 男命은 生家보다 程度가 낮은 生活에 빠져들거나 妻運에 惠澤 못받아 苦生하게 된다. 反面에 女命은 좋은 夫運에 惠澤받고 圓滿幸福한 家庭生活을 얻는 것이다.

☆**宮合** 衰와 잘맞는 것은 十二運의 絶과 沐浴이다. 서로가 德이 되고 向上에 도움이 된다.

養은 衰와 性格的으로 맞는 것처럼 보이나 재미가 없다. 夫婦間은 圓滿치 못하고 交友交際도 永續하지 못한다.

生月·生日에 衰가 있는 사람은 建祿을 가진 사람과도 比較的 잘 맞으며 配偶者나 朋友로서 서로 잘 된다.

특히 女性의 衰는 溫厚해서 좋으므로 男性의 建祿과 짝지면 圓滿良好를 期할 수 있다. 그러나 冠帶와는 도리어 나쁜 面이 나타나서 家庭이 圓滿치 못하다.

☆職業 日柱나 月柱에 衰가 있으면 별로 社交性이 없는 일이 알맞다. 傳統을 잇는 家業인 技術的인 일이나 學問硏究, 學校敎師, 官廳, 會社勤務 등 堅實한 職業이 알맞다.

이에 反한 投機的인 일이나 企業的인 것은 별로 맞다고 볼 수 없다.

○生年에 衰가 있으면 生家가 衰頹하고 或은 近親者를 많이 喪失하며, 當者도 晩年 不振하다.

○生月에 衰가 있으면 中年頃에 低調하며 他人으로 因한 損財가 있는 傾向이다.

○生日에 있으면 學問을 좋아하고 技藝에 秀拔하지만 他의 頭領이 됨을 願치 않으며 內守에 適合하다. 父母德이 薄하고 妻와도 變緣하기 쉽다. 生家를 繼承하면 減損되어 先代보다 衰退하는 傾向이 있다.

但, 年月에 旺壯한 十二運이 있으면 將來는 다시 發展한다. 그러나 다시 病, 死, 絶이 있으면 必境 不慮之災難을 當한다.

○生時에 衰가 있으면 不肖한 子息으로 勞心焦思함이 있다.

☆女命 生日에 있으면 外面이 溫順해 뵈도 內心은 强剛, 冷酷하여 媤父母를 充實하게 恭待하지 않는 子婦가 있다. 또 甲辰, 庚戌, 辛未日生은 婚姻에 障害가 있거나 良緣을 얻지 못하는 傾向이 있다.

[病] 溫厚, 篤實, 靜寂, 虛弱, 離親, 過勞, 衰頹, 徒勞, 短慮, 疾病의 誘導

☆性格 身體가 病弱해지면 空想的이 되거나 지나치게 미리 걱정이 많아진다. 이와같이 空想, 想像力이 많고 쓸데없이 미리 걱정근심이 많은 性格이다.

남보매 外面은 明朗하고 밝으며 弄談도 잘하며 남과의 社交性도 매우 좋으나 內心에는 지나치게 혼자 걱정과 근심이 많아 때로는 悲觀的인 性格을 숨기고 있다.

決斷力과 實行力이 弱한 것이 特徵이나 그런 缺點을 明朗한 性格으로 包裝하고 있다고 볼 수도 있다.

社會的인 交際는 많고 人品이 좋아 信用度가 높다. 남과 對話하고 會食하는 것도 좋아하는 편이라서 自然히 남을 돌봐주고 自願奉仕도 잘하고 골치거리도 도맡아 處理해 준다.

家庭內에서는 空然히 不平이나 不滿을 吐露 궁지렁거리며 작은 일에도 一喜一憂하며 배짱이 두둑하지 못하다.
奉仕性과 犧牲心이 많아 自然히 사람들이 많이 몰려든다. 그러나 人間的인 規模가 그리 크지 않아서 頭領으로서의 才幹이나 手腕을 크게 떨치지는 못한다.

☆運命 너무 急激한 變化가 있는 環境에는 適合치 않다. 그런 境遇 莫強한 支援이 있다면 몰라도 그렇지 못하면 무너지고 挫折되기 쉽다. 이런 사람은 自己 나름대로의 페이스로 일을 堅實하게 固守해 감이 좋고 그럴 때 漸進的인 發展을 본다. 따라서 絶對로 焦燥하게 行動하는 것은 禁忌이다.

특히 機運에 앞서서 運命의 轉換을 試圖함은 賢明한 方案이 못된다. 中年以後에 비로소 發展運이 들므로 青少年時代에는 不遇속에 지내온 사람이 많다.

☆宮合 日柱에 病星을 가진 사람은 相對方이 日柱에 冠帶나 胎를 가진 사람과 가장 良好하며 그런 配偶者를 고르거나 事業同伴者를 또는 去來者를 만나도 萬事如意 順調로운 發展을 이룬다.
이에 反해서 長生을 日柱에 가진 사람과는 매우 재미없다. 事事件件 意見이 冲突되며 發展性이 減殺를 免치 못한다.

☆職業 聰明하고 才能이 많아 多方面에서 活躍하며 名聲을 얻는 사람이 많다.
藝能人가운데 日柱 病運星을 가진 이가 많이 있고 尖端技術分野에도 進出해서 成功한 者도 있다. 體育指導者, 學者, 醫師, 藥劑師, 敎育家, 音樂家도 흔하게 볼 수 있다.

○生年에 있으면 晩年에 家事紛擾하거나 病弱으로 運勢가 不振하다.
○生月에 있으면 中年時節 運氣衰頹하고 病患의 暗示이다.
○生日에 있으면 溫厚篤實한 勉學秀才이나 매우 消極的이다. 虛弱體質로 언제나 空想的이고 생각이 많아 神經過勞로 精彩가 缺乏하다. 幼少時 大病을 앓고 片親과 早別하며 妻運도 不宜하다. 다만, 再婚이면 安定된다.
陽干日生은 若干 進取的이나 性味가 短急하고 陰干日生은 不活發하다.
○生時에 있으면 子女가 病弱하거나 子女로서 勞心함이 많다.

☆女命 生日에 病이 있으면 溫順 謙遜하다. 中年에 夫君과 生死別하는 凶意가 있으며 或은 夫家 沒落 失敗, 또는 異性에게 欺瞞當하고 偕老하기 어렵다. 戊申日, 癸酉日生은 夫緣이 더욱 좋지 않는 傾向이 있다.

[死] 收縮, 性急, 勞苦, 病患, 困厄, 破緣, 不遇, 無氣力, 不決斷의 誘導

☆性格 資性이 淡白하며 明朗한 外面에 勤勉한 努力家이다. 多才 多趣味하므로 登山도 좋아하고 音樂도 즐기며 野球도 좋아하고 그림도 좋아한다. 일할 때는 熱心히 일하고 놀 때는 徹底하게 놀아버리는 性味이며 일을 犧牲해서까지 놀이에 專念치는 않는다.

지나치게 積極的은 아니나 그렇다고 消極的은 아니며 樂天的으로 自力에 걸맞는 勤勉性을 發揮한다.

그리 達辯家는 못되므로 他人을 說得해서 自己立場을 有利하게 만드는 일은 못한다. 眞摯한 人品이 好感을 사서 社會的으로 信用은 얻게 된다. 交際上 敵을 만들지 않는게 좋은 點이나 말수가 적어서 家庭內에서는 가끔 誤解를 받기도 한다.

專門職, 技術分野, 硏究員 등으로 大成하는 사람이 많이 있다. 易學 硏究家 등에도 많이 볼 수 있다.

☆運命 堅全着實하게 漸進的인 運命을 걷는다. 活潑한 才氣로 뜻밖의 發展을 遂行하지는 못하지만 無難하고 平坦한 人生을 살아갈 때가 많다. 霸氣만 있으면 事業的으로 發展하겠는데 그 點이 弱해서 事業的으로 信用은 얻으나 大發展性은 바라기 어렵다. 그러므로 宮合이 좋은 積極性 있는 部下나 上官을 얻어서 일을 推進하므로써 發展性이 期待된다.

☆宮合 死가 日柱에 있는 사람은 建祿이나 養을 日柱에 가진 사람과 가장 잘 맞는다. 이런 配偶者를 만나거나 事業 同業者를 만나면 대단히 良好해진다.

만약에 日柱에 沐浴을 가진 사람과 結婚하거나 事業同伴者로서 고를 때는 永續되지 못한다.

☆職業 死星人은 職業으로서 무슨 일이건 專門的인 硏究라던지 技術的인 分野를 擇함이 좋으며 오랜 期間의 年條가 必要로 하는 일이 알맞는다.

그러므로 아무나 할 수 있는 일을 골랐을 때는 전혀 發展性이 없다고 본다.

事物의 計劃이나 硏究는 썩 잘하지만 政治나 官僚, 外交方面 등은 별로 맞지 않는다.

○生年에 있으면 父母와 早別한다.
○生月에 있으면 兄弟德이 薄하다.
○生日에 있으면 幼少時에 큰 病을 앓고 父母와 離別數가 있으며 長成 後 妻가 病弱하거나 夫婦離別 等 勞苦가 끊이지 않는다.

內性的으로서 資性淡白 財物에 對한 執着心은 薄하다. 勤勉하고 明朗하며 技術的인 才能과 吶辯은 도리어 信用이 厚해진다.

若干의 焦慮 등이 難點이나 先見之明과 깊은 洞察力은 敏感하므로 재빨리 豫防網을 치게 되어 失策없는 處世는 長點이 되기도 한다.

○生時에 있으면 子息이 稀薄하다. 오히려 養子의 德을 보기도 한다.

☆女命 生日에 있으면 夫運에 惠澤이 없고 사이가 圓滿치 못하며 改嫁할수록 더욱 惡化하는 傾向이 濃厚하다. 또한 良子女를 얻기도 어렵다. 乙亥日, 庚子日生은 凶意가 甚한 暗示가 있다.

[墓] 離家, 移動, 別親, 衰敗, 薄緣, 慳貪, 消沈, 憂苦, 徒勞, 靜寂의 誘導

☆性格 日柱나 月柱에 墓가 있는 사람은 대체로 두가지 型이 있다.

첫째 型은 鬪志가 없는 女性的인 型으로 質素하고 堅實한 人生을 살아간다. 그러므로 學者나 硏究家, 宗敎家가 適合하다. 每事를 꾸준히 다듬어 나가며 計劃性도 있고 探究心도 强하다.

浪費癖이 없는 것도 特性이며 固定된 收入이 있는 生活을 選好한다. 또 男女 모두 精神的인 것에 興味를 가지며 華美한 生活을 좋아하지 않는다. (宗敎에 心醉함이 많다.)

또하나의 型은 事業家로 伸張하는 型으로서 計劃性도 있고 經濟的인 觀念도 강해서 매우 積極的인 推進을 함으로 事業家로 成功하기도 한다. 刑冲이 있으면 大發展하는 傾向이 있으며 不然이면 中小企業的인 範圍에 머물기도 한다.

☆運命 早發運이 못되므로 일찍 開運者는 별로 없으며 적어도 35歲 以後라야 開運 機會가 돌아온다. 대체로 墓星을 가진 사람은 祖上의 墳墓를 지킨다는 뜻도 있으므로 長子가 아니더래도 故鄕 先塋을 돌봐야 되는 立場에 놓여지게 되기도 한다.

☆宮合 日柱, 月柱에 墓星人은 長生, 帝旺을 가진 사람과 最上의 宮合으로 보고 있다. 이런 사람을 윗사람으로 삼거나 同業者로 두면 일이 잘 되어가며 配偶者도 바람직하다.

가장 안맞는 것은 冠帶로서 이 兩者間은 一時的인 良好는 期할 수 있어도 永續性이 없다. 夫婦도 마찬가지로서 오랫동안 良好하기 어렵다.

☆職業 日柱나 月柱에 墓를 가진 사람은 專門的인 技術이나 學問의 硏究가 適合하다. 그러나, 그것은 어디까지나 學問을 할 수 있는 環境에 놓여진 사람인 것이 前提條件이다. 貧寒해서 上級學校에 進學을 못했던 사

람에게는 어려운 注文이다. 環境上 進學치 못한 사람도 그 나름대로의 哲學을 지니고 있으며 中小企業家로서 月給人으로 社會에 나서도 어딘가 特異한 風格을 지니는 것이다.

○生年에 있으면 가령 末子더라도 先塋을 지키고 祖上땅을 떠나지 않는 暗示가 있다.

○生月에 있으면 父母兄弟 또는 配偶者와 緣이 薄하고 他人으로 因해 損財한다. 月支와 相冲이면 富家出生이거나 財祿을 크게 얻는다.

○生日에 있으면 六親과 緣이 薄하고 富家出生者는 中年에 運氣가 衰頹하나 貧家에 出生者는 오히려 中年 以後에 開運發福한다.

堅實한 性品으로 安全한 生活을 求한다. 計劃性도 있고 積極的인 利殖은 못하나 蓄財心은 强하다.

一面 宗敎·哲學的인 精神的 究理心도 强하여 그런 職業으로 成功하기도 한다.

○生時에 있으면 子女로서 勞苦가 있다.

☆女命 日柱에 墓星은 良緣을 얻기 어려우며 夫君과 中途에서 破綻이 發生 또는 生死別하는 傾向이 있다. 丁丑日, 壬辰日, 丙戌日生이 더욱 극심하다.

[絶] 浮沈, 斷絶, 短慮, 好色, 輕信, 離別, 破産, 破緣, 孤立, 轉變의 誘導

☆性格 全然 權謀術策을 쓸줄 모르는 지극히 숨김없는 好人型이다. 다만 한가지 일을 꾸준히 一貫되게 해내기는 어렵다. 安着된 沈着性이 缺乏해서 浮散하다. 방금까지 책을 읽던 사람이 어느새 훌쩍 밖으로 나가 버리는 등 지그시 있지 못한다. 책도 읽다가 그냥 놔두고, 일도 하다가 챙겨놓지 않는 등 언제나 주위가 어지럽혀 있는 傾向이 있다.

사람이 좋아서 남을 疑心할 줄 모르므로 남의 말을 信用해서 欺瞞당하거나 남의 甘言利說이나 誘惑에 넘어가기 쉬워서 일찍 女性은 性關係를 經驗하기도 한다.

아랫사람을 아주 잘 돌봐주지만 아랫사람한테 信用받는 일은 적다.

☆運命 대체적으로 苦生이 많으며 家庭生活에 惠澤받지 못한다. 무턱대고 方針을 자주 바꾸는 것이 남의 信用을 얻지 못하는 原因이 되는 것이므로 그런 點은 조심해야 할 것이다.

다른 構成이 良好하면 中年 以後 運氣는 良好를 얻으나 어쨌건 初年은 不遇하다.

☆宮合 絶星人은 沐浴이나 衰運을 가진 사람과 親해지는 傾向이 있으며, 또 그러한 사람과 잘되어 간다. 結婚相對나 事業단짝에도 아주 잘맞고 좋다.

이에 反해서 建祿을 가진 사람과는 갖가지 紛爭이 생기기 쉬우므로 注意해야 한다.

☆職業 變化를 좋아하므로 藝術方面이라던지 물장사系統, 興行方面에 興味를 가지며, 그런 職業에 從事함이 좋다. 그러나 適合하다고 해도 그 일에 들어갔다면 충분한 實力을 養成토록 하지 않는다면 永續性이 없다.

女命도 料理, 美容, 演藝人 또는 旅館, 料食業, 茶房, 酒店經營 等이 알맞다. 看護師, 修女, 比丘尼 등으로 奉仕活動하는 女性도 많이 있다.

○生年에 있으면 父母와 早別하고 長子라도 他國에서 苦生하는 수가 많다.

○生月에 있으면 孤立되어 每事에 損害가 많다.

○生日에 있으면 六親과 圓滿치 못하며 他鄕으로 出奔 或은 生家와 隔絶한체 지낸다. 好色으로 몸을 망치고 信用을 잃어 困苦를 自招한다. 사람이 좋아 開放的인 面은 他의 甘言이나 利用對象이 되기 쉽고, 그때문에 詐術에 빠져서 煩悶하는 수가 있으니 操心할 것이다.

○生時에 있으면 子女緣이 薄하다.

☆女命 此日生은 婚前性交 등으로 貞操를 喪失하기 쉬우며 비록 夫婦緣은 不變더라도 眞實한 愛情이 없는 傾向이 있다. 甲申日, 辛卯日生은 性味가 急한 편이다.

[胎] 溫柔, 變緣, 轉職, 愚鈍, 不決斷의 誘導. 但, 新規, 發案, 希望發伸의 星情.

☆性格 日柱나 月柱에 胎星이 있는 사람은 거의가 女性이며 勤勉努力性이 缺乏되기 쉽다. 交際는 썩 잘하며 特히 話術이 巧妙한데 實行力이 따르지 못한다.

그러므로 한번쯤은 사람들한테 信賴를 얻어도 그 信賴를 오랫동안 붙들어 매어놓기는 어렵다. 性格은 워낙 柔和, 溫厚하므로 暴力을 極端으로 싫어하고 貴品있게 處身하려는 傾向이 있다.

缺點은 强한 信念과 寬容스런 度量이 모자란다는 點이라 할 수 있다. 交際는 아무하고도 가볍게 잘 사귀는 편이나 戀愛나 結婚 相對를 選擇할 때만은 極端으로 까다롭다. 結局은 個性的인 容貌나 個性的인 性格을 지닌 사람에게 마음이 끌린다. 그러므로 애시당초 잘 맞는 相對라고 여겨져서 周圍에서 結婚을 勸해도 별로 마음에 안 들어하다가 막상 本人이 選擇한 사람은 周圍에서 엉뚱하다고 여겨지는 사람인 경우가 있다.
　남의 付託이나 請을 쉽게 受諾받으나 實行이 遲延되거나 實行하지 못하거나 해서 信用을 잃기도 한다.
　또 새로운 것 新奇한 것에 好奇心이 많고 좋아함도 이 사람의 特徵이다.
　☆運命 大體로 父母의 代물림 職業을 繼承치 않는다. 그렇다고 平生의 方針이 決定되지도 않아서 괴로워 하기도 한다. 理想이 너무 높아 現實에 어두워 그런 點을 감안하지 않으면 큰 發展을 얻지 못한다.
　自身의 性格을 잘 알아서 한가지 일에 몰두 꾸준히 努力해 간다면 相當한 成功을 거둘 수 있다.
　運은 初年보다 晩年에 드는 傾向이 있으니 成功을 焦燥해 하지 말고 느긋하게 漸進함이 重要하다.
　☆宮合 冠帶나 病을 가진 사람과 잘 맞는다. 配偶者로서나 事業同業者로 두면 매우 좋다.
　맞지 않는 것은 帝旺으로서 이런 配偶者를 만나면 緣이 變하기 쉽다. 事業相對로 만나면 必然코 將來에 破綻을 가져오기 쉽다.
　☆職業 어떤 일도 대강 해낼 수가 있다. 이른바 多角的인 才能을 지니고 있으나 根氣가 없어서 옮김성이 많아서 이것저것 職業을 바꾸기 쉽다. 品位있는 일에 맞는 편이라서 勞動的인 일은 맞지 않는다. 胎星人은 官廳 勤務나 大會社의 勤務는 永續되지 못한다. 比較的 永續性이 있는 것은 自由業이라 할 수 있다.
　○生年에 있으면 老後에 親知나 親族에 連累된 일로 煩事가 있다.
　○生月에 있으면 中年에 職業轉換이 되고, 多年間 지켜오던 方針을 革新하게 된다.
　○生日에 있으면 幼少時에 虛弱해도 中年부터 壯健해지며 父母緣은 薄하고 兄弟間도 不和하다. 職業도 여러 차례 바뀌나 晩年은 安穩하다.
　본데 衰가 極하여 生氣가 發伸하는 希望의 運星이며 積極性은 모자라나 旭日을 孕胎한 東雲과 같아서 明朗性을 지닌다. 가끔 他人을 罵倒하는 수가 있으나 마음씨는 優雅하며, 끊임없이 새로운 企劃을 樹立해간다. 그것은 모두 後孫과 子女를 爲한 百年大計인 것이다. 但, 妻緣이 二, 三次式 變하는 수가 있다.
　○生時에 있으면 그 子息이 家業을 繼承치 않는 傾向이 있다.
　○四柱에 胎가 三位나 있으면 平生동안 精神이 맑지 못하다.

☆女命 이날生은 賢明하지만 쓸데없는 한탄이 많고 시누이 또는 姑婦間에 뜻이 맞지 않는다. 丙子日, 己亥日生은 그런 性向이 甚하며 夫君에게도 內助의 功이 없다.

[養] 色難, 養子, 離家, 分家의 誘導, 但, 伸展의 氣가 着實히 發現되는 星情.

☆性格 느긋하고 沈着한 性格으로서 아무리 奔忙해도 서두르거나 뛰어다니지 않는 편이다. 沈着하기 보다는 게으르다는 느낌이다. 交際는 누구와도 잘 사귀며 好感도 사므로 圓滿하다.

技術面에서는 獨創性이 없으며, 傳統이 있는 일을 長期間에 걸쳐 修得하는데 適合하다. 어쨌건 圓滿한 紳士型이랄까, 老舖의 主人丈같은 型이 많다.

무슨 일이거나 無理하게 나가지 않으므로 急速한 大發展을 이룩하기는 어려우나 順調롭게 漸進하는 형태이다.

☆運命 祖上이 물려준 地位나 財産을 지켜가며 漸進的이긴 하지만 育成해 가는 運命이므로 出生했을 때의 環境에 따라서 差異는 있으나 대체로 中産層 以上의 生活을 하는 사람이 많다.

初年보다는 中年, 中年보다는 晩年 漸次 發展하는 運命이다.

☆宮合 死 또는 建祿을 가진 사람과 잘 맞는다. 結婚相對나 事業의 짝으로 삼으면 萬事가 잘 되어간다.

이에 反해서 衰를 가진 사람과는 아무 일도 잘 되지 않는다.

☆職業 運動神經은 鈍한 편이 많으므로 自動車關係는 별로 맞지 않는다. 長期間 年條가 들여야 되는 일이라야 相當한 效果를 거둘 수가 있다.

되도록이면 새로운 企業보다는 傳統的인 代를 繼承하는 職業 等을 했던 편이 良好한 結果를 얻는다.

○生年에 있으면 父親이 養子였거나 自身이 養子가 될 運命이며 또는 獨立分家를 한다.

○生月에 있으면 中年에 色難으로 破産之境에 이르는 傾向이 있다.

○生日에 있으면 幼時에 生母外의 사람에게 養育되며 或은 養子나 獨立分家한다. 沈着한 性格이나 獨創的이 못되며 他人이 하던 일을 繼承해서 發展하는 수가 많다. 好色으로 色災를 操心해야 하며 一夫一妻를 지키기가 어려운 傾向이 있다.

○生時에 있으면 老後에 子息의 孝養을 받으며 或 養子가 相續해도 圓滿 安泰하다.

☆女命 長生과 恰似하므로 賢明한 子女를 두어 一生동안 幸福하게 보낸다. 但, 庚辰日生은 夫緣이 좋지 못하며 婿養子 즉 대릴사위라면 偕老한다.

第三章   六神에 對한 硏究

第一節 六神詳解篇(Ⅰ)

　變通星은 陰陽五行 生剋의 代名詞로서 十干對十干에서 表出된 比肩, 劫財, 食神, 傷官, 偏財, 正財, 偏官, 正官, 偏印, 印綬의 十種이다.
　이 가운데서 本篇에서는 六神이라 한 것은 比肩과 劫財는 格을 이룰 수가 없으므로 別格으로 삼았고 偏正財와 偏正印은 正偏을 가르지 않고 그냥 財·印으로 보기 때문이다. 여기에 傷官, 食神, 正官, 七殺(偏官) 이렇게 六神으로 한 것이다.
　이 六神의 構成과 能力 그리고 利弊와 喜忌는 看命上 가장 重要한 것이므로 이에 詳解한다.

1. **傷官**　陽干日：甲見丁, 丙見己, 戊見辛, 庚見癸, 壬見乙
　　　　　陰干日：乙見丙, 丁見戊, 己見庚, 辛見壬, 癸見甲
　傷官의 構成　生日干인 我에서 生하는 干支로서 陰陽이 다른 것이 傷官이다. 보기에서처럼 日干이 甲木인 경우 木生火하며 甲木에서 生하는 火性干인데 甲이 陽이므로 陰干인 丁火가 傷官이 된다.
　甲木은 丁火를 生하므로 이를테면 甲木은 父母이고 丁火는 그 子女가 되며 父子 一家인 셈이다. 이른바 丁伏甲勢로서 甲木의 秀氣가 發越하는 것이므로 聰明한 人士는 傷官을 지니고 있다.
　傷官의 由來　甲木의 正官은 辛金이다. 正官은 이를테면 道知事 郡守이며 옛날의 사또와 같아서 人民은 그 治下에서 規範대로 生活해 감을 기뻐하고 法律에 違反하는 者가 發生함을 슬퍼하는 것이다.
　丁火는 辛金正官을 보면 勢를 믿고 이를 剋傷해 버리므로 官을 傷하게 한다고 傷官이란 名稱을 얻은 것이다. 그러므로 傷官이 旺盛한 사람은 社會에서 定한 規範을 지키거나 그대로 따르기를 極端的으로 싫어하고 自由奔放한 生活을 바라며 自己 周圍에 있는 모든 束縛을 除去하려고 든다.
　그러므로 生月支에 傷官이 있는 사람은 自己 本能에 따라 自治하고자 하며, 才能이 있는 사람은 自己 實力대로 行使하며 生活하려고 한다.

그러나 文化的으로 洗練되지 못한 傷官格 人士는 法規를 無視하려고 하며 세상의 不安定한 時節이라면 몰라도 安定된 法治下에서는 峻法嚴刑을 받게 된다.
그런 까닭에 傷官은 넘치는 才能 탓으로 大過가 있으며 慘酷한 奇禍가 있음을 示唆하고 있다.

傷官의 能力 ① 泄身. 日干己身의 泄氣로서 生하는 것이 傷官 ② 生財. 傷官은 다시 財星을 生助한다. ③ 敵殺. 傷官은 偏官의 敵이 되고 ④ 損官. 傷官은 正官을 損傷케 한다.

世上事는 利益이 있으면 弊害도 따르기 마련이다. 競馬나 證市에서 利益을 얻으면 한편 그늘에서는 失敗와 損失때문에 落膽하고 눈물 흘리는 사람이 있는 것과 같다.

그 利益과 弊害의 區分은 單的으로 말해서 當, 不當에 달려 있다. 세상사엔 利弊가 따르기 마련이요, 利弊가 있으면 喜忌가 있음도 當然하다. 다음에 그 利弊와 喜忌를 알아보기로 한다.

☆**傷官의 利**(泄身, 生財, 敵殺, 損官)
○**泄身.** 日干이 强한 身旺일 때 財官이 있는 柱의 十二運星이 弱할 때는 身强하기 때문에 도리어 多患이 된다. 이런 경우 命局中에 傷官을 보면 良好해진다. 傷官은 日干의 强氣를 泄身시켜 發越하여 그가 지닌 特長을 社會에 發現시킬 수가 있다. 예를 들면

癸丑(年) 乙木日干이 春節生이라 月令을 得한 身强한 命局이다. 더하
乙卯(月) 여 癸·亥·子 水性干支가 多해서 木性을 生扶하고 있다.
乙亥(日) 이와같은 경우 時上에 丙火傷官이 있어서 身强을 泄身해 주
丙子(時) 고 있음은 참으로 吐秀의 吉命이 되고 있다. 自己가 지닌 優秀한 才能을 社會에서 有用하게 쓰여 發達하는 泄身의 吉命이다.

○**生財.** 身强財弱일 때 傷官을 最愛한다. 傷官은 弱한 財星을 强化시키는 役割을 해주기 때문이다. 그러므로 傷官이 있으면 財를 生扶해 주므로 이를테면 그 妻가 內助에 큰 힘을 보태줌과 같다.

戊寅(年) 위의 四柱命局은 乙·甲·寅 木性干支가 林立하고 있다. 이
甲寅(月) 런 경우 戊土財星이 극심한 剋을 받게 된다. 그런데 多幸히
乙亥(日) 도 丙火傷官이 木의 泄氣가 되고 土의 生氣가 되주어서 日
丙子(時) 干의 旺氣를 疏通시켜 주었다. 한편 財星의 不足을 補助해 주어 偉大한 功을 이루게 하고 있다.

○**敵殺.** 殺重身輕(偏官이 겹치고 日干은 弱함)이면 他의 牽制를 當하는 격이므로 이런 경우 傷官을 만남은 바람직하다. 傷官은 能히 殺(偏官)을 制剋해서 日干을 保護해 준다. 이런 경우를 敵殺之命이라 하며 牽制를 풀고 自由를 얻는다고 본 것이다. 예를 들면,

戊子(年)　乙木日干이 秋節生이므로 秋木이 凋落되는 때이다. 辛金을
辛酉(月)　가장 꺼리는데 辛·酉·酉하고 三辛이 모두 七殺(偏官)로
乙酉(日)　剋伐을 만나고 있다.
丙子(時)　多幸하게도 丙火傷官이 있어서 金性을 制해 주어서 겨우 日
　　　　　元의 危殆로움을 救해 주고 있다.

○**損官.** 官重身輕(正官이 겹치고 日干이 弱함)이면 自己가 하고자 하는 일이 束縛을 받아 自由가 拘束된다. 이런 경우 역시 傷官이 있음을 喜한다. 傷官이 正官을 損傷시켜서 日干을 保護해 주어 安泰를 도모해 주기 때문이다.

戊申(年)　乙木日干이 秋節生이므로 슈을 얻지 못하여 身弱하다. 이런
庚申(月)　경우 庚金을 가장 꺼리는데 庚·申·申으로 正官이 重見하
乙亥(日)　여 극심한 剋을 받아 束縛되어 있다. 多幸히 丙火傷官이 있
丙子(時)　어서 庚金正官을 損傷시켜서 日元을 保全하고 拘束에서 解
　　　　　放시키며 救해 주고 있다.

☆**傷官의 弊**(泄身, 生財, 敵殺, 損官)

○**泄身.** 日干이 弱할 때는 傷官이 있음을 꺼린다. 이는 自己一身事를 돌볼 겨를도 없는 격이기 때문이다. 傷官이 하나만 있어도 그러한데, 만약에 둘이나 셋이 있는 것은 盜賊을 만나서 財産을 몽땅 喪失하는 것처럼, 전혀 생각지도 못한 쓸데 없는 일로 財物을 잃는 격이다. 예를 들면,

辛丑(年)　乙木日干이 辛·酉 金性에게 剋伐되고, 丙·丁 火性에게 泄
丁酉(月)　氣되어 있다. 더하여 丑·戌 土性의 磨折까지 만나고 있다.
乙卯(日)　季節이 秋節이라 死令에 該當하므로 日干은 극심하게 衰弱
丙戌(時)　해져 있다. 이런 경우 丙火傷官은 泄氣일 뿐만아니라 忌神
　　　　　에 해당되므로 가히 非運의 程度를 엿보게 한다.

○**生財.** 財星이 太旺일 때는 傷官을 가장 꺼린다. 그런 命局은 財旺의 氣를 保全하지 못하므로 도리어 貧命이 되기 쉽다. 그러므로 傷官이 여럿 있으면 傷官은 財星을 生扶해서 財氣가 더욱 무거워져서 日干의 安泰를 保全할 수가 없다. 예를 들면,

丙申(年)　위의 命局은 戊·己·戌·丑 土性干支가 많아 日干乙木이

戊戌(月) 折木될 지경이다. 이른바 財旺身輕이라고 한다. 丙火傷官
乙丑(日) 이 또다시 生財해 주고 있음은 범에게 날개를 붙여준 격이
己卯(時) 되어 暴虐을 恣行하게 함과 같으므로 매우 재미 없다.
○敵殺. 身强殺淺(身强한데 偏官이 弱함)이면 傷官을 꺼린다. 殺(偏
官)은 權勢의 星情이므로 傷官을 만나 去殺됨은 결코 기뻐할 일이 못된
다. 예를 들면,
丙寅(年) 乙木日干이 春節生이므로 得令하였으니 身强이다. 卯·
辛卯(月) 亥·未가 있어서 三合木局을 이루어 身强條件을 더욱 補强
乙亥(日) 해 주고 있다. 日上의 辛金七殺은 도끼를 들고 山林에 들어
癸未(時) 감과 같아서 林木을 伐採, 社會에 有用하게 쓰려는 것이다.
그런데 丙火傷官이 辛金七殺을 去勢함은 모처럼의 도끼에
날이 없는 격이 되어 良好를 期할 수 없다.
○損官. 身重官輕(日干이 强하고 正官이 弱함)일 때 傷官을 싫어한다.
身重으로 身强한 命은 본데 正官을 貴하게 여기는데 그 正官을 損傷시키
는 傷官이 나타남을 꺼린다. 예를 들면,
甲寅(年) 이 四柱命局은 甲·乙·寅·卯·卯로 木性干支가 다섯이
丙寅(月) 다. 木이 林立해서 빽빽한 숲을 이루고 있다. 이런 경우 時
乙卯(日) 上의 庚金正官이 있어서 伐木用材의 功을 이루어 주기를 唯
庚辰(時) 一한 힘으로 삼고자 하는 것인데, 不幸히도 丙火傷官이 庚
金을 剋損해 버리므로서 良好를 期할 수가 없다.

☆傷官所喜(泄身, 生財, 敵殺, 損官)
○泄身. 日干이 强일 때 傷官이 있는 것을 기뻐한다. 傷官이 있으면 財
星을 보는 것이 疏通이 되어 더욱 기뻐한다.
日干이 弱일 때, 傷官을 두려워 한다. 傷官이 있으면 印綬로서 이를 制
함을 기뻐한다.
○生財. 身强이고 財弱일 때 傷官이 있는 것이 좋다. 傷官이 있으면 財
星을 生扶해서 財運에 惠澤을 받게 된다. 身弱인데 財星이 多하면 傷官
이 있는 것을 두려워 한다. 만약에 傷官이 있으면, 印綬가 있어서 이를
制해 주면 吉을 얻는다.
○敵殺. 殺重身輕(偏官이 겹치고 身弱임)일 때 傷官이 있는 것이 좋으
며 만약에 傷官이 있으면 比肩, 劫財, 食神, 傷官이 이를 生助함이 좋다.
身强殺淺(日干이 强하고 偏官이 弱함)일 때 傷官을 두려워 한다. 이미
傷官이 있으면 財星으로서 이를 和하게 함을 기뻐한다.

○損官. 官重身輕(正官이 겹치고 身弱임)일 때 傷官이 있는 것이 좋으며, 만약에 傷官이 있으면 比肩, 劫財, 食神, 傷官이 이를 生助함을 기뻐한다. 身强으로 正官이 弱한 경우 傷官을 두려워 한다. 이미 傷官이 있으면 財星이 있어서 이를 和하게 함을 기뻐한다.

☆傷官所忌(泄身, 生財, 敵殺, 損官)
○泄身. 日干이 强하면 傷官이 있는 것이 良好하다. 傷官이 있으면 印綬로서 이를 剋去함을 가장 꺼린다. 日干이 弱하면 傷官을 두려워 한다. 만약에 傷官이 있으면 다시 生財함을 꺼린다. 이와 같은 것을 轉輾泄弱이라 하며 꺼린다.
○生財. 身强財弱일 때 傷官이 있는 것이 良好하다. 이런 경우 印綬가 있어서 이를 剋去함을 꺼린다. 身弱이고 財星이 多하면 傷官을 두려워 한다. 傷官이 있으면 다시 財星을 生助함을 꺼린다.
○敵殺. 殺重身輕(偏官이 겹치고 身弱임)일 때 傷官이 있으면 좋다. 이런 경우 財星이 旺해서 七殺(偏官)을 生助함을 꺼린다.
身强殺淺(日干이 强하고 偏官이 있으나 弱함)이면 傷官을 두려워 한다. 만약에 傷官이 있으면 比肩, 劫財, 食神, 傷官이 이를 生助함을 꺼린다.
○損官. 正官이 多星이고 身弱일 때 傷官이 있으면 良好하다. 傷官이 있으면 財星이 旺해서 正官을 生助함을 꺼린다.
日干이 重하고 正官이 輕할 때 傷官이 있음을 꺼린다. 만약에 傷官이 있으면 比肩, 劫財, 食神, 傷官이 있어서 이를 生助하는 것을 꺼린다.

2. 七殺 (一名 偏官) 陽干日 : 甲見庚, 丙見壬, 戊見甲, 庚見丙, 壬見戊.
　　　　　　　　陰干日 : 乙見辛, 丁見癸, 己見乙, 辛見丁, 癸見己.
七殺의 構成　生日干인 我를 剋하는 干支로서 陽干과 陽干, 陰干과 陰干인 것이 七殺이다. 日干이 甲木이면 이를 金剋木으로 剋하는 金性干이고 甲이 陽木인만큼 陽金인 庚이 七殺이다.
七殺의 由來　七殺은 一名 偏官이며 그냥 殺이라고도 한다. 陽과 陽끼리 的剋하거나 陰과 陰끼리 相剋하는 狀態에서 表出된다. 陰陽의 配偶가 아니라 한편으로 偏해 있다고 해서 偏官이란 이름이 붙여졌다. 또 變通星을 比肩에서 세어가면 七번째에 該當되고 마찬가지로 天干에서 세어서 七번째가 相戰剋하는 字가 該當되므로 七殺이라고 한 것이다.
七殺은 恩義가 없고 考事得實없이 제멋대로 行動을 취하므로 언제나

自身을 돌아보는 反省心을 지녀야만 尙重받는다. 예를 들면 小人輩가 七殺을 갖고 있으면 兇暴하고 忌憚함이 없으니 禮儀도 缺하므로 그만 法에 걸려 制裁를 받는 苦痛을 겪는다. 그렇다고 悔改하거나 뉘우침조차 않으니 그 임자를 다치게 한다. 그러므로 食神과 같은 이를 制壓하는 變通星이 있으면 偏官이라 하고 制하는 것이 없는 命局일 경우 七殺이라고 한다.

만약에 制하는 變通星이 있고 太過, 不及이 없으면 小人의 勢力을 빌어서 君子를 護衛하는 격이 되어 權威를 得하는 大貴大富의 命이다.

日主가 衰弱일 때 七殺이 여럿 있으면 그 禍는 이루 말할 수가 없다. 만약에 그를 征服할 수 있는 强力한 變通星이 있어도 行運이 돌아옴에 따라서는 그 凶殺을 制할 수가 없는 것이다.

○七殺의 能力 ① 耗財. 財星의 泄氣이다. ② 生印. 印星을 生助한다. ③ 攻身. 日干을 剋하고 攻擊한다. ④ 制劫. 劫財를 制剋한다.

☆七殺의 利(耗財, 生印, 攻身, 制劫)

○耗財. 身弱인데 印星은 輕하고 財星이 重할 때 七殺이 있음을 반긴다. 그것은 殺로서 財星의 氣를 泄耗시켜서 印星을 生助하여 中和를 얻게 되기 때문이다. 예를 들면,

丁卯(年)　日干辛金이 春三月生이라 囚令이 되어 있다. 甲·卯·卯의
甲辰(月)　群木이 木旺逢春하여 財星이 重하고 己身은 輕한 命局이며
辛卯(日)　戊土가 있어서 日干辛을 生하고 있으나 甲의 剋을 만나 힘
戊子(時)　을 못쓰고 있다. 다만 年上의 丁火七殺이 甲木旺財에서 泄
　　　　　氣해서 戊土의 衰印을 生해 주어 홀로 功을 세우고 있다.

○生印. 日干도 印星도 共衰했을 때는 七殺이 있음을 기뻐한다. 七殺은 能히 印星을 生하고 印星은 또한 日干을 生해 준다. 예를 들면,

戊寅(年)　日干辛金이 春生이면 無力한 命이다. 겨우 酉金이 戊土에서
甲寅(月)　生助를 받으려 해도 戊는 甲에서 剋을 받고 卯와 酉는 相冲
辛卯(日)　하고 있는데다가, 木은 林木처럼 旺盛하다. 財多身弱으로
丁酉(時)　서 多患한 四柱이다. 그러나 多幸히도 丁火七殺이 時上에
　　　　　있어서 甲木의 旺財를 泄氣하고 戊土衰印을 生해 주고 我身
　　　　　日干을 돕고 있다.

○攻身. 日干이 過旺할 때는 倚身할 곳이 없는 命이 된다. 이런 경우 七殺이 있으면 攻身이 도리어 權威를 이루게 되는 良命이 된다. 예를 들면,

辛酉(年)　日主가 辛金이고 秋節生이므로 月令을 得하였고 더하여 二
丁酉(月)　辛과 三酉가 있으니 身旺함이 極에 達한 形局이다. 이런 경
辛酉(日)　우 丁火七殺이 있는 것은 매우 良好하며 煉金成器라 할 수
甲午(時)　있다. 이와 같음은 攻身이 成威를 하는 것이므로 매우 眞價
　　　　　를 發揮하는 命局이 된다.
○制劫. 身强이고 財星이 弱하고 거기에 劫財를 보게 되면 剋敗의 極
이라 할 수 있다. 이런 경우 七殺이 있는 것을 기뻐한다. 七殺은 能히 劫
財를 制伏해서 剋敗됨을 救하기 때문이다. 예를 들면,
丁酉(年)　위의 命局은 時柱에 甲木이 正財가 있으나 月柱 庚이 月令
庚戌(月)　을 얻은 强한 劫財로 나타나 있어서 甲木正財를 掠奪해 갈
辛酉(日)　氣勢다. 多幸히 年柱에 丁火七殺이 있어서 劫財를 制伏해
甲午(時)　주어서 剋敗를 救하고 있다. 이럴 때 功用은 制劫이 첫째이
　　　　　고, 救財는 둘째로 된다. 하기는 制劫 即 救財이다.

　☆七殺의 弊(耗財, 生印, 攻身, 制劫)
　○耗財. 日主가 强하고 印星이 重한데 財星이 輕할 때는 七殺을 두려
워 한다. 七殺은 耗財할 뿐만 아니라 印星까지 生助하니 결코 良好한 命
局이라 할 수 없다. 예를 들면,
丁丑(年)　日干이 辛金이고 地星에는 모두 土性支뿐 印重함을 가리키
庚戌(月)　고 있다. 多幸히 月上庚金이 있어서 日干을 扶助해 주어서
辛丑(日)　겨우 埋沒을 避하고는 있다.
乙未(時)　時上乙木偏財가 輕한데 年柱丁火七殺이 耗財로 그만 疏土
　　　　　의 功을 이룰 수 없게 하고 印星까지 生助해서 偏枯한 八字
　　　　　가 됨이 모두 七殺의 耗財가 허물이다.
　○生印. 日干이 弱하고 印星이 强할 때 七殺을 두려워 한다. 印星이 多
하고 比・劫이 적으면 多母한 형상으로 過保護때문에 病弱해지는 근심이
많아진다. 그런 까닭에 七殺이 있으면 印星이 生해준 身을 剋하므로 良
好를 期할 수가 없다. 예를 들면,
戊戌(年)　土가 旺多해서 山이 무너지는 사태와 같다. 日元인 辛金은
己未(月)　印星만 多하고 食神傷官이 전혀 없다. 이른바 土多金埋가
辛未(日)　되어 있다. 丁火七殺이 印星을 다시 生助함은 助虐이 되므
丁酉(時)　로 좋지 못하다. 더하여 弱한 日干을 剋하기까지 하니 그 主
　　　　　를 欺瞞하고 禍患이 蔓延하는 命局이 되어 어찌할 도리가
　　　　　없다.

○**攻身.** 日干이 弱하고 衰하면 七殺이 있는 것을 두려워 한다. 日干이 衰弱하다는 것은 그 自體가 萎靡해 있는 狀態인데 거기에 七殺까지 덮쳐 오면 어찌 감당할 도리가 없는 것이다. 예를 들면,

丁卯(年) 辛日巳月生은 月令도 얻지 못하였고 多木에 의해서 火旺되
乙巳(月) 어서 日主와 相爭하는 모양이다. 그런데 日主를 生扶하는
辛卯(日) 干支는 아무 것도 없어서 衰弱해져 있다. 丁火七殺은 攻身
乙未(時) 까지 해 그 弊가 막심함을 가리키고 있다.

○**制劫.** 日干이 弱할 때 劫財와 같이 日干을 扶助하는 變通星을 依持하는 것인데, 이런 경우 七殺의 制劫을 두려워 한다. 겨우 劫財에 維持했던 身이 七殺을 만나면 결단나고 말기 때문이다. 예를 들면,

甲辰(年) 이같은 命局일 때 日干辛은 月令도 못 얻고 地支는 寅卯辰
丁卯(月) 東方合局을 이루어 衆木의 힘으로 日干과 對敵하고 있다.
辛未(日) 時柱의 庚金劫財는 能히 日干辛을 扶助하여 敵對하는 木性
庚寅(時) 을 剋하고 援助가 되어 기뻐하는데, 月柱丁火七殺이 庚을 制함은 팔을 꺾고 목을 조이는 것과 같이 유감천만이 된다.

☆**七殺所喜**(耗財, 生印, 攻身, 制劫)

○**耗財.** 身弱일 때 印星이 輕하고 財星이 重하면 七殺을 愛喜한다. 만약에 命中에 七殺이 있으면 印星이나 比肩처럼 我身을 生助하는 變通星을 기뻐한다. 身强이고 印星이 重하고 財星이 輕하면 七殺이 있는 것을 두려워 한다. 그러나 七殺이 있는 경우 傷官食神을 기뻐한다. 그것은 七殺을 制하고 財星을 生하는 役割을 이루어 내기 때문이다.

○**生印.** 身도 印星도 모두 弱한 경우 七殺이 있는 것을 愛喜한다. 만약 七殺이 있을 때는 그 七殺이 重해서 弱한 印星을 生助해서 强하게 함을 기뻐한다. 日干이 弱하고 印星이 强할 때는 七殺이 있는 것을 두려워 한다. 이미 七殺이 있으면 食神, 財星으로서 食神이 七殺을 制하고 財星이 印星을 制해 줌을 기뻐한다.

○**攻身.** 日干이 强일 때 七殺을 愛한다. 만약 七殺이 있을 때는 財星이 旺해서 이를 生助함을 기뻐한다. 日干이 弱할 때는 七殺을 두려워 한다. 이미 七殺이 있을 때는 印星이 旺해서 七殺을 和解시키므로 기뻐한다.

○**制劫.** 身强일 때 劫財가 있으면 七殺이 있는 것이 바람직하다. 만약 七殺이 있으면 財星이 旺해서 이를 生助함을 기뻐한다. 身弱일 때는 劫財를 의지하는 것인데 이런 경우 七殺이 있는 것은 좋지 못하다. 만약에 七殺이 있을 때는 食神, 傷官이 七殺을 制殺해 줌을 기뻐한다.

☆七殺所忌(耗財, 生印, 攻身, 制劫)

○耗財. 印星이 輕하고 財星이 重할 때는 七殺이 있는 것이 바람직하다. 이미 七殺이 있을 때는 食神, 傷官이 財星을 生하고 七殺을 制함을 꺼린다. 印星이 重하고 財星이 輕할 때는 七殺이 있는 것을 두려워 한다. 이미 七殺이 있으면 다시 七殺이 加해져서 强하게 됨을 꺼린다.

○生印. 身도 印星도 함께 衰弱일 때는 七殺이 있는 것을 사랑한다. 이미 七殺이 있으면 食神, 傷官이 七殺을 制하고 身弱케 함을 꺼린다. 日干이 弱하고 印星이 强일 때 七殺을 두려워 한다. 그러나 七殺이 이미 있으면 七殺이 다시 加해져서 强해짐을 꺼린다.

○攻身. 日干이 强일 때 七殺이 있는 것이 바람직하다. 이미 七殺이 있으면 食神, 傷官이 制殺함을 꺼린다. 日干이 弱일 때 七殺이 있는 것을 두려워 한다. 이미 七殺이 있으면 財星이 있어서 七殺을 生助함을 꺼린다.

○制劫. 日干이 强이고 劫財가 있는 경우 七殺이 있는 것이 바람직하다. 만약 七殺이 있으면 食神, 傷官이 있어서 七殺을 制함을 꺼린다. 日干이 弱해서 劫財를 믿고 의지할 때 七殺이 있는 것을 두려워 한다. 이미 七殺이 있을 때는 財星이 旺해서 七殺을 生助함을 꺼린다.

3. **正官** 陽干日 : 甲見辛, 丙見癸, 戊見乙, 庚見丁, 壬見己.

　　　　陰干日 : 乙見庚, 丁見壬, 己見甲, 辛見丙, 癸見戊.

正官의 構成 日干인 我를 剋하는 干支로서 陰陽이 다른 즉 配偶일 때 正官이 表出된다. 예를 들면 甲木日干은 辛金이 正官인데 이는 金剋木으로 日干甲木을 辛金의 剋을 받고 甲은 陽性, 辛은 陰性으로 陰陽을 서로 달리한 配偶이다.

正官의 由來 正官은 六格의 正氣로서 忠信을 表徵한 尊名이다. 그러므로 國家를 統治하고 家庭을 齊家하는 道라고도 일컫는다. 家庭에는 夫婦가 있어서 陰陽이 調和되고 剛柔가 配合되어 成家하며 繁榮해 가는 것이다.

또 正官의 官은 管束의 意로서 市道에는 市道를 統御하는 市長·道知事와 같은 官이 있는 것이며, 市·道民은 그 治下에 살면서 市長·道知事의 管束을 받아 平穩한 生活을 營爲할 수가 있는 것이다. 가령 惡한 마음을 품은 者가 있더래도 그런 者들은 法에 抵觸될까 마음 편하지 못할 것이다.

人間心理에는 무엇에도 拘束받고 싶지 않은 自由奔放한 精神과 社會의

安寧과 秩序를 維持하기 爲해서는 그래서는 안된다는 心思가 不斷히 다투고 있는 것이므로 그것을 管束하는 官이 있으므로서 平和를 얻는 것이다.

그런 까닭에 己身을 制御하는 것을 正官으로 삼은 것이다. 무릇 正官은 損破를 받음을 가장 꺼리는 것은 그런 理由이기 때문이다.

月令인 提綱에 表出되는 正官은 管制의 가장 重要한 것으로 하며 年上의 正官은 그 位에 있어서 最尊으로 하고 있다. 그러나 判斷에 있어서는 그 强弱如何에 달려 있으므로 그 점을 잘 살피는게 要點이다.

正官의 能力 ① 引財. ② 生印. ③ 拘身. ④ 制劫.

☆正官의 利

○引財. 身强하고 財星이 弱일 때 正官은 能히 引財, 拘身하므로 財를 保全할 수가 있다. 예를 들면,

乙巳(年) 위의 命局은 丙火가 初夏生으로 三巳는 建祿이 되어 있다.
辛巳(月) 旺盛함은 물론이다. 月柱 辛金財星은 多火때문에 熔金됨을
丙子(日) 免치 못하고 있다.
癸巳(時) 그러나 時上에 癸水正官이 있어서 火를 剋하고 金을 救해 주고 있으므로 이를 引財라고 한다.

○生印. 身强이고 印星이 弱할 때 正官을 愛한다. 正官은 能히 日干을 拘束하고 印綬의 滋生을 이끌어 내어준다. 예를 들면,

辛巳(年) 위의 命局은 時柱의 乙木은 日主가 丙火이므로 退氣가 되어
癸巳(月) 旺하고 있다. 더하여 年月支가 모두 巳로서 建祿이 둘씩 된
丙子(日) 다. 그러나 子多母衰의 念慮는 없다. 왜냐하면 月頭의 癸水
乙未(時) 正官이 火威를 制하고 木勢를 生助해 주므로서 生印의 功을 發揮할 수 있기 때문이다.

○拘身. 日干이 너무 旺盛, 지나치게 過旺해서 己身을 기댈 곳이 없을 경우 正官을 愛한다. 正官은 能히 日干을 拘束하기 때문이다. 예를 들면,

辛卯(年) 위의 命局은 日主丙火가 지나치게 旺하고 있다. 多幸히 癸
癸巳(月) 水正官이 火를 剋해서 겨우 炎火를 制하여 拘身의 功을 이
丙午(日) 루고 있다. 다만 火가 盛하고 있는데 僅僅한 癸水뿐이라서
丙申(時) 장작불길에 종지물을 끼얹는 것 같기도 하지만 辛과 申金이 있어서 水를 生해 주므로 비록 癸水가 弱體라고 하지만 水를 生해 주는 淵源이 있기에 拘身의 功을 이룬다.

○**制劫.** 日干이 旺하고 劫財가 重疊되면 助身이 虐을 이룬다. 이런 경우 正官을 愛한다. 正官은 劫財를 制해 주어 日干이 도리어 맑아져서 良好를 期할 수 있게 된다. 예를 들면,

癸巳(年) 위의 命局은 日主가 旺하고 比肩, 劫財가 둘씩 있다. 時柱
丁巳(月) 의 酉金財星은 火의 剋을 받아서 危殆로운데, 癸水正官이
丙子(日) 巳火比肩을 剋制한다. 본데 그 强함에서는 모자라지만 日支
丁酉(時) 의 子水가 扶助해 주고 時支의 酉金이 生을 받으므로 二丁
火劫財까지도 制去하기에 足하다고 여겨진다. 이와 같음을 制劫의 功이라 한다.

☆**正官의 弊**
○**引財.** 身弱이고 財星이 强한 경우 正官을 두려워 한다. 財星이 强하다는 것은 이미 己身이 두려워 함인데, 正官이 있으면 引財의 功을 이룰 수가 없게 된다. 예를 들면,

癸丑(年) 위의 命局은 金多火少에 秋節生, 日元은 丙火이다. 財多身
辛酉(月) 弱之命인데 癸水正官은 引財로 財旺, 日主를 剋해서 衰弱케
丙子(日) 하고 있다. 이는 累卵의 危機를 가리키며, 본데 財로서 病
丙申(時) 源으로 삼고, 官으로서 病이 表面化됨을 말하는 것이다.

○**生印.** 身弱이고 印星이 强하면 正官을 두려워 한다. 印星이 많고 己身이 寡함은 마치 母가 많아서 子息이 病을 앓는 것과 같은 것인데 다시 正官이 있어서 印星을 生助함은 良好할 수가 없다. 예를 들면,

癸卯(年) 위의 命局은 日主丙火가 春令生으로 命中에 四木이 있다.
乙卯(月) 印綬가 多星으로 旺하다. 이는 母多子病을 免치 못하는 格
丙子(日) 이다.
乙未(時) 게다가 癸水正官은 己身을 剋하고 官은 印星을 生해서 印은 過强해져서 行虐을 도우니 可憎하다 할 것이다.

○**拘身.** 日干이 衰弱일 때 正官을 두려워 한다. 身弱으로 이미 日主는 萎靡해져 있는데 또다시 正官의 拘身을 만남은 매우 좋지 못한 것이다. 예를 들면,

庚辰(年) 위의 命局은 丙火日元인데 時上에 比肩을 내놓고는 모두 泄
庚辰(月) 하거나 剋하는 干支뿐으로 身弱해서 任官함에 堪當할 수가
丙子(日) 없다.
丙申(時) 地支申子辰은 三合會局으로 結黨해서 官星이 되었다. 이것은 拘身의 禍가 가장 蔓延한 狀態를 가리키며 洪水나 猛獸

의 難을 만남과 같은 것이다.

○**制劫.** 身弱일 때는 劫財를 用神으로 삼는데 이런 경우 正官을 두려워 한다. 己身은 劫財를 依持하고 믿는데 正官이 나타나서 劫財를 制去한다면 몸둘 곳이 없어진다. 예를 들면,

丁酉(年) 위의 命局은 日主丙火가 冬節生으로 月令은 失하였으나 多
癸丑(月) 幸히 丁火劫財가 年柱時柱 양쪽에 나타나 있다. 이는 日干
丙子(日) 丙의 幇身이 되어 준다.
丁酉(時) 그런데 癸水正官이 이 劫財를 制去해 버려서 精萃함이 몽땅 喪失해 버려서 실로 病犯絶症이 되고 말았다.

☆正官所喜
○**引財.** 身强財弱일 때 正官을 愛한다. 이미 官星이 命中에 있으면 財星을 만나서 이를 生함을 기뻐한다. 財星이 多하고 身弱일 때 正官을 두려워 한다. 이미 正官이 있으면 印星이 旺해서 正官이 泄氣됨을 기뻐한다.

○**生印.** 身强印弱일 때 正官을 愛한다. 이미 命中에 正官이 있으면 官이 旺해서 印星을 生함을 기뻐하다. 身弱印强일 때 正官을 두려워 한다. 이미 命中에 正官이 있으면 食神과 財星으로서 이를 制함을 기뻐한다.

○**拘身.** 日干이 强일 때 正官을 愛한다. 이미 命中에 正官이 있으면 財星이 旺해서 이를 生함을 기뻐한다. 日干이 弱일 때 正官을 두려워 한다. 이미 命中에 正官이 있으면 印綬가 旺해서 正官을 解함을 기뻐한다.

○**制劫.** 身强에 劫財가 있으면 正官을 愛한다. 이미 命中에 正官이 있으면 財星이 旺해서 이를 生함을 기뻐한다. 身弱일 때는 劫財를 賴하는데 이런 경우 正官을 두려워 한다. 이미 命中에 正官이 있으면 印星으로서 身을 生해 줌을 기뻐한다.

☆正官所忌
○**引財.** 身强財弱일 때 正官을 愛한다. 이미 命中에 正官이 있으면 偏印으로서 泄氣됨을 꺼린다. 身弱이고 財星이 强일 때 正官을 두려워 한다. 이미 正官이 命中에 있으면 財星이나 官星이 다시 重加됨을 꺼린다.

○**生印.** 身弱印强일 때 正官을 愛한다. 이미 命中에 正官이 있으면 食神, 傷官으로 制剋됨을 꺼린다. 身强印弱일 때 正官을 두려워 한다. 이미 命中에 正官이 있으면 官星, 印星이 다시 重加됨을 꺼린다.

○**拘身.** 日干이 强일 때 正官을 愛한다. 이미 正官이 命中에 있으면 食

神, 傷官으로서 制剋됨을 꺼린다. 日干이 弱일 때 正官을 두려워한다. 이미 正官이 命中에 있으면 財가 旺해서 正官을 生해 줌을 꺼린다.
　○制劫. 身强이고 劫財가 있으면 正官을 愛한다. 이미 正官이 있으면 食傷으로서 制剋함을 꺼린다. 身弱이면 劫財를 依賴하는데 正官을 두려워 한다. 이미 正官이 있으면 다시 財官이 重加됨을 꺼린다.

第二節 六神詳解篇(Ⅱ)

1. 食神 陽干日：甲見丙, 丙見戊, 戊見庚, 庚見壬, 壬見甲.
　　　　　陰干日：乙見丁, 丁見己, 己見辛, 辛見癸, 癸見乙.

　食神의 構成 日干인 我에서 生하는 五行으로 陰陽이 同性인 것이 食神이다. 예컨대 甲木日干이면 丙火처럼 木生火로 日干에서 生하고 甲과 丙은 모두 陽性이다. 그러므로 丙은 甲의 食神이다라고 命學術語에서 쓴다.

　食神의 由來 食神을 예로부터 爵星이니 壽星이라고도 한다. 食神은 泄氣에 의해서 生하는 變通星이지만 食神이 生하는 것은 財星이며, 財星을 養命之源으로 삼는 命學에서는 매우 重要한 變通星이다.

　己身과 食神은 父子와 같으며 子를 生해 주고 旺하므로서 財를 招來하고 그로서 父母를 奉養하는 것이다. 爵星이라 하는 理由가 거기에 있다.

　또한 己身이 가장 두려워 함은 七殺의 剋을 만나는 것인데 이런 경우 壽命도 長壽하기 어렵다. 그런데 食神은 이러한 七殺을 制伏하는 變通星이므로 命中에 食神이 있는 경우 七殺은 그 暴威를 떨칠 수가 없다. 그러므로 悠遊히 餘裕있는 生涯를 보낼 수 있음은 食神의 힘이며 壽星이라 稱하는 理由도 거기에 있다.

　食神이 生財로 財星은 食神에서 生하는 것으로 寬裕하며 그리고 爵祿이 豊饒로운 狀態를 가리키는 것이다. 또 七殺은 食神에 의해 制殺되어 그래서 禍를 避할 수 있으므로 壽命도 長壽한다.

　이런 까닭에 食神이 命局中에 있는 것은 매우 良好한 命造라고 할 수 있다.

　食神의 能力 ① 泄身. ② 生財. ③ 制殺. ④ 損官.

☆食神의 利
○洩身. 日干이 强하고 財星이나 官星이 無氣일 때 너무 强頑하므로서 患을 삼는다. 이런 경우 食神이 있음을 愛한다. 食神은 能히 日干의 秀氣를 吐秀하기 때문이다. 예를 들면,

癸丑(年) 　위의 命局은 甲・乙・寅・卯로 東方木干支가 많고 陽春節
乙卯(月) 　生으로서 이른바 鶯啼蝶舞之候이다. 春木이 旺한 身强이며
甲子(日) 　年上의 癸, 日支의 子 兩水가 木을 生해서 太過한 격이다.
丙寅(時) 　이 경우 時柱의 丙火食神을 기뻐한다. 이는 秀氣를 吐泄한
　　　　　　다고 보기 때문이며 頑木을 免한 理由이다.

○生財. 身强財弱일 때 食神을 愛한다. 食神이 財星을 生助해서 강하게 하기 때문이다. 예를 들면,

己卯(年) 　위의 命局은 甲・乙・寅・卯로 比肩과 劫財가 林木을 이루
丙寅(月) 　고 있다. 年柱의 己土正財는 그들 때문에 剝奪되어져 맥을
甲子(日) 　못추고 있는데 丙火食神이 財星을 生助해 주어 겨우 지나치
乙亥(時) 　게 身旺, 過强으로 寄託할 데가 없는 下命을 免하였다. 이
　　　　　　른바 丙火食神의 生財의 力量으로 救援받은 命이다.

○制殺. 七殺이 重하고 身輕이면 하는 일마다 반드시 他의 牽制를 받는다. 그런 까닭에 食神을 愛한다. 食神은 能히 七殺을 制伏하여 一將當關에 群邪自服해서 己身이 自由를 얻게 된다. 예를 들면

庚申(年) 　위의 命局은 三木三金으로서 質量으로 볼 때 어느 쪽이 輕
甲申(月) 　重하다 보기 어렵다. 그러나 秋月生이므로 金旺節인데다 木
甲戌(日) 　은 凋零할 때이므로 勢力으로 볼 때는 木이 金에 對敵할 수
丙寅(時) 　가 없다. 그래서 七殺이 過强하다고 본다. 그러므로 丙火食
　　　　　　神의 制殺이 있어서 吉命을 保할 수 있다.

○損官. 官星이 强하고 身弱인 경우 하는 일마다 束縛을 받아서 마음 먹은대로 되지 않는다. 이럴 때 食神을 愛한다. 食神은 能히 官星을 損하여 日干己身을 保全할 수가 있다. 예를 들면,

辛酉(年) 　위의 命局은 秋月의 甲木日生으로서 地支에 申, 酉, 戌 西
丙申(月) 　方合局에 辛金이 있어서 官旺을 두려워 한다. 그러나 丙火
甲戌(日) 　食神이 있어서 年干의 辛과 干合하므로서 金勢를 약간 抑制
丙寅(時) 　해 주어서 이른바 損官해서 日主를 救해 주고 있다.

☆食神의 弊
○洩身. 日干이 弱일 때 食神을 두려워 한다. 이미 己身이 不健全함을

가리키고 있는데 다시 食神이 泄氣까지 당하면 日干은 더욱 弱해지기 때문이다. 예를 들면,

乙酉(年) 위의 命局은 天干에 甲, 乙, 丙, 地支에 丑, 戌, 酉가 있으
丙戌(月) 며 時節은 九秋이다. 土金이 함께 時令을 얻어 優勢하다.
甲戌(日) 日主의 甲은 財官星이 旺을 만나 衰弱한데 月干의 丙은 食
乙丑(時) 神이 되어 財星을 生하고 泄身하므로 日主를 더욱 弱하게 해주어서 기쁠게 못된다.

○生財. 財星多하고 身弱일 때 食神을 두려워 한다. 己身이 이미 財星太過로 감당키 어려운데 다시 食神이 들어 生財함은 良命이 될 수 없다. 命局은 中和됨을 理想으로 하기 때문이다. 예를 들면,

丙戌(年) 위의 命局은 土重木折로서 財星이 旺하고 身輕이 되어 있
戊戌(月) 다. 겨우 甲木比肩이 時柱에 있어서 扶助하고 있다.
甲辰(日) 그러나 丙火食神이 財星을 生助하고 있어서 日主는 참으로
甲戌(時) 危殆로운 지경이 되어 버린다.

○制殺. 身强이고 七殺이 淺일 때 食神을 두려워 한다. 己身은 七殺의 힘으로 威權을 삼고저 하는데, 그만 食神이 있어서 制殺하게 되면 결코 良好를 이룰 수 없다. 예를 들면,

庚寅(年) 위의 命局은 甲日秋月生으로 月令은 失하였으나 年支와 日
丙戌(月) 支의 寅은 建祿이 되고 時支亥는 長生으로서 氣形은 결코
甲寅(日) 弱命이 아닌 것이다.
乙亥(時) 그러므로 年干 庚金의 七殺의 剋伐을 오히려 喜逢으로 삼는다. 그런데 月干丙火 食神이 庚을 制해서 庚의 斧鑿之功을 막아 甲木으로 하여금 揀櫟成材를 이루지 못하게 했다.

○損官. 身旺하고 官星이 弱일 때 食神을 두려워 한다. 己身은 官으로서 尊貴로 삼는데, 食神으로 損官이 됨은 良好할 수가 없다. 예를 들면,

丙戌(年) 위의 命局은 甲木이 春月生으로 水木干支의 幇扶도 많이 얻
辛卯(月) 고 있다. 이런 경우 辛金의 正官을 봄은 良好로 삼는데 年干
甲子(日) 丙火食神이 剋合하고 있어서 辛의 眞價를 發揮할 수가 없게
乙亥(時) 되었다. 그만 一官이 損去해서 이 八字는 완전히 平凡한 命이 되고 만다.

☆食神所喜
○泄身. 日干이 强일 때 食神을 愛한다. 이미 食神이 있으면 財星이 있어서 流通이 됨을 기뻐한다. 日干이 弱일 때 食神을 두려워 한다. 이미

食神이 있으면 印星으로 助身되어 身旺해짐을 기뻐한다.
　○**制殺.** 七殺이 重하고 身이 輕일 때 食神을 愛한다. 이미 食神이 있으면 比劫이나 食傷이 있어서 더욱 生助함을 기뻐한다. 身强殺淺일 때 食神을 두려워 한다. 이미 食神이 있으면 財星이 이를 解하여 中和케 함을 기뻐한다.
　○**損官.** 官星이 多하고 身弱일 때 食神을 愛한다. 이미 食神이 있으면 比劫食傷의 生助를 얻음을 기뻐한다. 身重하고 官星이 輕일 때 食神을 두려워 한다. 이미 食神이 있으면 財星이 이를 解하고 中和가 됨을 기뻐한다.

　☆食神所忌
　○**泄身.** 日干이 强일 때 食神을 愛한다. 이미 食神이 있으면 倒食(偏印)이 이를 奪去함을 꺼린다. 日干이 弱일 때 食神을 두려워 한다. 이미 食神이 있으면 財星이 多해서 轉輾泄弱이 됨을 꺼린다.
　○**制殺.** 七殺이 重하고 身輕일 때 食神을 愛한다. 이미 食神이 있으면 財星이 七殺을 生助함을 꺼린다. 身强하고 七殺이 淺일 때 食神을 두려워 한다. 이미 食神이 있으면 比劫食傷이 食神을 扶助함을 꺼린다.
　○**損官.** 官星이 多하고 身弱일 때 食神을 愛한다. 이미 食神이 있으면 財星이 重해서 食神을 泄하고 官星을 生助해 줌을 꺼린다. 身重하고 官輕일 때 食神을 두려워 한다. 이미 食神이 있으면 比劫食傷이 再次 食神을 扶助해 줌을 꺼린다.

2. 偏正印

　　　△正印 陽干日：甲見癸, 丙見乙, 戊見丁, 庚見己, 壬見辛.
　　　　　　陰干日：乙見壬, 丁見甲, 己見丙, 辛見戊, 癸見庚.
　　　△偏印 陽日干：甲見壬, 丙見甲, 戊見丙, 庚見戊, 壬見庚.
　　　　　　陰干日：乙見癸, 丁見乙, 己見丁, 辛見己, 癸見辛.

　偏正印의 構成 日干인 我를 生하는 干支로서 陰陽이 같은 同性은 偏印이고, 陰陽이 다른 配偶가 됨은 正印이다. 예컨대 甲木日生이면 他柱에 壬・癸・亥・子가 있는 경우, 水生木으로 生我者인데 甲은 陽木이고 壬・亥는 陽水이므로 偏印이 되며, 癸・子는 陰水이므로 正印이 되는 것이다.

○偏正印의 由來 印綬는 五行上 生我者이므로 父母星이다. 我氣의 源流이며 그런 까닭에 生氣이다. 能히 官星을 守해 주고 傷官을 剋하며 己身을 生助해 준다.

印綬를 格으로 갖추면 聰明해서 知慧가 깊고 慈惠의 性品을 지니며 言行이 善良하다. 平生에 病에 걸림이 적고 災厄을 만나는 일도 거의 없다고 한다. 만약에 正官과 함께 있으면 淸廉한 氣質로서 文武 어느 쪽으로 나아가도 他의 信望을 받고 名譽를 얻는다.

偏正印의 能力 ① 生身. ② 泄官殺. ③ 禦傷 ④ 挫食.

☆偏正印의 利
○生身. 日干이 弱할 때 印綬의 生扶로 身旺이 됨을 의지삼는다. 예를 들면,

丁卯(年)　위의 命局은 亥・卯 半會木局, 子・辰半會水局, 初冬節生
辛亥(月)　으로 水令이므로 水木財官이 偏重되어 있다. 그러므로 日干
戊子(日)　戊土는 매우 輕해져서 弱하다. 이런 경우 年干 丁, 時干 丙
丙辰(時)　의 偏正 印이 日干을 生助해서 日主가 強化되므로 官星도
　　　　　살아난다. 그래서 大功을 이루고 財를 쌓는 命이 되었다.

○泄官殺. 日干이 弱하고 官殺의 力強해서 己身이 任할 수가 없을 때 印綬로서 助身하고 官殺을 泄氣시켜 官殺의 力量을 削除함이 좋다. 예를 들면,

癸卯(年)　위의 命局은 官重身輕, 乙木正官은 月令을 얻었고, 戊土日
乙卯(月)　元은 失令되어 있다. 時柱의 丁火正印은 乙木旺官을 盜泄하
戊子(日)　고 弱한 日干을 生助해 주고 있다. 이 丁火가 없었다면 弱體
丁巳(時)　危局의 命을 免하지 못했을 것인데 이 印綬 하나가 全局을
　　　　　살려 놓고 있다.

○禦傷. 日干이 弱하고 傷官이 力重일 때 印綬로서 傷官을 防禦해야 된다. 예를 들면,

戊戌(年)　위의 命局은 金性이 많고 仲秋金月令이다. 日干의 戊土는
辛酉(月)　辛・酉・申하고 泄氣됨은 보통일이 아니다. 年干支에 두 比
戊申(日)　肩이 있지만 守身하기에는 不足하다. 그러나 時柱의 丁巳
丁巳(時)　두 印星이 傷官을 막으니 그 功이야말로 偉大하다. 속담에
　　　　　「끓는 것을 멈추게 하려면 뜨거운 물을 퍼냄보다는 솥밑 장작을 끌어냄이 현명하다」라고.

○挫食. 日干이 弱하고 食神이 太重인 경우, 印星의 挫食에 依賴한다. 예를 들면,

丙申(年) 위와 같은 命局은 日干戊土에 一庚三申이 달려들어 泄氣의
丙申(月) 程度가 지나치게 甚해서 可憎스럽다. 다만 丙火偏印이 滋身
戊戌(日) 해 주며 食神을 制禦하고 있어서 運命이 安泰로움을 期해
庚申(時) 준다. 이런 경우 挫食이라는 것이 滋身이라는 것보다 重要한 것이다.

☆偏正印의 弊
○生身. 日干이 强하고 財官이 力量이 薄할 때 다시 印綬가 있어서 助身됨을 두려워 한다. 예를 들면,

丙辰(年) 위의 命局은 土重, 火重으로 日干은 매우 强하다. 年柱辰의
戊戌(月) 藏干에 乙이 있어서 官星이라고는 하나 이는 無力하기 짝이
戊午(日) 없다. 壬財는 露現해서 功이 깨지고 下命에 屬한다. 게다가
壬戌(時) 이런 경우 印綬는 全혀 救身이 役割을 못할 뿐더러 도리어 印綬의 生身은 甚害를 가져온다.

○泄官殺. 日干이 强하고 官殺의 힘이 薄일 때 다시 印綬가 있어서 官殺을 泄氣시킴을 두려워 한다. 예를 들면,

乙未(年) 위의 命局은 八字 가운데 土性干支가 五를 占하고 있다. 比
丙戌(月) 劫이 多하므로 自然이 日主도 强해진다. 多幸히 年干에 乙
戊午(日) 木正官이 疏土拘身이 있다. 그러나 한편 月干에 丙火, 日支
己未(時) 에 午火가 있어서 이 印綬가 모처럼의 正官을 泄氣해서 弱化시켜서 功을 이룰 수가 없다.

○禦傷. 日干이 强하고 偏官이 힘이 薄일 때 印綬가 傷官을 禦出함을 두려워 한다. 예를 들면,

丙戌(年) 위의 命局은 土旺身强으로서 月干辛金의 傷官을 믿는다. 이
辛丑(月) 는 秀氣를 發하는 泄氣이기 때문이다. 그러나 丙火의 偏印
戊戌(日) 이 辛金을 禦去해서 日主는 旺하여 依倚할 곳이 없다.
戊午(時) 이런 경우 命局의 收拾은 매우 어렵다.

○挫食. 日干의 强하고 食神의 힘이 薄일 때 印星에 의한 挫食을 두려워 한다. 예를 들면

庚子(年) 위의 命局은 旺土이므로 庚金의 食神으로서 吐秀를 삼는다.
丙戌(月) 그런데 月柱에 丙火의 倒食(偏印)이 있어서 食神을 制禦하
戊戌(日) 고 있기 때문에 그만 病重藥輕이 되고 말았다.
戊午(時) 土重함이 病이고 丙火는 病中의 病으로 하기 때문이다.

☆偏正印所喜
　○生身. 日干이 弱하면 印綬로서 生身해 주고 그리고 官星이 있어서 印星을 生해 줌을 가장 기뻐한다. 日干이 強일 때 印綬가 있어서 生身할 경우 財星이 있어서 印綬를 制해 줌을 기뻐한다.
　○泄官殺. 日干이 弱하고 官殺이 強일 때 官殺의 泄氣인 印綬가 있고 印星과 比肩이 共旺됨을 기뻐한다. 日干이 強하고 官殺이 弱일 때 官殺의 泄氣인 印綬가 있으면 財星이 있어서 官殺을 生扶함을 기뻐한다.
　○禦傷. 日干이 弱하고 傷官이 強일 때 印綬가 있어서 傷官을 制禦하고 助身함을 기뻐한다. 日干이 強하고 傷官이 弱일 때 印綬가 있어서 傷官을 制禦하는 경우 財星이 旺해서 印綬를 制剋함을 기뻐한다.
　○挫食. 日干이 弱하고 食神이 強일 때 印綬가 있어서 挫食하거나 印綬가 旺해서 食神을 去하게 함을 기뻐한다. 日干이 強하고 食神이 弱일 때 印星이 있어서 挫食당하면, 財가 旺해서 印星을 制剋함을 기뻐한다.

☆偏正印所忌
　○生身. 日干이 弱일 때 多幸히 印綬가 있어서 生助하고 있어도 財星이 印星을 破壞함을 꺼린다. 日干이 強한데 印綬가 助身하고 있는 경우 다시 印星이 扶身하여 旺해짐을 꺼린다.
　○泄官殺. 日干이 弱한데 官殺이 強일 때 印綬가 있어서 官殺을 泄弱시키고 있을 때는 財星이 있어서 印綬를 破壞하는 것을 꺼린다. 日干이 強하고 官殺이 弱일 때 官殺의 泄氣인 印綬를 두려워 한다. 印綬가 있으면 다시 印星이 扶身해서 旺함을 꺼린다.
　○禦傷. 日干이 弱하고 傷官이 強일 때 印綬를 愛한다. 이미 印綬가 있어서 傷官을 制禦할 때는 財星이 있어서 印綬를 破壞함을 꺼린다. 日干이 強하고 傷官이 弱일 때 印綬가 있어서 傷官을 制禦함을 두려워 한다. 印綬가 扶身해서 旺해짐을 꺼린다.
　○挫食. 日干이 弱하고 食神이 強일 때 印星이 있어서 挫食됨을 기뻐한다. 이미 印星이 있으면 財星이 있어서 印星을 破壞함을 꺼린다. 日干이 強하고 食神이 弱일 때 偏印을 두려워 한다. 偏印은 食神을 奪去하고 印星은 다시 日干을 強하게 扶身하고 旺하게 함을 꺼린다.

3. 偏正財

　　△正財　陽干日：甲見己, 丙見辛, 戊見癸, 庚見乙, 壬見丁.
　　　　　陰干日：乙見戊, 丁見庚, 己見壬, 辛見甲, 癸見丙.

△偏財 陽日干 : 甲見戊, 丙見庚, 戊見壬, 庚見甲, 壬見丙.
　　　陰干日 : 乙見己, 丁見辛, 己見癸, 辛見乙, 癸見丁.

偏正財의 構成 日干인 我에서 剋하는 干支로서 陰陽이 같은 同性은 偏財이고, 陰陽이 다른 配偶는 正財이다. 예컨대 甲木日主라면 戊土를 偏財로 己土를 正財로 한다.

偏正財의 由來 命學에서 我剋者를 財星으로 삼는 것은 自己의 勞力을 分散시킨다는 것이며 그리하여 後에 얻는 것이 財라는 것이다. 다시 말해서 自己의 精力을 傾注해서 後에 得財한다는 것이다.

命學에서의 約束은 모두 이와 같은 理論에서 成立되어져 있다. 身强한 四柱八字는 財星이 있으므로서 財를 이루고 財를 부릴 수가 있으나, 身弱이고 財旺할 때는 사람이 衰微해서 不振하기 때문에 아무리 財旺해도 財를 크게 이룰 수가 없다. 간혹 機會를 만나서 得財한다고 해도 그것을 有用하게 쓸 수 없을 뿐아니라 도리어 財로 因해서 큰 禍를 招來하게 된다.

그런 까닭에 우선 첫째로 日主의 强弱을 잘 살펴야 한다. 財星이 많다고 良命局이라 여긴다면 올바른 命運判斷을 할 수가 없다.

偏正財의 能力 ① 生官殺. ② 泄傷食. ③ 制梟(偏印·倒食). ④ 壞印.

☆**偏正財의 利**
○**生官殺.** 日干이 强하고 官殺의 輕일 때 正偏財가 있어서 官殺을 生해 주므로서 社會에 나가서 有用한 大器의 人物이 될 수가 있는 것이다. 예를 들면

乙亥(年)　위와 같은 命局은 丁火가 時柱에 콩알만치 있어서 도저히
甲申(月)　큰덩어리 金을 制할 수가 없다. 己身은 太重하고 官星은 太
庚申(日)　輕이다. 年·月柱에 甲과 乙의 두 財星이 並透해서 正官을
丁丑(時)　生助해 주고 있다. 이로서 太輕하던 官이 補태어져서 大用
　　　　을 이룰 수 있게 되어 있다. 財生官이 功을 훌륭하게 이룬
　　　　예이다.

○**泄食傷.** 日干이 强하고 傷食의 力도 强할 때 日干의 秀氣라곤 하지만 傷食은 본래 泄氣이므로 온전한 命局이 못된다. 이런 경우 正偏財가 있어서 傷食을 泄氣하므로서 流通의 妙를 얻는다. 예를 들면,

癸卯(年) 위의 命局은 初秋三庚生으로서 地支에는 申子辰三合水局이
庚申(月) 되고 年柱에 癸水가 透干해 있다. 이른바 金水並行으로 母
庚子(日) 强子健한 狀態이다. 庚이 水를 生하고 秀氣를 發越시키고
庚辰(時) 癸水傷官은 卯木의 正財를 洩해서 寄託할 곳이 있다. 生生
不息하여 流通의 妙를 얻은 모양이 되어 있다.

○制梟. 日干이 强하고 偏印도 力强일 때 偏財가 있어서 梟神(偏印)을 制去함이 理想的이다. 예를 들면,

甲辰(年) 위의 命局은 日主가 庚金으로 二申이 建祿을 얻고 있다. 더
戊辰(月) 하여 一戊二辰의 梟印이 日主를 生助하고 있다.
庚申(日) 이처럼 日干이 强일 때는 年干·時干의 甲木偏財가 있어서
甲申(時) 梟印을 制剋하므로서 中和를 得할 수가 있다. 그런 까닭에
이를 淸淨의 命이라 한다.

○壞印. 日干이 强하고 正印도 强할 때는 正財가 있는 것이 바람직하다. 지나치게 身旺함을 더해 주는 正印을 正財가 破壞해 줌으로써 中和를 얻는다. 예를 들면,

乙亥(年) 위의 命局은 月主가 庚으로 申이 建祿에 坐하고 時柱酉는
己丑(月) 帝旺, 月柱丑은 墓庫가 되어 그 根이 매우 깊다. 이 以上 日
庚申(日) 主를 幇扶됨을 기뻐하지 않는다.
乙酉(時) 月柱己土正印을 乙木正財가 破壞하고 있음은 繁去就簡하게
함이므로 매우 잘된 것이며 근심이 사라지고 있다.

☆偏正財의 弊
○生官殺. 日干이 弱하면 財星이 旺해서 官殺을 生助함을 두려워 한다. 예를 들면,

甲寅(年) 위의 命局은 木旺金衰로 財星이 多해서 身弱이 命이다. 다
丁卯(月) 시 財星이 있어서 官星을 生해 줌을 꺼린다. 官星은 日干을
庚午(日) 剋해서 더욱 衰弱해지기 때문이다. 그런 뜻에서 이 命局은
乙酉(時) 매우 危殆롭다. 즉 木火의 財官은 狼敗와 奸智가 되며, 禍
患은 年柱같이 먼곳에 있어야 하는데 바로 日主 양곁에 붙어 있어서 언제나 마음이 편치 못한 狀態가 되어 있다.

○洩傷食. 日干이 弱하면 傷食이 있어서 財星을 洩하는 것을 두려워한다. 이런 경우 日干의 힘이 分散되어 더욱 弱하게 되기 때문이다. 예를 들면,

癸未(年)　위의 命局은 日主庚金이 春節生이라 月令을 失하고 援助가
乙卯(月)　少하여 좋지 못하다. 더하여 癸·子의 水傷官이 泄氣를 두
庚子(日)　려워 한다. 이런 경우 單只 水星만이라면 耗盜라고 해서 그
庚辰(時)　런데로 견딜만한데 月干支에 木이 있어서 水를 泄氣하고 있
　　　　　다. 이는 轉輾分力이 되어 日主를 더욱 弱化시킨다. 害로운
　　　　　作用은 이루 말할 수 없다.
○制梟.　日干이 弱할 때 財星이 梟印을 制去함을 두려워 한다. 이는 日干을 生扶하는 것을 끊어 버리기 때문이다. 예를 들면,

戊辰(年)　위의 命局은 水木이 成群해 있다.(申子辰三合水局과 甲·
甲子(月)　甲·寅의 木性)
庚寅(日)　日主庚金은 泄氣되어 멈추는 곳이 없다. 겨우 年干戊土의
甲申(時)　梟印이 庚을 生하고자 하지만 甲木財星이 制를 받고 있고,
　　　　　傷食에 依해서 더욱 財星의 禍를 深化시켜서 좋지 못하다.
○壞印.　日干이 弱일 때 財星을 두려워 한다. 財星은 正印을 破壞해서 그 滋助를 끊기 때문이다. 예를 들면,

乙未(年)　위의 命局은 日主庚金에 水木의 包圍를 받아 困境에 빠져
己卯(月)　있다. 겨우 月柱己土正印이 日主를 生助하려는데 乙木正財
庚子(日)　에게 破壞되고 있다. 이른바 敵은 多하여 强勢인데 援軍은
甲申(時)　少하여 無力해졌으니 어쩔 도리가 없는 命이다.

☆偏正財所喜
○生官殺.　日干이 强일 때 財星을 愛한다. 財星이 있어서 官殺을 生해 줌을 기뻐한다. 日干이 弱일 때 財星을 두려워 한다. 이미 財星이 있으면 印星이 있어서 比劫을 生하여 財星을 制해 줌을 기뻐한다.
○泄傷食.　日干이 强하고 傷食이 重일 때 財星을 愛한다. 財星은 傷食을 泄氣시키고 財旺해짐을 기뻐한다. 日干이 弱하고 傷食이 輕일 때 財星을 두려워 한다. 이미 財星이 있으면 比劫이 있어서 財星을 制해 줌을 기뻐한다.
○制梟.　日干이 强하고 梟神이 日干을 生할 때 財星이 있어서 梟神을 制해 줌을 기뻐한다. 日干이 弱하고 財星이 梟神을 制하고 있을 때는 比劫이 이를 解함을 기뻐한다.
○壞印.　日干이 强하고 印綬가 助生할 때는 傷食이 財星을 生하여 印綬를 破壞해 줌을 기뻐한다. 日干이 弱하고 財星이 印綬를 破壞할 때는 比劫이 있어서 財星을 制去해서 印綬를 扶助함을 기뻐한다.

☆偏正財所忌
　○生官殺. 日干이 强하고 財星이 있어서 官殺을 生할 때는 比劫이 있어서 財星을 奪去함을 꺼린다. 日干이 弱하고 偏財가 있어서 官殺을 生할 때 官殺이 다시 旺해서 身을 剋함을 꺼린다.
　○泄傷食. 日干이 强하고 財星이 있어서 傷食을 泄할 때 比劫이 있어서 財를 奪去함을 꺼린다. 日干이 弱하고 偏財가 있어서 梟神을 制할 때 傷食이 있어서 財星을 生해 줌을 꺼린다.
　○制梟. 日干이 强하고 財星이 있어서 梟神을 制할 때는 比劫이 있어서 財를 奪去시킴을 꺼린다. 日干이 弱하고 偏財가 梟神을 制할 때는 傷食이 財星을 生해 줌을 꺼린다.
　○壞印. 日干이 强하고 正財가 있어서 印綬를 破壞할 때는 比劫이 있어서 財를 奪去함을 꺼린다. 日干이 弱하고 正財가 印綬를 破壞할 때는 다시 傷食이 있어서 財를 生해 줌을 꺼린다.

第三節 比劫祿刃篇

　五行과 五行과의 關係를 分類해 보면 我를 剋하는 것, 我로부터 剋하는 것, 我를 生하는 것, 我에서 生하는 것, 서로 比和하는 것의 五項目으로 分類할 수가 있다. 또한 陰陽이 同性인 것과 異性인 것으로도 나눌 수가 있다. 六神은 그 代名詞임을 이미 말한 바가 있다.
　七殺·正官·傷官·食神·偏正印·偏正財와 比肩·劫財 중 七殺, 正官, 食神, 傷官은 各各 一格으로 成立되는 것이며, 偏正財, 偏正印은 偏과 正과를 特別히 分하지 않아도 된다. 偏正財는 財로 보면 足한 것이고 偏正印은 偏과 正과를 特別히 分하지 않아도 된다. 偏正財는 財로 보면 足한 것이고 偏正印은 印으로 보면 되는 것이다.
　比肩, 劫財 以外의 變通星은 앞 篇에서 이미 詳述했으므로 다음에는

比劫에 대해서 풀이하기도 한다.
　比肩, 劫財는 助身하는 것으로서 그 效用과 利弊는 아주 닮은 것이다. 또한 祿과 刃도 닮은 것이 많다. 그러므로 比·劫·祿·刃을 한데 묶어서 풀이한다.

```
日干: 甲 乙 丙 丁 戊 己 庚 辛 壬 癸
      |  |  |  |  |  |  |  |  |  |
比肩: 甲 乙 丙 丁 戊 己 庚 辛 壬 癸
      |  |  |  |  |  |  |  |  |  |
劫財: 乙 甲 丁 丙 己 戊 辛 庚 癸 壬
      |  |  |  |  |  |  |  |  |  |
正祿: 寅 卯 巳 午 巳 午 辛 酉 亥 子
      |  |  |  |  |  |  |  |  |  |
羊刃: 卯 寅 午 巳 午 巳 酉 申 子 亥
```

比肩의 構成 日干과 同類이고 同性인 것으로서 甲에서 甲이나 寅을 본 경우처럼, 같은 木性이고 같은 陽性일 때 表出한다.
劫財의 構成 日干인 我와 同類이고 異性인 것으로서 甲에서 乙을 보았을 때 劫財이다. 甲과 乙은 같은 木性이나, 甲은 陽性이고 乙은 陰性이므로 異性이다.
正祿의 構成 正祿은 日干인 我의 本氣이다. 예컨대 甲木의 本氣는 寅이므로, 寅으로서 甲의 祿이 된다.
羊刃의 構成 祿前一位를 刃으로 한다. 예컨대 甲祿은 在寅인데 寅一位 前인 卯가 甲의 刃이다. 다만 陽順, 陰逆이므로 日主가 陰干일 때도 그 逆이 된다. 그러므로 嚴密하게 말하자면 日主가 陽干일 때는 祿前一位, 日主가 陰干일 때는 祿後一位를 刃으로 삼게 된다.
比劫祿刃의 由來 比祿의 경우 干에 있는 것을 比肩으로 하고 支에 있는 것을 祿으로 한다. 祿은 바로 建祿이다. 劫刃인 경우도 干에 있는 것이 劫財로 하고 支에 있는 것을 刃으로 한다. 刃은 바로 羊刃이다.
　甲祿은 在寅, 寅의 藏干에는 甲木의 比肩이 있다.
　乙祿은 在卯, 卯의 藏干에는 乙木의 比肩이 있다.
　丙戊祿은 在巳, 巳中에는 丙戊의 比肩이 있다.

丁己祿은 在午, 午中에는 丁己의 比肩이 있다.
庚祿은 在申, 申의 藏干에는 庚金의 比肩이 있다.
辛祿은 在酉, 酉中에는 辛金의 比肩이 있다.
壬祿은 在亥, 亥中에는 壬水의 比肩이 있다.
癸祿은 在子, 子中에는 癸水의 比肩이 있다.
甲刃은 在卯, 卯의 藏干에는 乙木의 劫財가 있다.
乙刃은 在寅, 寅中에는 甲木의 劫財가 있다.
丙刃戊刃은 在午, 午中에는 丁·己의 劫財가 있다.
丁刃己刃은 在巳, 巳中에는 丙·戊의 劫財가 있다.
庚刃은 在酉, 酉中에는 辛金의 劫財가 있다.
辛刃은 在申, 申中에는 庚金의 劫財가 있다.
壬刃은 在子, 子中에는 癸水의 劫財가 있다.
癸刃은 在亥, 亥中에는 壬水의 劫財가 있다.

대체로 羊刃은 帝旺에 붙는 것으로 陰陽萬物의 理는 너무 極盛일 때는 反해서 惡해지며 所謂 「달도 차면 기운다」이다. 刃은 太旺해서 生하는 것으로서 그 性도 剛烈하며 그 氣도 暴戾한 것이다.

比劫祿刃의 能力 ① 幇身. ② 任官殺. ③ 代泄. ④ 奪財.

☆比劫祿刃의 利

○**幇身.** 日干이 弱일 때, 財官食傷 어느 것이건 我身을 消耗시키므로서 福이 되지 못한다. 이런 경우 比劫祿刃이 있어서 幇身을 얻으면 좋아진다. 예를 들면,

己巳(年) 위의 命局은 財官食神같은 좋은 變通星이 갖추어져 있으나
丙寅(月) 日主가 虛弱해서 富貴를 얻더라도 病弱하거나 해서 참된 榮
壬子(日) 華를 누릴 수가 없다. 多幸히 時柱에 壬水比肩과 日支에 子
壬寅(時) 의 劫刃이 있어서 能히 我身을 扶하므로서 貴하게 되었다.

○**任官殺.** 日干이 弱일 때 官을 보면 拘束을 받게 되고 殺을 보면 壓制를 받게 된다. 만약에 官殺에 있으면 심히 두렵고 꺼린다. 이런 경우 比劫祿刃을 얻으면 두렵고 꺼리던 것이 없어지고 도리어 有爲의 人材로서 重任에 應하는 상태가 나온다. 예를 들면,

戊子(年) 위의 命局은 日主壬水가 重土의 壓制로 殺重身輕이 되어 있
戊午(月) 다. 그러나 時柱에 壬水比肩이 있고 年支에 子劫刃이 있어
壬戌(日) 서 協力해서 敵과 對抗하고 있다. 日主의 任殺이라 할 수
壬寅(時) 있다. 或은 火土와 水星이 떨어져 있어서 病魔에 시달리기 십

상이라는 說도 成立되나 여기서는 論外로 한다.

○代泄. 日干이 弱일 때 傷食이 있으면 盜泄이 되어서 꺼린다. 이런 경우 比劫祿刃이 있으면, 日主를 代身해서 泄氣가 되어 주므로서 傷食을 我의 福神으로 삼을 수가 있다. 예를 들면,

乙卯(年) 위의 命局은 衆木이 日主의 壬水를 盜泄하고 있는데 다행히
癸未(月) 月干의 癸水와 日支의 子水가 있어서 日主代身 泄氣해 주고
壬子(日) 있으므로 忌神이어야 할 乙木의 食神이 도리어 福星이 되고
乙巳(時) 있다.

○奪財. 日干이 弱일 때 財星이 있으면 더욱 弱해진다. 이런 경우 比劫祿刃이 있어서 奪財하게 되면 良好해진다. 예를 들면,

壬申(年) 위의 命局은 火多하고 壬水日干이 줄어 財重身輕이 되어 있
丙午(月) 다. 이런 경우 印綬가 日干을 生扶해 줌을 바라기보다는 도
壬寅(日) 리어 壬水의 比肩이 財星을 制해 주는 것을 기뻐한다. 財를
丙午(時) 制하므로서 我身이 害를 먼저 除하는 것이다.

☆比劫祿刃의 弊

○幇身. 日干이 强일 때 比劫祿刃의 幇扶를 두려워 한다. 만약에 比劫祿刃이 있으면 身이 過强해서 依倚할 때가 없어서 좋지 못하다. 예를 들면,

癸巳(年) 위의 命局은 日主가 壬이고 亥月生으로서 申金에 坐해 있으
癸亥(月) 므로 旺鄕에 處해 있다. 이 以上 干頭의 比肩이 幇身은 바라
壬申(日) 지 않는 바이다.
壬寅(時) 比劫은 닭장에 놓인 닭이 쉴 때 필요한 가로지른 막대가 아
　　　　　니다. 이와 같이 지나치게 身旺함은 기댈 때가 없는 危險한
　　　　　命이며 두려운 것이다.

○任官殺. 日干이 强일 때 官殺이 있음을 我用으로 기뻐한다. 이런 경우 比劫祿刃이 있는 것을 두려워 한다. 比劫祿刃은 官殺의 힘을 分散시켜 버리기 때문이다. 예를 들면,

己亥(年) 위의 命局은 日主壬水가 申月生으로 長流水의 水源이 먼곳
壬申(月) 에 있는 모양으로서 己土正官의 拘身, 築堤를 이루고 있음
壬子(日) 을 기뻐한다. 그런데 月上의 壬比肩, 年支亥는 祿, 日下의
丙午(時) 子는 刃이 되어 있다. 이는 波濤와 물결이 사납게 堤岸에 冲擊을 주어서 任官의 힘을 分散시켜 節制가 없어져서 害를 보는 근심이 있다.

○代泄. 日干이 強할 때 傷食이 있어서 秀氣를 吐함을 기뻐한다. 이런 경우 比劫祿刃이 있음을 두려워 한다. 比劫祿刃은 代泄로 我의 秀氣를 分散시켜 버리기 때문이다. 예를 들면,

癸亥(年) 위의 命局은 乙木傷官이 旺水를 泄해서 吐秀한다. 그러나
癸亥(月) 水多木漂로서 모처럼의 功效가 그만 허사가 되고 말았다.
壬申(日) 그러므로 身強生人은 重重히 比劫이 있어서 代泄됨을 꺼린
乙巳(時) 다. 그것은 이른바 母多에 無子한 狀態이며, 또 子息을 寵
         愛함이 程度를 지나쳐 過保護함과 같아서 도리어 많은 弊害
         를 가져온다.

○奪財. 日干이 強일 때 財星을 가장 기뻐한다. 이런 경우 比劫祿刃이 있어서 奪財함을 두려워 한다. 예를 들면,

壬午(年) 위의 命局은 日主壬水가 冬節水旺節生으로 丙火午火를 기
壬子(月) 뻐한다. 火性은 바로 養命의 財星이기 때문이다. 이 命局의
壬子(日) 不幸은 劫比가 나란해서 財를 奪去하여 空虛로 化해 버렸
丙午(時) 다. 이것은 쉬지 않고 일해서 얻은 資産財物을 시시한 일로
         喪失하는 것과 같아서 人生行路가 多事多難하다 할 것이다.

☆比劫祿刃所喜

○幇身. 日干이 弱일 때 比劫祿刃의 있어 幇身됨을 愛한다. 比劫祿刃은 身旺生發해 주므로 기뻐한다. 日干이 強일 때 比劫祿刃은 두려워 한다. 이미 比劫祿刃이 있으면 官殺이 있어서 制해 줌을 기뻐한다.

○任官殺. 日干이 弱일 때, 比劫祿刃이 있어서 官殺을 對敵할 때는 그 양쪽이 서로 平均함을 기뻐한다. 日干이 強일 때 比劫祿刃이 있어서 官殺과 對敵할 때는 財가 旺해서 官殺을 生해 줌을 기뻐한다.

○代泄. 日干이 弱하고 傷食이 많고 比劫祿刃의 代泄을 받고 있으면 印星이 傷食을 制하고 己身을 生해 줌을 기뻐한다. 日干이 強하고 比劫祿刃이 日干代身 傷食을 泄氣할 때는 財官이 共旺함을 기뻐한다.

○制殺. 日干이 弱하고 比劫祿刃이 있어서 財星을 制하고 있으면, 印星이 身을 生해 줌을 기뻐한다. 日干이 強하고 또 比劫祿刃이 財星을 制하고 있다면 官殺이 이를 制해 줌을 기뻐한다.

☆比劫祿刃所忌

○幇身. 日干이 弱일 때 比劫祿刃의 幇身을 愛하는데 이런 경우 官殺이 있어서 이를 制함을 꺼린다. 日干이 強일 때 比劫祿刃의 幇身을 두려

워 하는데 이미 있으면 다시 印星이 있어서 生身旺해짐을 꺼린다.

○**任官殺.** 日干이 弱일 때 比劫祿刃이 있어서 任官殺을 愛한다. 이런 경우 財星이 旺해서 官殺을 生助해 줌을 꺼린다. 日干이 强일 때 比劫祿刃이 있어서 任官殺함을 두려워 한다. 이런 경우 다시 印星이 旺해서 生身해 주고 官殺을 泄氣시킴을 꺼린다.

○**代泄.** 日干이 弱하고 比劫祿刃이 있어서 傷食을 代泄할 때는 官殺이 比劫을 剋去함을 꺼린다. 日干이 强하고 比劫이 있어서 傷食을 代泄할 때는 印星이 生身하고 食神을 破함을 꺼린다.

○**制殺.** 日干이 弱하고 財星이 多한데 比劫祿刃이 있어서 財星을 制하고 있을 때는 傷食이 있어서 財星을 生해 줌을 꺼린다. 日干이 强하고 財星이 있으며 比劫祿刃의 制去를 만났을 때는 印星이 旺해서 다시 生身해 줌을 꺼린다.

第四章 格局・用神精釋

　格局 四柱干支를 配列한 命局에는 반드시 格局을 이루는 것이 있다. 이는 마치 어떠한 사람이건 姓名을 갖고 있는 것과 같은 것이다. 格局에는 成功이 있고 破壞가 있으며 太過하는 것 不及인 것이 있다. 이러한 各各의 條件에 따라서 善과 惡이 區別이 생겨난다. 그런 까닭에 貧이 있고 賤이 있으며, 富가 있고 貴하게 되는 人生命運의 幸不幸을 옷감 짜듯 짜 나가는 것이다.
　格局의 名目은 무척 많이 있으나, 이를 大別한다면 正格과 變格 두 種類로 나눌 수가 있다. 正格은 六神을 主로 한 六格으로서, 正官格, 七殺格, 食神格, 傷官格, 印格, 財格이 그것이다.
　이를 八格으로 칠 때는 印格을 偏印格, 正印格으로 財格을 偏財格, 正財格으로 하기 때문이다.
　變格은 正格六格(또는 八格) 外의 格으로서 外格이라고도 한다. 外格의 名目은 古來로 무척 많으나, 그 가운데서 가장 妥當性이 있는 것은 다음과 같다.
　從格, 化格, 一行氣得格, 暗衝格, 暗合格, 建祿格(歸祿格), 月刃格 등을 들 수 있다.
　于先 正格八格부터 詳述하기로 한다.

第一節 正八格詳解篇

☆ 正八格의 取格法
　(1) 月支의 本氣(正氣)가 天干에 透하여 있으면 于先 그것을 取하여 格을 定한다.
　풀이 : 예컨대 寅月이면 命局의 天干에 甲이 있으면 透干이다. 卯月이면 天干에 乙, 辰月이면 天干에 戊, 巳月이면 天干에 丙, 午月이면 天干에 丁, 未月이면 天干에 己, 申月이면 天干에 庚, 酉月이면 天干에 辛, 戌月이면 天干에 戊, 亥月이면 天干에 壬, 子月이면 天干에 癸, 丑月이면 天干에 己가 있는 경우 本氣[正氣]가 透干하고 있다고 한다.

(2) 다음에는 月支本氣가 天干에 透干하지 않았을 경우, 月支의 藏干 가운데서 天干에 透干해 있는 것을 取해서 格을 定한다.

풀이 : 예컨대 寅月生인데 天干에 甲이 없을 때 藏干의 丙이 天干에 透하였거나 戊가 天干에 透하고 있는가에 따라서 格을 定한다. 만약에 天干에 丙과 戊가 양쪽 모두 있을 때는 그 가운데서 有力하다고 보이는 것을 하나 取해서 格을 삼는다. 有力이라 함은 剋·合이 없는 것을 有力으로 친다.

(3) 月支本氣가 不透하고 月內所藏神(藏干)도 透하지 않은 경우 支藏中에서 輕重을 比較해 보아서 有力한 것을 取해서 格을 삼는다. 有力이란 剋合이 없는 藏干을 말한다.

(4) 月支에 比肩·劫財가 되는 경우, 變通星으로 取格하지 않는다. 그러나 建祿, 羊刃이 되는 경우, 이것으로서 格을 取한다. 그러나 이것은 正格에 들지 않고 變格인 外格에 屬한다.

다음에 正八格 取格局 早見表를 실었으니 各各의 命局에서 日主와 生月支를 對照해서 八格中, 該當格局을 取格해 볼 것이다.

地支藏干(餘氣·中氣·正氣)表

支 區分	子	丑	寅	卯	辰	巳	午	未	申	酉	戌	亥
餘氣	—	癸	戊	—	乙	戊	—	丁	戊	—	辛	甲
中氣	—	辛	丙	—	癸	庚	己	乙	壬	—	丁	—
正氣	癸	己	甲	乙	戊	丙	丁	己	庚	辛	戊	壬

1. 正八格 取格局 早見表(Ⅰ)

五陽干日主基準 生月支對照(△표는 不透干이라도 取格可)

八格＼日干	甲日主	丙日主	戊日主	庚日主	壬日主
正官格	酉戌丑月△ 天干透辛	子辰丑月△ 天干透癸	卯辰未月△ 天干透乙	午未戌月 天干透丁	午未丑月 天干透己
正財格	午未丑月 天干透己	酉戌丑月△ 透辛	子辰丑月 透癸	卯辰未月△ 透乙	午未戌月 透丁
偏財格	辰巳戌申月 天干透戊	申月 透乙	申亥月 透壬	寅亥月 透甲	寅巳月 透丙
正印格	子辰丑月△ 天干透癸	卯辰未月 透乙	午未戌月 透丁	午未丑月 透己	酉戌丑月 透辛
偏印格	亥申月△ 天干透壬	寅亥月 透甲	寅月 透丙	寅辰巳戌月 透戊	巳申月 透庚
食神格	巳月 天干透丙	寅辰申戌月 透戊	申月 透庚	亥月 透壬	寅月 透甲
七殺格	巳申月 天干透庚	申亥月 透壬	寅亥月 透甲	寅巳月 透丙	寅辰巳戌月 透戊
傷官格	午未戌月 天干透丁	午未丑月△ 透己	酉戌丑月 透辛	子辰丑月 透癸	卯辰未月 透乙

正八格 取格局 早見表(Ⅱ)

五陰干日主基準 生月支對照(△표는 不透干이라도 取格可)

八格＼日干	乙日主	丁日主	己日主	辛日主	癸日主
正官格	巳申月 天干透庚	申亥月 透壬	寅亥月 透甲	寅巳月 透丙	寅辰巳 申戌月 透戊
正財格	寅辰巳 申戌月 天干透戊	巳申月 透庚	申亥月 透壬	寅亥月 透甲	寅巳月 透丙
偏財格	午未丑月 天干透己	酉戌丑月△ 透辛	子辰丑月 透癸	卯辰未月△ 透乙	午未戌月 透丁
正印格	亥申月△ 天干透壬	寅亥月 透甲	寅巳月 透丙	寅辰 巳戌月 透戊	巳申月 透庚
偏印格	子辰丑月 天干透癸	卯辰未月 透乙	未戌月 透丁	午未丑月 透己	酉戌丑月△ 透辛
食神格	午未戌月 天干透丁	未丑月 透己	酉戌丑月 透辛	子辰丑月 透癸	卯辰未月△ 透乙
七殺格	酉戌丑月 天干透辛	子辰丑月 透癸	卯辰未月 透乙	午未戌月 透丁	午未丑月 透己
傷官格	寅巳月 天干透丙	寅辰 申巳月 透戊	巳申月 透庚	申亥月 透壬	寅亥月△ 透甲

2. 正八格의 成功

이것은 같은 八格 가운데서도 어떠한 條件을 갖춘 命局이 良好한가를 적은 것이다.

☆正 官 格
① 日干이 强하고 財星이 있어서 正官을 生해 주는 命局(財官格).
② 日干은 弱하나 正官이 强하고 印星이 日干을 生助하는 命局(官印格).
③ 正官이 七殺(偏官)과 混雜하지 않은 命局.

☆偏 正 財 格
① 日干이 强하고 財星도 强하며 다시 正官이 있는 命局(財官格).
② 日干이 弱하고 財星이 强하며 印星과 比肩이 日干을 保護하는 命局.
③ 日干이 强하고 財星이 弱하나 傷食이 있어서 生財하고 있는 命局.

☆偏 正 印 格
① 日干이 强하고 印星이 輕한데 正官이나 七殺이 있는 命局.(官印格・殺印格)
② 日干이 强하고 印星도 强한데 食神이나 傷官이 있는 命局.
③ 日干이 强하고 印星이 多現인데 財가 透出해서 印綬의 힘이 弱해진 命局(다만 財星이 强力해서 印星을 破壞시킴은 좋지 않다).

☆食 神 格
① 日干이 强하고 食神도 强한데 財星이 있는 命局(食神生財格).
② 日干이 强하고 七殺이 있는데, 食神이 있어서 七殺을 制하고 財星이 없는 命局(食神制殺格).
③ 日干이 弱하고 食神이 泄氣가 太過이나 印星이 日干을 保護해 주는 命局.

☆七 殺 格(偏官格)
① 身强한 命局.
② 日干이 强하고 七殺이 重일 때 食神이 있어서 制해 주는 命局
③ 日干이 弱하고 七殺이 旺한데 印星이 日干을 지켜주는 命局(殺印格).
④ 日干과 七殺이 强弱이 均等하고 官殺이 混雜되지 않은 命局(身殺兩停格).

☆傷 官 格
① 日干이 强하고 傷官이 財를 生해 주는 命局(傷官生財格).
② 日干이 弱하고 傷官이 泄氣하는데 印星이 日干을 지켜주는 命局(傷官用印格).
③ 日干이 弱하고 傷官이 旺한데 七殺과 印星이 함께 共透한 命局.
④ 日干이 强하고 七殺이 重할 때 傷官이 七殺을 凌駕해 있는 命局(傷官制殺格).

3. 正八格의 破壞
이것은 破格으로서 條件的으로 惡한 狀態가 되어 이와 같은 경우 도저히 格을 이룰 수가 없다고도 한다.

☆正 官 格
① 傷官이 있는데 印星을 전혀 못보는 命局.
② 刑·冲·破·害를 만나고 있는 命局.
③ 七殺이 함께 있는 官殺混雜의 命局.

☆偏 正 財 格
① 日干이 强하고 財星이 輕할 때 劫財, 比肩이 重한 命局.
② 刑·冲·破·害를 만나고 있는 命局.
③ 日干이 弱하고 七殺이 重한데 財星이 다시 七殺을 生하고 있는 命局.

☆偏 正 印 格
① 日干이 弱하고 印星도 輕한데 財星이 있어서 印星을 剋하는 命局.
② 日干이 弱하고 七殺이 重한데 다시 官星 印星이 많은 命局.
③ 刑·冲·破·害를 만나고 있는 命局.

☆食 神 格
① 日干이 强하고 食神이 輕인데 다시 偏印이 있는 命局.
② 日干이 弱하고 食神이 財星을 生하고 다시 七殺이 있는 命局.
③ 刑·冲·破·害를 만나고 있는 命局.

☆七 殺 格(偏官格)
① 日干이 弱한 命局.
② 刑·冲·破·害를 만나고 있는 命局.
③ 財星이 七殺을 助하고 그것을 制하는 것이 없는 命局.

☆傷官格
① 正官이 있는 命局.
② 日干이 弱하고 더하여 財星이 많은 命局.
③ 日干이 强하고 傷官이 輕한데 더하여 印星이 많은 命局.
④ 月支元命 傷官이 刑・冲・破・害를 만나는 命局.

4. 正八格의 太過
命學의 基本精神은 中和에 두고 있으므로 太過인 것이나 不及인 것은 決코 良好하다고 볼 수가 없는 것이다.

☆正官格
① 正官이 月令을 得하고 있으며 더하여 正官이 多하고 日主가 몹시 衰弱해져 있는 命局.
② 正官이 强하고 또다시 財星이 正官을 生하고 있는 命局.

☆偏正財格
① 財星이 月令을 得하고 있으며, 더하여 財星이 多하고 日主가 몹시 衰弱해져 있는 命局.
② 財星이 旺해 있어서 身弱之命인데 다시 食神傷官이 財星을 生해 주는 命局.

☆偏正印格
① 印星이 重하고 月令을 得하고 日干은 弱한데 財星 또한 輕한 命局.
② 印星과 比・劫이 모두 强하고 유독 傷・食・財・官이 輕하고 淺한 命局.

☆傷食格(傷官格, 食神格)
① 傷食이 太重하고 日主는 輕하며 無印星에 財星이 많은 命局.
② 身强生으로서 七殺이 淺하고 傷食이 重이라 制殺太過거나 無財星인 命局.

☆七殺格(偏官格)
① 七殺이 太重하고 日主가 輕한데 傷官, 食神이 없는 命局.

5. 正八格의 不及

☆ 正 官 格
① 身强한 正官格으로서 財星이 없어서 官을 滋함이 없는 命局.
② 身强한 正官格으로서 印星이 多하면 官星이 泄氣되어 不及의 原因이 되기도 한다. 그러나 傷官食神이 있어서 正官을 剋하는 命局에 있어서 特히 그러하다.

☆偏 正 財 格
① 身强인데 比肩·劫財·祿刃에 多한 命局.
② 財星을 生助하는 傷官·食神이 없고 劫財·印星이 多한 命局.

☆偏 正 印 格
① 財星이 重하고 無官星인 命局.
② 比肩·劫財·祿刃이 多한 命局.

☆傷 食 格
① 印星이 重하고 日干이 輕한 命局.
② 身弱한데 財星·官星이 多한 命局.

☆七 殺 格
① 食神이 重하고 無財星인 命局.
② 身强한데 印星이 强한 命局.

第二節 正八格의 用神篇

1. 用 神 看 法
日主에 强한 것과 弱한 것이 있듯이 格局에는 成이 있고 敗(破)가 있고, 太過가 있고, 不及이 있다. 다만 단 한 字의 干支가 能히 格局의 成功을 돕고 格局의 破敗를 救하고 格局의 太過, 日主의 太過를 抑制하고, 格局의 不及, 日主의 太弱을 扶助하는 일을 한다. 이러한 한 字가 바로 用神이다.

四柱命局은 用神의 힘을 得하는 것을 上으로 치며, 用神의 힘을 不得하는 것을 下로 친다. 그러므로 命局 가운데 用神이 없다는 것은 더욱 下

가 되고 마는 것이다.

　日主라 하고 格局이라 하는 것은 人間의 身體와 같은 것이며, 用神은 精神이라 할 수 있다. 身體는 肉體이고 精神은 곧 靈魂이므로 靈肉은 密接不離의 原則이 成立된다.
　그런 까닭에 用神이야말로 命局에서 가장 緊要한 것이며, 命學을 論한다는 것은 바로 用神을 論한다는 것으로서 절대로 소홀히 할 수 없다.
　用神의 法은 扶와 抑에 있다. 弱한 것은 扶助함이 마땅한데 扶하는 것이 用神이다. 扶하는 것이 지나쳐 太過일 때는 扶하는 것을 抑制하는 것이 用神이다. 扶하는 것이 모자라 不及일 때는 扶하는 것을 또 扶助하는 것이 用神이다.
　强한 것은 抑制함이 마땅한데 抑하는 것이 用神이다. 抑함이 지나쳐 太過일 때는 抑하는 것을 抑制하는 것이 用神이다. 抑하는 것이 못미치는 不及일 때는 抑하는 것을 扶助하는 것이 用神이다.
　예컨대 木이 弱하면 水로서 扶해 주는데, 水가 너무 太過면 土로 制水하고, 水가 적어 不及일 때는 金으로서 生水한다. 또한 木이 强하면 金으로 抑하는데, 金이 너무 太過면 火로서 制金해 주고, 金이 적어 不及일 때는 土로서 金을 生해 준다.
　다음에 正八格의 用神 取하는 法을 詳述한다.

☆正 官 格

　日干이 弱하고 正官格으로서 財星이 重일 때는 比肩·劫財를 用神으로 取한다. 比肩·劫財가 없을 때는 印星으로서 用神을 取한다.
　日干이 弱하고 正官格으로서 傷官·食神이 多할 때는 印星으로서 用神을 取한다.
　日干이 弱하고 正官格으로서 官殺이 重重일 때는 印星으로서 用神을 取한다.
　日干이 强하고 正官格으로서 比肩·劫財가 多일 때는 正官으로서 用神을 取한다.
　日干이 强하고 正官格으로서 印星이 多일 때는 財星으로서 用神으로 取한다.
　日干이 强하고 正官格으로서 傷官·食神이 多일 때는 財星으로서 用神을 取한다.

☆偏正財格

日干이 弱하고 財格으로서 傷官・食神이 多일 때는 印星으로서 用神을 取한다.

日干이 弱하고 財格으로서 財星이 重일 때는 比肩・劫財로서 用神을 取한다.

日干이 弱하고 財格으로서 正官・七殺이 多일 때는 印星으로서 用神을 取한다.

日干이 强하고 財格으로서 만약에 比肩・劫財가 重重일 때는 傷官・食神으로서 用神을 取한다. 또한 正官・七殺도 用神으로 取한다.

日干이 强하고 財格으로서 印星이 多일 때는 財星으로서 用神을 取한다.

☆偏正印格

日干이 弱하고 印格으로서 正官・七殺이 多일 때는 印星으로서 用神을 取한다.

日干이 弱하고 印格으로서 傷官・食神이 多일 때는 印星으로서 用神을 取한다.

日干이 弱하고 印格으로서 財星이 多일 때는 比肩・劫財로서 用神을 取한다.

日干이 强하고 印格으로서 比肩・劫財가 重重하고 正官・七殺이 있으면 그 官殺로서 用神을 取하고 正官・七殺이 없으면 傷官・食神으로서 用神을 取한다.

日干이 强하고 印格으로서 또 印星이 있으면 財星으로서 用神을 取한다.

日干이 强하고 印格으로서 財星이 多일 때는 正官・七殺로서 用神을 取한다.

☆食神格

日干이 弱하고 食神格으로서 正官・七殺이 多일 때는 印星으로서 用神을 取한다.

日干이 弱하고 食神格으로서 財星이 多일 때는 比肩・劫財로서 用神을 取한다.

日干이 弱하고 食神格으로서 傷官・食神이 重일 때는 印星으로서 用神을 取한다.

日干이 强하고 食神格으로서 印星이 多일 때는 財星으로서 用神을 取한다.
日干이 强하고 食神格으로서 劫財·比肩이 重重일 때는 食神傷官으로서 用神을 取한다.
日干이 强하고 食神格으로서 財星이 多일 때는 正官·七殺로서 用神을 取한다.

☆七殺格

日干이 弱하고 七殺格으로서 財星이 多일 때는 劫財·比肩으로서 用神을 取한다.
日干이 弱하고 七殺格으로서 傷官·食神이 多일 때 印星으로서 用神을 取한다.
日干이 弱하고 七殺官으로서 正官·七殺이 重重일 때는 印星으로서 用神을 取한다.
日干이 强하고 七殺格으로서 比肩·劫財가 多일 때는 印星으로서 用神을 取한다.
日干이 强하고 七殺格으로서 印星이 多일 때는 財星으로서 用神을 取한다.
日干이 强하고 七殺格으로서 正官·七殺이 重重일 때 傷官·食神으로서 用神을 取한다.

☆傷官格

日干이 弱하고 傷官格으로서 財星이 多일 때는 比肩·劫財로서 用神을 取한다.
日干이 弱하고 傷官格으로서 正官·七殺이 多일 때는 印星으로서 用神을 取한다.
日干이 弱하고 傷官格으로서 傷官·食神이 重重일 때는 印星으로 用神을 取한다.
日干이 强하고 傷官格으로서 比肩·劫財가 多일 때는 七殺로서 用神을 取한다.
日干이 强하고 傷官格으로서 印星이 多일 때는 財星으로서 用神을 取한다.

2. 用神의 需要

(1) 有勢와 有力
이것은 月令을 得하고 있을 때를 이르는 말로서, 예컨대 甲日生이 春節生인 경우를 말한다.

(2) 得助와 援助
이것은 日干이 他의 干에서 生助를 得할 때의 用語로서 예컨대 甲日生이나 乙日生의 他柱에 同性干支인 甲·乙이나 日干을 生해 주는 壬·癸의 干이 있을 때를 말한다.

(3) 得氣
이것은 日干이 命局中에 있는 十二支와 五行이 同性일 때를 이르는 것으로 예컨대, 日干이 甲일 때, 十二支의 寅·卯가 있는 경우를 말한다.

(4) 干에 無剋合인 것
이것은 日干이 他의 十干에서 剋을 당하거나 干合이 되는 것이 없을 때를 말한다. 예컨대 甲日生일 때 他에 庚이나 己가 없을 때를 말한다.

(5) 支에 干의 生助를 得함
이것은 生月支(月支元命)가 天干에서 生해지거나 扶助되는 경우로서 예컨대 巳月生일 때 天干에 甲이 있거나 丙이 있을 때를 말한다.

(6) 支無 刑·冲·合·害
이것은 生月支(月支元命)에 刑·冲·合·害가 됨이 없다는 것이다. 예컨대 巳月生일 때, 亥가 있으면 冲이 되고 寅이 있으면 刑이 되고 申이 있으면 合·刑이 되는 것이다.

(7) 冲剋時는 解救가 있을 것
이것은 日干이 他干의 冲을 받았을 경우, 다른 어떤 條件에 의해서 救해졌을 때 解救된다고 한다. 예컨대, 日干이 甲으로서 他에 庚의 冲剋을 만났을 때 多幸히 乙이 있어서 庚이 乙과 干合이 되거나, 他에 丙이 있어서 庚을 剋해 주면 解救된다.
또한 生月支가 他의 十二支에서 冲剋되었으면 그것을 救해 주는 條件이 이루어질 때도 같다.
예컨대, 巳月生이 亥의 冲剋을 받았을 때 他에 卯가 있어서 木局三合이 되는 경우를 말한다.

3. 用神의 區別

(1) **健全**. 用神은 剋合刑冲이 없는 것을 健全으로 한다.

(2) **相神**. 用神이 힘이 不足하나 다행히 他干支로서 生助되어져 있고, 刑·冲·剋·合을 받지 않을 경우라던지, 他의 干支에 의해서 解救되어 있는 경우를 相神이라 한다. 이러한 相神은 用神과 同等한 重要性을 가지는 것이다.

(3) **格局相兼**. 格局과 用神이 같은 變通性일 때를 말한다. 예컨대 正財格일 때 用神도 또한 正財인 경우로서 매우 重要한 것이다.

다음에 正八格用神取法 早見表와 行運의 善·惡 早見表를 함께 실었다.

4. 正八格用神取法 및 行運善惡早見表

格局	身强弱	多星	用神	善運	惡運
正官格	日干弱	財星重	用比劫(用印)	印, 比運爲善	財, 官運爲惡
		食·傷多	用印	官, 印運爲善	傷, 財
		官·殺重	用印	印, 比運爲善	財, 官, 七殺
	日干强	劫·比多	用官	財, 官運爲善	印, 比
		印星多	用財	財, 食運爲善	印, 比
		傷·食多	用財	財, 官運爲善	比, 劫

格局			用神	善運	惡運
偏正財格	日干弱	傷・食多	用印	印，比運爲善	傷，財運爲惡
		財星重	用比劫	比，劫運爲善	食，傷，財鄉
		官・殺多	用印	印，比運爲善	財，官，七殺
	日干強	劫・比重	用傷食・官殺	傷食，官殺運爲善	印，比
		印星多	用財	傷食，財鄉運爲善	印，比，官殺
偏正印格	日干弱	官殺多	用印	印，比運爲善	財，官運爲惡
		傷食多	用印	印，比	傷，食，財鄉
		財星多	用劫比	劫，比	傷，食，財鄉
	日干強	比劫重	用官殺・傷食	官殺，傷食	劫，比，印鄉
		印星重	用財	傷，財	官，印，比劫
		財星多	用官殺	官，印	傷，財
食神格	日干弱	官殺多	用印	印，比運爲善	財，官，殺運爲惡
		財星多	用比劫	印，比	傷，財，官殺
		傷食重	用印	官，印	傷，食，財鄉
	日干強	印星多	用財	傷，食，財鄉	印，比
		劫比重	用食神	傷，食，財鄉	印，比
		財星多	用官殺	官，殺，財鄉	印，比
七殺格	日干弱	財星多	用比劫	印，比運爲善	傷，財運爲惡
		傷食多	用印	官，印	傷，食，財
		官殺重	用印	印，比	財，官
	日干強	比劫多	用七殺	財，殺	印，比
		印星多	用財	財，傷	官，印，比劫
		官殺重	用傷食	傷，食	官，印
傷官格	日干弱	財星多	用比劫	印，比運爲善	財，官殺運爲惡
		官殺多	用印	印，比	財，官，七殺
		傷食重	用印	官，印	傷，食
	日干強	比怯多	用七殺	七殺，財鄉	印，比
		印星多	用財	傷，食，財鄉	印，比

第三節 變格外格局篇

陰陽五行과 干支의 五行生剋으로서 사람의 命運을 判斷하려면 五行의 正理로 된 正八格과 그에 따른 用神의 活用만으로도 十中八九까지는 알아낼 수가 있다. 그러나 때로는 常理에 벗어난 越出한 것이 있어서 도저히 八格만으로서는 判斷이 未及한 것이 있기 마련이다.
 그래서 變格 外格이라는 別格局을 設定해서 그로써 判斷의 精密을 期하고자 했던 先哲 先學者의 試圖는 確實히 眞理에의 一步前進이라 할 수 있다. 이러한 別格局의 名目은 매우 繁多하게 있으나 그 中에서 道理에 合當하고 信任에 足한 것을 于先 [甲部]에 실었다.

[甲部] 變格 外格 別格局 解說

1. 一行得氣格

☆曲 直 格(曲直仁壽格)
構成要件：甲乙日干이고 寅卯春月生으로서 地支가 亥卯未三合 木局을 갖추었거나, 寅卯辰 東方合을 온전히 갖춘 것이 이에 該當한다.
 그리고 命局中에 庚·辛·申·酉 等의 干支가 없어야 成立된다. 例를 들면,

壬寅(年) 甲木日主가 卯月生으로 地支에 寅卯辰 東方合을 모두 갖추
癸卯(月) 고 있다.
甲辰(日) 天干에 壬癸가 있어서 日干甲木을 生助해 주고 있다.
甲子(時) 또 庚·辛·申·酉의 冲剋이 하나도 없으니 이 命局은 曲直格이다.

癸亥(年) 乙木日主가 卯月生으로 地支에 亥卯未三合木局을 이루고
乙卯(月) 있다.
乙卯(日) 天干에 또한 癸水가 둘 있어서 日干인 乙木을 生助해 주고
癸未(時) 있다. 그리고 庚·辛·申·酉 등의 冲剋字가 나타나 있지 않으므로 曲直格이다.

○曲直格의 用神. 曲直格은 完全히 日干의 木에 秀氣를 萃聚하기 위해

서는 用神으로서 木性干支를 쓴다. 金性干支는 日干이 剋伐을 받으므로 꺼린다. 水性干支는 水生木하고 相助해주므로 喜하고 火性干支도 吐秀의 意로서 喜하며 土性干支는 財를 이루므로서 無妨하다.

☆炎 上 格
構成要件：丙・丁日로 夏月生으로서 地支에 巳, 午, 未 南方合支가 전부 갖추거나 또는 寅, 午, 戌 三合火局을 갖춘 命局으로서 壬, 癸, 亥, 子 등의 干支가 없어야 한다.
예컨대

丁巳(年)　丙火日午月生으로서 地支에 巳, 午, 未 南方三支를 갖추어
丙午(月)　眞火의 一行氣를 얻고 있다.
丙寅(日)　天干에 乙, 丙, 丁이 있어서 日干을 生助하고 있으며, 이 命
乙未(時)　局에는 壬, 癸, 亥, 子의 沖剋이 없다. 이와 같은 것을 炎上
　　　　　格이라 한다.

丙戌(年)　丁火日午月生으로 地支에 寅, 午, 戌의 三合火局을 形成하
甲午(月)　고 있다. 時柱에 壬水가 있으나 泄氣가 되어서 全然 水氣가
丁卯(日)　없는 것과 같다. 더구나 日干의 丁火와 干合해서 化木이 되
壬寅(時)　었다. 天干에 甲과 丙이 있어서 日干을 生扶해 주고 있다.
　　　　　癸나 子의 沖剋이 없으므로 역시 炎上格이다.

○炎上格의 用神. 炎上格으로서 秀氣를 日干에 완히 萃聚될 때는 火性으로서 用神을 삼는다. 水의 剋滅을 忌하고 木의 相助를 喜한다. 土를 보면 吐秀라서 良好하고 逢金이면 財를 이루고 土가 있어도 無妨하다.

☆稼 穡 格
構成要件. 戊・己日로서 四季土用月인 辰, 戌, 丑, 未月生으로서 地支가 辰, 戌, 丑, 未로 되어 있거나 四柱全部가 土性支로 되어 있고 甲, 乙, 寅, 卯 등의 土性을 剋하는 干支가 없을 때 이 格으로 삼는다. 예를 들면,

戊戌(年)　戊日未月生으로서 地支에는 辰, 戌, 丑, 未의 土性干支만이
己未(月)　다. 이 一行의 土氣는 天干에 戊, 己의 比輔를 얻고, 다른데
戊辰(日)　甲, 乙, 寅, 卯의 沖剋하는 干支가 없다.
癸丑(時)　이와 같음을 稼穡格으로 한다.

戊辰(年)　己日未月生으로서 支地에 辰未 土性干支뿐이다. 天干에도
己未(月)　또한 戊己뿐으로서 모두가 土干支 一色이다.
己未(日)　그리고 甲, 乙, 寅, 卯 등의 冲剋할 干支가 없다. 이 또한
　　　　　稼穡 戊辰(時) 格이다.

☆ 從 革 格
構成要件. 庚·辛日干으로 秋月生으로서 地支에 申, 酉, 戌, 西方三支
를 갖추었거나 또는 巳, 酉, 丑 三合金局을 갖추고, 丙, 丁, 午, 未 등의
干支가 없는 것. 예컨대,

戊申(年)　庚金日酉月生으로서 地支에 申, 酉, 戌의 西方三支가 있어
辛酉(月)　서 金氣는 天干의 戊, 辛을 얻어서 比, 輔를 받고 있으며,
庚戌(日)　丙, 丁, 午, 未의 冲剋이 없다. 이를 從革格으로 한다.
乙酉(時)

戊戌(年)　辛金日 酉月生으로서 地支에 巳, 酉, 丑, 金局三合을 形成
辛酉(月)　하고 있다.
辛巳(日)　天干의 戊, 己, 辛은 日干을 生扶하고 있으며, 丙, 丁, 午,
己丑(時)　未같은 冲剋하는 干支가 없으니 이도 從革格이다.

○從革格의 **用神.** 日干에 金氣를 萃聚해서 그 秀氣를 保하려면 金性으
로서 用神삼는다. 火性의 剋을 嫌忌하고, 土性의 相助를 喜한다. 水性은
吐秀의 妙를 發揮하고 木性은 財를 이루어 그런 경우 水와 함께 있어도
無妨하다.

☆ 潤 下 格
構成要件. 壬·癸日干이 冬月生으로서 地支에 亥, 子, 丑의 北方三支
를 갖추었거나, 또는 申子辰 三合水局을 이룬 것. 戊, 己, 未, 戌의 干支
가 없어야 한다. 예를 들면,

壬申(年)　壬水日子月生으로서 地支에 申, 子, 辰 三合水局을 形成하
壬子(月)　고 天干에 庚, 壬이 있어서 日干을 生扶해 주고 있다. 戊,
壬辰(日)　己, 未, 戌의 冲剋하는 干支가 없으니 潤下格이다.
庚子(時)

辛亥(年)　癸水日子月生으로서 地支에 亥, 子, 丑 北方三支가 있고,
庚子(月)　天干에 庚, 辛, 癸의 日干을 生扶해 주는 干을 얻었다. 戊,
癸丑(日)　己, 未, 戌같은 冲剋하는 干支가 없다. 이 역시 潤下格이
癸丑(時)　다.

○潤下格의 用神. 日干에 水性의 氣가 萃聚해서 그 秀氣를 完全히 保하려면, 水性으로서 用神으로 삼는다. 土性의 剋을 忌하고 金性의 相助를 기뻐하며, 木性은 吐秀의 妙를 發揮하고, 火性을 相逢하면 財가 된다. 이런 경우는 木性을 함께 갖고 있어도 無妨하다.

2. 從 格

☆從 財 格
構成要件. 日干이 衰弱해 있는데 生月에 財星이 있고 地支가 純粹한 財地에 屬하고 있거나, 三合財局을 이루어서 天干에 生財하거나 財를 扶助하는 干支가 있고, 日干에는 一點의 生旺氣도 없을 때, 이럴 때 財에 任할 수는 없지만, 이에 從할 수는 있으므로 從財格으로 한 것이다. 예를 들면,

庚戌(年)　丙火日 酉月死地生으로 正財가 提綱으로서 地支는 申, 酉,
乙酉(月)　戌 西方財地이며, 天干의 乙木과 庚은 干合하고 己土 또한
丙申(日)　財를 生해 주어서, 日干은 一點의 生氣도 없다. 이런 경우,
己丑(時)　日主無根에 滿局皆財라 하며, 從財格으로 한다.

戊申(年)　丁火日酉月財地生으로서 地支에 巳, 酉, 丑, 申 財局을 이
辛酉(月)　루고 있다. 天干에 戊, 辛 또한 財星을 生扶해 주고 있으며,
丁巳(日)　日干에 一點의 生氣도 없으니 이 또한 從財格이다.
辛丑(時)

○從財格의 用神. 從財의 秀氣를 完全히 保하려면 財星으로서 用神을 삼는다. 傷官, 食神처럼 財星을 生扶함을 喜하고 比肩, 劫財와 같이 剝奪함을 忌한다.
또 印星같은 日干을 生助함을 嫌忌하고 官星에 從함은 無妨하다.

☆從 殺 格(從官格)

構成要件. 日主가 衰弱해 있는데 官星이 旺하고 또한 多하며, 게다가 印星이 없어서 滋身함이 없으면 七殺에 任할 수가 없으므로 이에 從해서 良好를 얻는 것이 이 格이다. 예를 들면,

戊戌(年) 乙木日酉月絶地生으로서 年日時의 십이지가 모두 墓, 絶鄕
辛酉(月) 이다. 七殺은 當令인데다가 多하며 日干의 乙木은 전연 生
乙酉(日) 氣가 없다. 이와 같음을 從殺格이라 한다.
乙酉(時)

○從殺格의 用神. 이 命局의 勢力은 完全히 七殺에 聚集해 있다. 그러므로 七殺로서 用神을 삼는다. 그러나 正八格에서의 七殺格과는 同一하지 않다. 從殺格에서는 財星이 있어서 七殺을 滋生해 줌을 喜하고 印星이 있어서 泄氣됨을 忌한다. 劫財, 比肩도 七殺과 抗拒하는 變通星이므로 좋지 못하다.

※日主無根에 滿局皆官은 從官格이라 하며 從殺格과 構成要件이 同一하다. 그러므로 用神의 喜忌도 從殺格과 同一하다.

☆從 兒 格(從食·從傷格)

構成要件. 日主가 衰弱하고 있으며 印星과 같이 日干을 生해 주는 字가 없고, 다만 傷官, 食神만이 旺盛해 있거나, 또는 天干에서 結黨하거나 해서 地支가 會局하는 것은, 日干이 그 盜泄에 任할 수가 없기 때문에 結局은 泄氣한 食神이나 傷官에 從하는 모양이 된다. 元來 食神, 傷官은 我生者이므로 兒孩兒字를 붙여 從兒格이라 하였다. 예를 들면,

丁卯(年) 癸水日 孟春生으로서 木性이 旺해서 乘權한 모양이다. 地支
壬寅(月) 는 寅, 卯, 辰 東方三支로서 四柱에 金性干支는 없다. 日主
癸卯(日) 를 泄氣하는 것만 있고 生助해 주는 干支가 하나 없다. 이처
丙辰(時) 럼 旺木을 任할 수가 없으므로 결국은 이에 따르고 쫓아가는 모양이라 從兒格이 되었다.

○從兒格의 用神. 이 格은 傷官·食神으로서 秀氣로 보고 있으므로 그것으로서 用神으로 한다. 比肩·劫財는 그 傷官, 食神을 生해 주므로 良好로 본다. 財星을 相逢도 喜한다. 이것은 子息이 子息을 낳는 모양으로 보며 轉輾生育을 얻어서 秀氣流行하는 것으로 보는 것이다. 正官, 七殺을 만남은 不利하며, 이는 日干을 剋하기 때문이다. 그 氣勢가 己身에게

까지 害를 波及시킨다고 한다. 본시 正官, 七殺과 傷官, 食神은 敵對關係로 氷炭不相容이기 때문이다. 가장 꺼리는 것은 印星인데, 印星은 傷官, 食神을 制하기 때문이다. 傷官, 食神을 만남은 用神을 도와주므로 良好로 본다.

☆從旺格
構成要件. 四柱가 모두 比肩, 劫財로서 正官, 七殺이 制가 全無한 것. 또 印綬의 生이 있어서, 旺이 極한 것. 그 旺神에 從하는데서 이 格을 從旺格으로 한다. 예를 들면,

癸卯(年) 甲木日 仲春生으로서 地支는 兩卯의 帝旺을 만나고 寅의 建
乙卯(月) 祿, 亥의 長生과 天干은 乙의 劫財, 癸의 印綬처럼 旺의 極
甲寅(日) 을 이루었다.
乙亥(時) 그리고 財星, 官星, 傷官, 食神처럼 剋하거나 剋을 받거나, 泄氣하는 變通星이 하나도 없으므로 從旺格을 이루고 있다.

○**從旺格의 用神.** 從旺格은 比肩, 劫財가 用神이다. 그러므로 印綬나 比肩, 劫財와 같은 生扶하는 變通星을 喜하며 官星과 같은 旺氣를 犯하는 變通星을 逢하면 凶禍가 곧 닥친다.

財星은 많은 劫財와 서로 相爭하는 狀態가 發生, 九死에 一生하는 일을 겪으며, 命局中에 印星이 輕할 때는 傷官, 食神은 만나도 無妨하다.

☆從强格
構成要件. 四柱에 印綬가 重重하고 比肩, 劫財가 多하며, 日主가 失令치 않으면, 從强格이 된다. 이 경우 財星이나 官星이 하나도 없어야 成立된다. 이를 二人同心이라 하여 기뻐한다. 다만 順運이 吉하고 逆運인 것을 싫어한다. 예를 들면,

壬子(年) 甲日卯月生으로서 最旺鄕에 자리한다. 天干에 壬, 癸의 印
癸卯(月) 星이 多하고 甲木의 比肩이 있고 地支에는 子水가 三이나
甲子(日) 있다. 그리고 財官星의 干支가 없으므로 强의 極이 되어 있
甲子(時) 다.

○**從强格의 用神.** 從强格은 强神으로서 用神으로 한다. 强神이란 印綬와 比肩, 劫財로서 이를 만나는 경우 그 强神에 順하는 것이 가장 吉利가 있다. 食神과 傷官은 印綬를 冲剋하므로 凶禍를 招來한다. 또 財星이나 官星을 보면 强神과 부딪쳐 그 凶禍의 勢도 커진다.

3. 化氣格

構成要件. 化氣格은 日과 月, 日과 時가 干合이 되는 경우 地支가 化한 五行과 同一하고 干支中에 化氣五行을 剋하는 것이 없어야 成立된다.

☆化土格　甲日己時・甲日己月　이상과 같고 辰, 戌, 丑, 未 土性月
　　　　　己日甲時・己日甲月　生으로서 他柱에 木性干支가 없는
　　　　　　　　　　　　　　것을 化土格으로 한다.

☆化水格　丙日辛時・丙日辛月　이상과 같고 申, 子, 辰, 亥 水局三
　　　　　辛日丙時・辛日丙月　合支나 水性인 亥月生으로서 他에
　　　　　　　　　　　　　　土性干支가 없는 것을 化水格으로
　　　　　　　　　　　　　　한다.

☆化火格　戊日癸時・戊日癸月　이상과 같고 寅, 午, 戌, 巳의 火局
　　　　　癸日戊時・癸日戊月　三合支나 火性인 巳月生으로서 他에
　　　　　　　　　　　　　　水性干支가 없는 것을 化火格으로
　　　　　　　　　　　　　　한다.

☆化金格　乙日庚時・乙日庚月　이상과 같고 巳, 酉, 丑, 申 金局三
　　　　　庚日乙時・庚日乙月　合支나 金性인 申月生으로서 他에
　　　　　　　　　　　　　　火性干支가 없는 것을 化金格으로
　　　　　　　　　　　　　　한다.

☆化木局　丁日壬時・丁日壬月　이상과 같고 亥, 卯, 未, 寅 木局三
　　　　　壬日丁時・壬日丁月　合支거나 木性인 寅月生으로서 他에
　　　　　　　　　　　　　　金性干支가 없는 것을 化木格으로
　　　　　　　　　　　　　　한다.

○化氣格의 成立例
戊辰(年)　甲日秋月土用으로서 土旺乘權이 되어 있다.
壬戌(月)　甲日己時는 干合化土하여 土旺月에 生하고 他에 木性干支
甲辰(日)　가 없다.
己巳(時)　剋破됨이 없으므로 純粹한 化土格이다.

甲辰(年) 위는 冬月生으로서 十二支는 水方이다.
丙子(月) 日干의 辛은 月干의 丙과 干合化水하였으며 壬水의 元神이
辛丑(日) 있다.
壬辰(時) 辰丑은 모두 濕土가 되며 이 경우 剋破는 論外로서 化水格
이다.

丙戌(年) 日, 月干이 戊・癸로서 干合하여 化火가 되었다. 夏月生은
戊戌(月) 아니지만 旺令으로서 丙과 巳의 二火性干支가 있고 甲・寅
癸巳(日) 의 二木性干支의 生을 받고 있다. 他에 水性干支가 없는 것
甲寅(時) 도 化火格으로 成立된 요건이 되었다.

甲申(年) 乙日庚時가 干合해서 化金이 되고 仲秋月生으로서 化神金
癸酉(月) 이 月令을 得하였다.
乙丑(日) 四柱에 火性의 剋破干支가 없으므로 이 또한 傑出한 化金格
庚辰(時) 이다.

己卯(年) 丁과 壬이 干合해서 化木이 되고 仲春月生으로서 木性이 最
丁卯(月) 旺의 時令이다.
壬午(日) 化木格으로 純粹하다. 八字中에 金性이 없으므로서 더욱 貴
癸卯(時) 格을 이루고 있다.

○化氣格의 破敗例
庚戌(年) 丙과 辛이 日・時에서 干合하고 仲冬月生이므로서 化水가
戊子(月) 成立된다. 그러나 戊土, 未土, 戌土가 서로 競爭하듯이 水
辛未(日) 를 剋하고 있으므로 格局이 破敗로 본다.
丙申(時)

甲戌(年) 仲春木旺月生으로서 丁과 壬이 干合해서 化木이 된다. 그러
丁卯(月) 나 壬 하나에 二丁이 있음은 分合 또는 妬合이 되어서 힘이
壬午(日) 分散되므로 化氣로서의 충분한 役割을 이룰 수가 없다.
丁未(時)

壬辰(年) 甲과 己가 干合해서 化土가 되고 季夏月生이다. 그런데 年,
丁未(月) 月干이 丁과 壬이 干合해서 化木이 되어 모처럼의 化土를
甲子(日) 剋하고 있다. 이런 경우를 化神이 化神을 破한다고 하며 또
己巳(時) 한 格을 破敗하는 것이다.

○化氣格의 轉敗爲成例

辛酉(年) 乙과 庚이 干合해서 化金이 되고 秋月生이다. 이와 같은 경
丙申(月) 우 丙火는 化神인 金을 剋破하므로 두려워 한다. 그런데 多
乙丑(日) 幸히 年에 辛金이 있어서 丙火와 干合해서 化水가 되므로
庚辰(時) 害가 害롭지 않게 된다. 이와 같음을 合에 依해서 轉敗爲成
이라고 한다.

甲子(年) 辰月生으로 十二支가 申, 子, 辰 水局三合이다. 丙과 辛이
戊辰(月) 干合해서 化水가 되었다. 이런 경우, 戊土가 化를 剋破함을
丙申(日) 두려워 한다.
辛卯(時) 그런데 甲이 있어서 戊를 制해 주고 있어서 戊土가 化神을
害할 수가 없다. 이와 같음을 剋에 依해서 轉敗爲成이라고
한다.

甲戌(年) 己와 甲이 干合化土하고 化神이 月令을 得하였다. 다만 유
丁丑(月) 감스럽게도 年頭에 甲木이 있어서 土를 剋破하고 있다. 그
甲申(日) 런데 多幸스럽게도 丁火가 月上에 있어서 甲木을 泄氣하고
己巳(時) 더하여 化神을 生助하고 있다. 이로써 轉敗爲成이 되었다.

壬寅(年) 壬日生 左右에 有丁이다. 게다가 未月生이므로 丁壬合化木
丁未(月) 이 되지만 妬合으로 成立되지 않을 것 같으나, 年干에도 壬
壬子(日) 이 있어서 兩丁兩壬이 되어 化木格이 成立된다. 이것 역시
丁未(時) 轉敗爲成이라 본다.

丁丑(年) 丙火日 冬節生으로서 兩辛이 妬合때문에 化水格이 不成立
辛亥(月) 될 것 같은데, 年頭의 丁火가 月上의 辛을 剋해 주고 있으므
丙午(日) 로 丙日과 辛時가 干合하여 化水格이 이루어진다. 이것도
辛卯(時) 剋으로서 敗를 轉하여 成을 이루었다고 본다.

○化氣格이 未成立의 例
辛亥(年) 丙日子月生. 年上의 辛과 干合이 되지만 年과 日의 位置가
庚子(月) 遠隔해 있으므로 化水格으로 取하지 않는다.
丙寅(日)
壬辰(時)

丙午(年) 丁日壬時로 붙어 있으나 月令을 得하지 못하였으므로 化木
戊戌(月) 格이 되지 못한다.
丁亥(日) 化木格이 되려면 亥, 卯, 未, 寅月이라야 되는 것이다.
壬寅(時)

○化氣格의 用神. 化氣格은 化神을 生助하는 干支를 기뻐한다. 다만 化神이 너무 太强할 때는 泄氣도 기뻐한다. 그러므로 泄氣를 用神으로 삼을 때도 있다. 또는 化格이 破를 만날 때는 救神으로써 用神을 取한다.
喜忌에 있어서는 用神이 順할 때를 喜하고 用神이 逆일 때를 忌한다. 順逆의 機로서 消息을 알 것이다.

4. 建 祿 格

構成要件. 建祿格은 生月支가 日干에서 建祿이 되는 것을 말한다. 甲日寅月. 乙日卯月. 丙·戊日巳月. 丁·己日午月. 庚日申月. 辛日酉月. 壬日亥月. 癸日子月. 이상이 모두 建祿格이다. 이는 正八格에 들지 못하며 變格外格으로서 成立된다.

生月支는 命局의 提綱이다. 그러므로 正八格은 이에 依해서 表出하고 日干의 强弱도 月支로서 첫째로 삼고 있다.

提綱에 建祿을 얻었다고 함은 月令의 旺氣를 得한 것으로서 日主가 甚衰할 수가 없다. 또 月令을 得하고 있음은 精神이 充實함을 타나내는 것으로서 바꾸어 말해서 事業的으로 强함을 나타내어 만약 命局中에 財官食이 適當히 있으면 良好한 命運임은 疑心치 않는 것이다.

時支에 建祿을 얻었을 때 時祿格 또한 日祿歸時格을 取格하고 있는데 日干을 돕는 힘은 提綱인 月支에 얻었을 때보다는 弱한 것이다.

○建祿格의 用神.
建祿格으로서 財星이 多하고 身弱일 때는 比肩, 劫財를 用神삼는다.

建祿格으로서 財星이 多하고 身强일 때는 正官, 七殺로서 用神삼는다. 正官, 七殺이 없을 때는 傷官, 食神으로서 用神을 삼는다.
　建祿格으로서 正官, 七殺이 多하고 身弱일 때는 印綬로서 用神삼는다.
　建祿格으로서 正官, 七殺이 多하고 身强일 때는 財星으로서 用神삼는다.
　建祿格으로서 傷官, 食神이 多하고 身弱일 때는 印綬로서 用神을 삼는다.
　建祿格으로서 傷官, 食神이 多하고 身强일 때는 財星으로서 用神을 삼는다.
　建祿格으로서 比肩, 劫財가 多하면 正官, 七殺로서 用神을 삼는다.
　建祿格으로서 印綬가 多하면 財星으로서 用神을 삼는다.

☆月刃格(月劫格, 羊刃格)

構成要件. 月刃格은 生月支를 日干에서 보아 羊刃이 되는 것을 取한 格인데, 그 모두를 이 格으로 取하지는 않는다.
　甲日卯月. 庚日酉月. 壬日子月. 以上의 셋만을 月刃格으로 삼는다.
　이상의 셋은 모두 月柱가 劫財가 되어 있다. 물론 劫財는 取格의 對象이 될 수가 없으며, 羊刃으로 말미암아 取格局된 것이다. 羊刃은 바로 極旺地로서 日干은 반드시 强한 狀態를 가리킨다. 이런 경우 財星이나 七殺이 多하면 良好한 運命이 되는 것이다. 그러나 다시 助身하는 變通星이 多하면 도리어 不宜하며 下命이 되고 마는 것이다.

　○月刃格으로 取하지 않는 것.
　羊刃格은 旺氣가 分에 지나친 것이므로 몹시 兇暴한 것으로 삼고 있다. 提綱에 있다는 것은 그 勢가 매우 强해서, 日干을 敵殺하는 것을 박살내어 輔身하니 信賴할 만한 것이다. 그러나 만약에 그렇지 못할 때는 財를 失하고 禍를 增加시키는 것으로서 그 影響은 甚大한 것이다.
　甲日卯月. 庚日酉月. 壬日子月. 이 셋은 各各 同等한 것으로서 月刃格이 된다.
　그러나 다음의 경우는 羊刃月이라도 다른 格으로 取格局한다.
　乙日寅月은 寅의 藏干 丙을 取하여 傷官格을 삼거나 戊를 取하여 偏財格으로 한다.
　丙日午月은 午의 藏干 己를 取하여 傷官格으로 한다.
　戊日午月은 午의 藏干 丁을 取하여 印綬格으로 한다.
　丁日巳月은 巳의 藏干 庚을 取하여 正財格으로 하거나 또는 戊를 取하여서 傷官格으로 한다.
　己日巳月은 巳의 藏干 丙을 取하여 印綬格으로 하거나, 庚을 取하여 傷官格으로 한다.
　辛日申月은 申의 藏干 戊를 取하여 印綬格으로 하거나 壬을 取하여 傷官格으로 한다.
　癸日亥月은 亥의 藏干 甲을 取하여서 傷官格으로 한다.

○月刃格의 用神
　月刃格으로서 財星이 多일 때는 正官, 七殺로서 用神삼는다.
　月刃格으로서 正官, 七殺이 多일 때는 財星으로서 用神삼는다.
　月刃格으로서 傷官, 食神이 多일 때는 財星으로서 用神삼는다.
　月刃格으로서 比肩, 劫財가 多일 때는 正官, 七殺로서 用神삼는다.
　月刃格으로서 印綬가 多일 때는 財星으로서 用神삼는다.
　月刃格으로서 財星, 官星, 傷官, 食神이 滿盤일 때는 印綬로서 用神삼는다.

☆歸祿格
構成要件 歸祿格은 生時支가 日干에서 建祿이 되는 것을 말한다.
　甲日寅時. 乙日卯時. 丙·戊日巳時. 丁·己日午時. 庚日申時. 辛日酉時. 壬日亥時. 癸日子時.
　이상에서처럼 生時支가 日干의 建祿이 되는 것으로 生時는 四柱의 歸局處라는 데서 日祿歸時格이라고도 한다.
　앞서 建祿格에서 이미 言及한 바와 같이 建祿은 月令인 提綱에 得한 것이 가장 理想的이며 命局中에 財官食이 適當히 있으면 良好한 命局이 된다.
　歸祿格은 建祿格보다는 日干을 돕는 力量이 若干은 떨어지나 與件만 갖추면 훌륭한 命局이 된다.
　다만 日祿歸時格은 命局中에 正官이나 七殺이 없어야 한다.
　또한 六忌라는 여섯가지 꺼리는 것이 있으니 다음과 같다.
　(1) 忌冲, 刑 : 建祿支가 冲이나 刑이 되면 敗局이 된다.
　(2) 忌合 : 建祿支가 柱中의 支와 合이 되면 吉意가 減少된다.
　(3) 忌食神, 偏印 : 食神이나 偏印을 모두 꺼린다.
　(4) 忌正官 : 正官을 크게 꺼린다.
　(5) 忌比肩 : 比肩은 힘이 分散된다.
　(6) 忌年日同干支 : 역시 힘이 分散되어 吉意가 사라진다.

歸祿格은 以上의 六忌가 없고 日主가 弱하지 않으면 貴人格이 된다.
日干祿이 時支에 있고 다시 日月年支 등에 三개가 있으면 聚祿格으로 傷食運에 發達하며 官星運에 榮貴한다.
萬若 四支가 同一字로 祿이 되면 聚祿格도 되고 地元一氣格도 된다.
歸祿格의 用神. 建祿格의 用神을 準用한다.

5. 變格外格 別格局

四柱八字에 變格外格을 設定한 것은 그 越出한 狀態가 常情이 아닌 것이 있기 때문이다.
그러나 常情이라 하더라도 一定한 法則下에 成立되어 있기에 良好하다던지 亂雜無章이라서 惡하다던가 下命이라고 말할 수 없는 것이다. 이제껏 列擧한 變格外格은 모두가 一氣의 旺에 乘하고 있다. 언뜻 보기에는 亂雜해 보여도 格을 定하는데 一定한 規律이 嚴存하는 것으로서 다른 他格의 迂廻曲折에서 이를 求한 것이 아니다. 또한 散漫하게 紀綱없이 求한 것도 아니다.
즉 建祿格, 月刃格은 모두 月令의 旺을 取한 것이며 曲直格, 炎上格, 潤下格, 從革格, 稼穡格 등이 또한 時令의 得往한 것으로서 그리고도 三合會局, 方合局을 이룬 것으로 他에 比較하여 秩序가 있는 것이다. 從財, 從官, 從殺, 從兒, 從旺, 從强 등의 格은 一氣의 旺으로서 從神의 旺으로서 日主本身의 往만은 아닌 것이다.
化氣格은 化神의 得旺으로 成立되는 것으로서 要컨대 이는 異途같으나 同歸로서 모두 一旺字에서 成立된 것이다. 만약 身旺이고 日에 建祿, 羊刃이 없고 身旺일 때 그 十二支가 겨우 亥, 未, 或은 卯辰과 같은 三合會局, 方局이 完全히 갖추어 있지 않으면 曲直은 不全인 것이다.
從財, 從官으로서 日主에 有根하거나 從兒로서 正官, 印綬가 있거나 從强인데 財星, 官星을 띠거나 合化해서 時令을 不得함은 모두 下等의 命으로서 各變外格과 같이 말할 수 없다. 그것은 格局의 條件이 完全한 것과 不全인 것은 吉凶에 있어서 千里의 相距가 있기 때문이다.
化氣格은 變幻이 많은 것으로 理가 通하는 것 推究하기 困難한 것이 있다.
己와 甲이 干合해서 化土가 되고 庚과 乙이 干合해서 化金이 된다. 그러나 단지 己土는 丁, 壬을 보았을 때 印星, 財星으로서 論하고, 甲은 己와 干合했을 때 土로 취하고 丁壬의 둘을 보았을 때 木으로 論한다.
庚金은 戊, 癸를 보았을 때, 印星, 傷官으로 論하지만, 乙이 庚과 干合

해서 戊癸의 둘을 보았을 때는 火로서 論한다.

　日主는 合으로서 化하고 日主와 合하는 他干을 化하게도 한다. 다만 地支가 合이 될 때는 化가 되지 않는다. 十二支의 藏干을 取할 때 藏干의 一字만을 對照하지 않고 本支를 兼해서 봄으로서 複雜하고 錯綜하며 化해서 秀拔치 못하기도 한다.

　從旺과 從强은 어떻게 다른가 하면 從旺은 本身의 旺으로서 印綬는 그리 많지 않고 賓으로 함에 對해서 從强은 身과 印綬가 거의 均等해 있어서 兩神이 皆旺인 것을 特徵으로 한다.

　다음에 本篇에 실은 變外格의 取格局 構成要件과 用神 및 行運의 喜忌, 善惡運을 整理하여 早見表로 作成하였다.

6. 變格局外格構成 및 行運善惡(甲部) 早見表 ①

格　　局	構成要件	忌字破局	例　題	善運	惡運
一行得氣格 / 曲直格 仁壽格 用神:木	甲·乙日干, 春月生 寅·卯月生 支全亥卯未木局 或寅卯辰東方支全	天干:庚辛 地支:申酉	(年) 壬寅 癸亥 乙未 甲寅 (月) 癸卯 乙卯 己卯 丁卯 (日) 甲辰 乙卯 乙亥 甲辰 (時) 甲子 癸未 丙子 丙寅	水木火	金
一行得氣格 / 炎上格 用神:火	丙·丁日干, 夏月生 巳寅午戌月生 支全寅午戌火局 或巳午未南方支全	天干:壬癸 地支:亥子	(年) 丁巳 丙戌 戊戌 (月) 丙午 甲午 丁巳 (日) 丙寅 丁卯 丙午 (時) 乙未 壬寅 乙未	木火土	水
一行得氣格 / 從革格 用神:金	庚·辛日干, 秋月生 申·酉月生最貴 支全巳酉丑金局 或申酉戌西方支全	天干:丙丁 地支:午未	(年) 戊申 戊戌 辛酉 (月) 辛酉 辛酉 戊戌 (日) 庚戌 辛丑 庚申 (時) 乙酉 己丑 辛巳	土金水	火
一行得氣格 / 潤下格 用神:水	壬·癸日干, 冬月生 亥·子·辰月生 支全申子辰水局 或亥子丑北方支全	天干:戊己 地支:戌未	(年) 壬申 辛亥 壬申 (月) 壬子 庚子 辛亥 (日) 壬辰 癸丑 壬辰 (時) 庚子 丑 庚子	金水木	土
稼穡格 用神:土	戊·己日干, 土用月生 辰戌丑未月生 支全辰戌丑未 或四柱純土	天干:甲乙 地支:寅卯	(年) 戊戌 戊辰 己丑 (月) 己未 己未 戊辰 (日) 戊辰 己未 戊戌 (時) 癸丑 戊辰 己未	火土金	木

[甲部] 同 早見表 ②

從格	構成要件	用神	喜	忌	例題	善運	惡運
從財格	日主無根 無印扶身 滿局皆財 身衰至弱 日主衰弱 不能任財 財旺而多 是從財格	財星	傷官 食神	比肩 劫財 印星	(年) 庚戌 戊申 (月) 乙酉 辛酉 (日) 丙申 丁巳 (時) 己丑 辛丑	傷食 官殺	印 比
從殺格 (從官)	日主無根 無印扶身 滿局官殺 身衰至弱 日主衰弱 不能任殺 官殺旺多 是從殺格	七殺 (正官)	財星	印星 比肩 劫財	(年) 戊戌 乙酉 (月) 辛酉 乙酉 (日) 乙酉 乙酉 (時) 乙酉 甲申	財 殺	印 比
(從食) 從兒格 (從傷)	日主無根 傷官食身 滿局傷食 旺而且多 日主至弱 地支會局 無印扶身 不能任泄	傷官 食神	比劫 財星	印星 官殺	(年) 丁卯 (月) 壬寅 (日) 癸卯 (時) 丙辰	傷食 財鄉	官殺 印綬
從旺格	四柱皆比劫 從其旺神 無官殺之制 有印星之生 是旺之極.	比肩 劫財	印星 比劫	官殺 財星	(年) 癸卯 (月) 乙卯 (日) 甲寅 (時) 乙亥	印綬 比劫	財 官
從強格	四柱印綬重重，比肩 劫財亦多，日主又不 失令，無財・官・殺 印綬強.	印綬 (比劫)	印星 比劫	食傷 財星 官星	(年) 壬子 (月) 癸卯 (日) 甲子 (時) 甲子	印 比劫	財官 傷食

[甲部] 同早見表 ③

格局		構成要件	忌字破局	例題				善運	惡運
化氣格	化土格	甲日己時 辰 甲日己月 戌 己日甲時 丑 月生 己日甲月 未	木性干支	(年) 戊辰 (月) 壬戌 (日) 甲辰 (時) 己巳	己丑 戊辰 甲辰 己巳	丁丑 甲辰 己未 辛未		火土金	木
	化金格	乙日庚時 巳 乙日庚月 酉 庚日乙時 丑 月生 庚日乙月 申	火性干支	(年) 甲申 (月) 癸酉 (日) 乙丑 (時) 庚辰	癸丑 辛酉 庚申 癸酉	戊子 庚申 乙酉 辛巳		土金水	火
	化水格	丙日辛時 申 丙日辛月 子 辛日丙時 辰 月生 辛日丙月 亥	土性干支	(年) 甲辰 (月) 丙子 (日) 辛丑 (時) 壬辰	甲申 丙子 甲酉 壬辰	丙辰 辛亥 丙子 辛卯		金水木	土
	化木格	丁日壬時 亥 丁日壬月 卯 壬日丁時 未 月生 壬日丁月 寅	金性干支	(年) 己卯 (月) 丁卯 (日) 壬午 (時) 癸卯	壬辰 壬寅 丁卯 丙午	甲子 丁卯 壬寅 丙午		水木火	金
	化火格	戊日癸時 寅 戊日癸月 午 癸日戊時 戌 月生 癸日戊月 巳	水性干支	(年) 丙戌 (月) 戊戌 (日) 癸巳 (時) 甲寅	丙寅 甲午 戊申 癸丑	辛丑 戊戌 癸巳 甲寅		木火土	水

[甲部] 同早見表 ④

建祿格 構成	多 星	身强弱	用 神	善 運	惡 運
甲日寅月, 乙日卯月 丙日巳月, 丁日午月 戊日巳月, 己日午月 庚日申月, 辛日酉月 壬日亥月, 癸日子月	財星多	身弱	用比·劫	印·比運善	財·官運惡
		身强	用官·殺	財·官運	印·比運
			用傷·食	財·官·食傷運	印·比運
	官·殺多	身弱	用印	印·比運	財·官運
		身强	用財	傷食財鄕	印·比運
	傷·食多	身弱	用印	印·比運	傷食財鄕
		身强	用財	傷食財鄕	印·官運
	比·劫多		用官殺	財·官運	印·比運
	印綬多		用財	傷食財鄕	印·比運

月刃格 (羊刃)	甲日卯月 庚日酉月 壬日子月	財星多	用官殺	財官運善	印·比運惡
		官殺多	用財	傷食財鄕運	印·比運
		傷食多	用財	傷食財鄕運	印·比運
		劫·比多	用官殺	財官運	印·比傷食運
		印綬多	用財	傷食財鄕運	印·比運
		滿盤財官傷食	用印	印·比運	財官傷食運

歸祿格 (日祿歸時)	甲日寅時, 乙日卯時 丙日巳時, 丁日午時 戊日巳時, 己日午時 庚日申時, 辛日酉時 壬日亥時, 癸日子時	日祿歸時格은 柱中에 無官 殺이어야 成立된다. (六 忌) 1. 忌冲·刑 2. 忌合 3. 忌食神, 偏印 4. 忌正官 5. 忌比肩 6. 忌年日同干支	•用神은 建祿格 에 準함 (例 題) (年) 丙午 戊子 (月) 癸巳 甲寅 (日) 甲子 乙亥 (時) 丙寅 己卯

第4節 變·外格 別格局篇[乙部]

前篇(甲部)에서도 이미 言及한 바 있거니와 外格같은 別格局의 設定된 것은 當初에는 命運判斷의 精密을 期하고자 했던 先哲 先學者들의 試圖에서 비롯된 것이었다.

그러나 長久한 歲月동안에 格局數는 늘어나고 內容도 複雜多岐化되어 本來의 趣旨에 어긋난 妄斷의 素地를 만드는 弊害를 誘發하는 溫床을 提供할 지경까지 이르게 되고 말았다.

그런 까닭에 甲部에서는 意圖的으로 많은 別格局들을 일부러 除外시켰던 것이다. 그러나 命學硏究上으로는 旣往의 格局이 貴重한 資料임에 이에 乙部篇을 마련 餘他의 格局을 總網羅해서 揭載키로 하였다.

乙部에 실은 格局의 名目은 大略 보기와 같으며, 一覽表式 早見表로 만들어 찾아보기 쉽게 꾸몄고 다음에 構成要件 格局의 喜忌 등 內容을 일일이 紹介하였으니 參考하시라.

― 〈보기〉― 無順

☆兩神成象格　☆兩干連珠格　☆天元一氣格　☆支辰一氣格
☆干支同體格　☆四位純全格　☆飛天祿馬格　☆倒冲祿馬格
☆暗冲冲官格　☆暗合合祿格　☆刑　合　格　☆拱　貴　格
☆拱　財　格　☆暗合合祿格　☆刑　合　格　☆拱　貴　格
☆子　遙　巳　格　☆丑　遙　巳　格　☆六乙鼠貴格　☆壬騎龍背格
☆六陰朝陽格　☆井　欄　叉　格　☆句陳得位格　☆玄武當權格
☆六壬趨艮格　☆六甲趨乾格　☆日德秀氣格　☆福　德　格
☆金　神　格　☆魁　罡　格　☆專食合祿格　☆傷官帶殺格
☆歲德扶殺格　☆天干順食格　☆五行俱足格　☆時　墓　格

1. [乙部] 變·外格 別格局解說

☆兩神成象格

水木이 均等하게 二干二支로 構成되어 있는 命局일 때 水木相生格이요, 金木이 均等하면 金木相成格이라 하며, 相生되는 五行일 때는 相生格, 相剋되는 五行일 때는 相成格이라 하는데 他格도 이와 一般이다.

☆兩干連珠格

年月日時에 兩干이 連이어 있는 것을 말하며 兩干不雜이라고도 한다. 兩干이 구슬을 꿰듯이 連珠된 格으로 名利俱全하다고 하나 專依할 수는 없다. 例를 들면 丙年丁月丙日丁時・己年甲月己日甲時 등이다.

☆天元一氣格

年月日時의 天干이 同一字로 된 四柱를 말한다.
日主가 旺하면 財星運이나 傷食運이 吉하고 日主가 弱하면 不吉하다.

☆支辰一氣格

支辰一氣는 地元一氣라고도 하며 年月日時의 地支가 同一字로 된 四柱를 말한다.
天干과 地支가 通根하고 有情하면 吉하다.

☆干支同體格

一氣生成格이라고도 하며 古書에는 祥瑞롭다고 鳳凰池라고 記載되어 있다.
四甲戌, 四乙酉, 四丙申, 四丁未, 四戊午, 四己巳, 四辛卯, 四壬寅, 四癸亥가 그것이다.
年月日時가 전부 同一干支로서 構成되어 비록 大格이라 하나, 四甲戌, 四辛卯는 貧命이라고도 하는데, 日主가 旺한 것이 吉하다.

☆四位純全格

地支가 全部 子午卯酉로 된 四柱는 四正格으로서 男命은 大吉하나 女命은 互換桃花가 되므로 孤獨하거나 流浪함이 많아 꺼린다.
地支가 全部 寅申巳亥로 된 四柱는 四生格으로서 男命은 大富大貴함이 있으나 女命은 居處가 不安定함이 많다.
地支가 全部 辰戌丑未로 된 四柱는 四庫格으로서 男命은 大貴할 格이나 女命에는 大忌한다.

☆飛天祿馬格

飛天祿馬格은 庚子日 壬子日 辛亥日生만 해당된다. 子日主가 子字가 많거나 亥日主에 亥字가 많고 官殺이 없고 他格에 들지 않으면 子字가 虛空으로 午字를 暗冲해서 官星이 되고 壬日은 財星이 冲來해 온다는 것이다. 辛亥日도 亥多면 暗冲巳字가 正官이 된다.
 이 格은 傷食運이 吉하고 官星運은 不吉하다. 子日主는 支合되는 丑字를 꺼리고 亥日主는 支合되는 寅字를 꺼린다. 行大運·歲運도 同一하니 子日主는 冲이 되는 午運이 不吉하고 亥日主는 冲이 되는 巳運이 不吉하다고 한다.

☆倒冲祿馬格

 倒冲祿馬格은 丙午日主에 午字가 많아서 子字를 冲來해 오면 子中癸水가 官星이 된다. 合이 되는 未字가 있으면 羈絆(기반~붙잡혀 묶임)이 되므로 午가 子를 冲引해 올 수가 없게 된다. 또 癸, 子字가 나타나 있으면 大忌하며 福力이 減少하게 된다. 行大運 歲運에서도 같다.
 丁巳日主는 巳字가 多하면 亥字를 暗冲하고 亥中壬水로 官星을 삼는 格局이다. 合이 되는 寅字도 꺼리고 壬水가 나타나 있는 것도 大忌한다. 行大運 歲運에도 合字나 官殺을 보면 減福된다고 한다.
 暗冲格에는 庚日主가 申子辰 三合水局支가 가지런히 있으면 全冲寅午戌火局인 暗冲官星이 된다. 이때 他에 官殺이나 寅, 午, 戌字가 없는 것이 大吉하며 萬若에 있으면 大忌하며 破局이 된다.

☆暗合·合祿格

 暗合格中 合官格은 甲辰日主가 辰多면 暗合酉하고 酉中正官으로 이때 正官이 나타남을 꺼린다. 戊戌日主 戌多면 暗合 卯하고 卯中正官이 되고, 癸卯日主卯多면 暗合戌하고 戌中正官이 되고, 癸酉日主 酉多면 暗合辰하고 辰中正官이 된다. 이 모두 正官이 나타나지 않아야 大吉하다.
 合祿格은 戊·癸日主 庚申時로 他格에 들지 않을 때 해당된다. 官星과 印星을 꺼리며 丙·丁字가 있으면 破格되며 行大運, 歲運도 同一하다.

☆刑合格

 癸亥日, 癸未日, 癸卯日主가 甲寅時에 出生하여 寅刑巳로 合하여 巳中戊土를 끌어내어 官星을 삼는 것을 말한다. 空亡, 酉, 丑字를 크게 기뻐하며 吉로 한다. 戊己庚申午戌亥字는 不吉하며 또한 官殺을 꺼린다.
 一說에 依하면 六癸日生人이 庚申時를 逢하면 申時를 取用하여 合祿格을 이룬다고 하였는데 이는 곧 申字가 巳字를 暗合하여 巳中戊土로써 官星을 얻는 것으로 여기서의 祿은 官星을 貴祿이라 삼은 것이다.
 이때 戊字나 巳字가 있으면 申時의 暗合을 刑破하게 되므로 減福되며 行運, 歲運의 경우도 同一하다.

☆拱貴格

甲寅日主甲子時, 乙未日主乙酉時, 戊申日主戊午時, 辛丑日主辛卯時, 壬辰日主壬寅時가 拱貴格이다.

甲의 天乙貴人이 丑이며 丑이 없으나 丑의 左右支인 子寅이 있어서 丑字를 拱한 모양을 말하며 甲의 天乙貴人은 丑인데 丑은 없으나 丑을 挾拱하는 子寅이 있어서 丑字를 만들어 내는 것과 같은 理致이다. 丑字가 있어서 塡實되거나 丑運은 凶하다. 他格도 이와 同一하다.

☆拱財格

拱財格은 一名 挾丘格이며 辰戌丑未를 財星으로 拱하고 있는 것을 말한다. 즉 甲午日主 壬申時는 拱한 字 未中己로써 財가 되고 乙卯日主辛巳時는 挾拱字인 辰中 戊財가 되고 癸酉日主癸亥時는 拱字인 戌中戊官이 된다. 無塡實이어야 하고 無財星이어야 한다.

☆拱祿格

丁巳日主에 丁未時, 己未日主에 己巳時, 戊辰日主에 戊午時, 癸丑日主에 癸亥時, 癸亥日主에 癸丑時를 말한다. 이 格은 丁己祿은 在午인데 午가 없고 午의 前後字인 巳와 未가 있어서 午를 만들어 내는 이치를 말한다. 午運을 만나면 塡實이 되어 凶하다. 餘他도 이와 같다.

☆專印格

癸酉日, 癸卯日, 癸亥日, 癸丑日主가 庚申時에 出生함을 말한다. 金水運이 吉하고 戊己丙 巳午寅 등 行運은 不吉하다.

☆子遙巳格

甲子日主가 甲子時로 두 甲子가 만나면 子遙巳格이라고 한다. 이는 子中癸水가 巳中戊土와 逢合하고 戊는 巳中丙火를 이끌어 오며 丙火는 酉中의 辛金을 合來해서 甲子日主는 引出한 辛金으로 官星을 삼게 됨을 말한다. 寅卯亥子에 生하면 吉하고 壬癸字도 吉한데, 庚辛申酉丑午運은 不吉하다. 또 甲을 傷케 하여도 不吉하고 午字가 있어서 子를 冲하여도 不吉하다.

☆丑遙巳格

辛丑日과 癸丑日主에 丑字가 多할 경우 巳字를 遙合하여 巳中의 戊土

로서 癸日의 官星을 삼는 것으로 貴命이다. 이때 丑字가 많으면 더욱 妙하다. 辛丑日主는 柱中에 丙丁巳午字가 있으면 福力이 減少하는데 行大運 歲運에도 同一하다. 癸丑日主는 戊己丁巳字를 꺼린다.

☆六乙鼠貴格

乙亥日 乙未日主를 爲主로 하며 丙子時를 얻어서 子水가 巳火를 暗合하고 巳火가 再動하여 申을 合하니 庚金의 祿이 在申이므로 庚金을 引出해서 乙木의 官星을 삼는다.

子亥卯月을 기뻐하고 庚辛 申酉字를 忌하며 寅字도 忌한다. 乙字子字를 傷害刑破함을 모두 꺼리며 乃至 財官이 있음을 忌한다.

六乙日이 子時에 出生하면 天乙貴人時가 되기 때문에 貴하다. 그러나 寅午戌이 冲來함을 忌하고 庚辛 酉丑字가 한 字라도 있으면 福力이 半減된다. 行運 또한 同一하다.

月柱에 財官이 많아도 이 格에 取用되지 못하며 行大星에 財官이 있으면 不吉하다.

☆日貴格

丁酉日 丁亥日 癸卯日主는 모두 坐下에 天乙貴人이 든 日辰이므로 日貴格이라 한다.

食神運과 貴人財旺運이 大吉하고 坐下貴人을 冲하는 運은 不吉하다.

日貴格에 든 사람은 純粹해서 仁德을 갖추며 姿色이 빼어나고 傲慢하지 않은 人格이나 때로 刑害가 犯하면 貧賤하게 되고 刑冲이 극심하면 貴人이 怒하므로 도리어 禍를 招來하는 일이 있다고 하니 잘 살펴야 하리라 본다.

☆壬騎龍背格

壬辰日主에 財官印이 用神이 되지 못하고 辰字가 많으면 貴하고 寅字가 많으면 富하다고 한다. 南方財官運과 乙丁戊己字를 忌한다.

壬日이 辰土上에 臨하여서 丁火가 財星, 己土는 官貴가 되는데, 壬日에 辰多하면 辰字가 戌中 丁戊를 冲來하므로 財官을 함께 얻어 貴하게 된다.

또 寅字가 많으면 戌字를 三合하여 火局을 얻으므로 財星을 삼기 때문이다. 즉 寅字가 火財局을 暗合하므로 財命으로 大發하여 富하게 된다.

☆六陰朝陽格

辛亥日 辛丑日 辛酉日主 子時生을 말하며 陰生陽하므로 貴格이다. 東西北運이 吉하고 南方運을 꺼리며, 또 丙丁 卯未丑午字를 忌한다.

☆井欄叉格

庚子日 庚申日 庚辰日主가 地支에 申子辰水局이 모여 있으면 이 格이나, 他格 즉 財官印으로 用이 되지 않는 경우에 限한다.

申子辰水局이 寅午戌火局을 暗冲하여 官星이 되므로 貴格으로 삼으며 東方運이 吉하고 南北運은 凶하다.

☆勾陳得位格

戊己日主가 亥卯未木局을 얻어 官星이 되거나 申子辰水局을 얻어 財星이 되는 것을 勾陳得位格이라 한다.

戊寅, 戊子, 戊申, 己卯, 己亥, 己未日로 刑과 殺旺함을 大忌한다. 즉 災難을 招來하기 때문이다. 行大運 歲運에 있어도 同一하다.

☆玄武當權格

壬癸日生이 寅午戌火局을 얻어 財星이 되거나 辰戌丑未를 얻어 官星이 되는 것을 玄武當權格이라 한다. 壬寅, 壬午, 壬戌, 癸未, 癸巳, 癸丑日로 冲破가 되거나 身弱하면 不吉하다.

壬癸水는 北方에 屬하므로 玄武라고 하며 火局을 얻어야 當權하니 바로 水火旣濟의 功을 이루기 때문이다.

이 格에 들면 性格이 溫和하고 智慧가 뛰어나며 顔色은 黑赤色을 띤다고 하는데, 威嚴은 있으나 勇猛치 못하다고 한다.

刑冲이 있거나 行大歲運에서 또 刑冲을 만나면 不吉하다. 冲破가 없으면 王家를 輔佑하는 元老 重臣이 된다고 古書에 적혀 있다.

☆六壬趨艮格

壬水日主가 多寅하면(壬寅日 壬辰日이 逢壬寅時) 寅中甲木이 己土를 暗來하여 遙合하므로 壬日의 官星을 삼고 寅中丙火가 辛金을 遙合함으로 壬水의 印綬를 삼는다.

이때 午字나 申字가 있어서 冲來해 옴을 大忌하고 또한 財官이 塡實됨을 꺼린다. 身旺함을 喜하고 行大運 歲運도 同一하다.

寅은 易卦上 艮宮이 되므로 趨艮이라 한 것이다. 또 壬祿은 在亥하니

寅多로서 亥字를 暗合해 옴으로 合祿도 兼成한다. 따라서 破害를 꺼린다. 行大歲運이 申에 이르면 寅字를 破壞하므로 不吉하며 失職 降官하게 된다.

☆六甲趨乾格
甲日主가 多亥字일 때 이 格이 되는데 亥는 易卦 乾宮에 있기 때문이다. 亥字는 天門位로서 北極의 紫微垣이 된다고 하며 甲木이 다시 間生하므로 貴格이라 한 것이다.

甲日生人이 亥字多면 富貴하고 巳字는 冲亥하므로 忌한다. 甲祿은 在寅인데 亥字는 寅을 合來해 오므로써 合祿格을 兼하여 더욱 貴氣가 加助된다.

財星을 꺼리며 寅巳二字는 塡實과 冲位가 되므로 忌하며 行大運도 同一하다.

☆日德秀氣格
日德秀氣格은 天干에 三乙이 있고 地支에 巳酉丑이 全部 있어야 성립된다.

또 丙子日이나 壬子日, 辛酉日이나 丁酉日이 이에 해당되며 秀氣가 된다. 冲剋을 꺼리며 行運路에서도 同一하다.

☆福德格
乙巳 乙酉 乙丑日主, 丁巳 丁酉 丁丑日主, 己巳 己酉 己丑日主, 辛巳 辛酉 辛丑日主, 癸巳 癸酉 癸丑日主로서 地支에 巳酉丑이 全部 있어야 入格이 된다. 火鄕과 官運을 忌하고 冲破됨도 꺼린다.

☆金神格
六甲日主・六己日主가 巳酉丑時에 出生함을 말한다. 甲日에 金神이 旺하면 火가 制金함이 吉하며 萬若에 七殺과 羊刃이 있으면 眞人이 된다. 己日은 金神이 旺하면 身弱하므로 火가 있어서 生하여 줌이 吉하다.

이 格에 드는 者는 威猛하고 暴嚴으로 威勢를 부리는 것이므로 참된 人格을 갖추지 못하면 後悔될 行動이 많을 것이다. 이는 오로지 猛暴스러움 때문이다.

☆魁罡格
 庚辰日 壬辰日 庚戌日 戊戌日主로서 辰戌만으로 構成된 것을 眞格으로 한다. 身旺運을 기뻐하며 財官運은 不利하다.
 이 格을 가진 이는 聰明하고 文章에 뛰어나며 事件을 處理함에 決斷力이 強하나 한편 殺生을 選好하는 性品이 있으므로 만일 四柱에 刑殺을 띠게 되면 禍厄의 被害가 極甚하다.
 魁罡日主가 홀로 冲破를 입으면 必是 小人輩로서 더하여 刑殺이 많으면 반드시 貧窮에 빠진다고 한다.

☆專食合祿格
 六戊日生이 庚申時에 出生하면 庚金이 卯中乙木을 暗合하므로 戊土의 官星을 삼는데서 格을 構成한 것이다. 즉 戊辰 戊申 戊戌 戊子日主 등이 庚申時가 秋冬月에 出生하면 吉하고 또한 金水運이 吉하다. 甲丙寅卯字 등은 不吉한데 庚이나 申字를 傷하면 福力이 半減된다. 忌字가 行大運에 있으면 重하고 歲運에서 만나면 輕한데 亥子를 만나면 禍가 發生한다.

☆傷官帶殺格
 甲乙生人이 地支에 全寅午戌하고 天干에 庚辛官星이 있으면 곧 庚辛金官을 依持하여 權貴를 得하는 것이니 火를 制함으로서 福이 된다고 한다. 身旺鄕으로 行大運이 善하고 財星을 忌한다. 中和를 얻으면 貴命.

☆歲德扶殺格
 甲日主가 庚年을 만나는 例로서 貴함이 있다고 한다. 年柱는 君位요 日柱는 臣位로서 比喻컨대 君得良臣으로 보기 때문이다. 곧 年은 祖上이 되고 日主는 自身이니 七殺이 制함이 있으면 祖上의 榮貴했음이다.

☆歲德扶財格
 甲日主가 戊己年을 만나는 例로서 歲德扶財格이 되는데, 특히 財星이 有氣하면 祖上의 遺産을 많이 받는다고 본다. 그러나 身弱인 경우는 虛妄할 뿐이다.

☆天干順食格
 甲年 丙月 戊日 庚時(木年 火月 土日 金時)에서와 같이 차례대로 食神이 되는 경우 日主가 旺하면 매우 吉하다.

☆五行俱足格

年月日時胎에 金木水火土 納音五行이 全部 들어있음을 말한다.(胎는 곧 胎月干支로서 胎元法으로 알아낸다)

다음 例題를 보면 모두 生生不絶하고 化하며 꺼리낌이 없으니 官殺을 論할 것 없이 貴命으로 본다.

甲子　年柱　金(海中金)　　乙酉　年柱　水(泉中水)
戊辰　月柱　木(大林木)　　壬午　月柱　木(楊柳木)
丁巳　日柱　土(沙中土)　　辛未　日柱　土(路傍土)
丁未　時柱　水(天河水)　　丙申　時柱　火(山下火)
己未　胎元　火(天上火)　　癸酉　胎元　金(劍鋒金)

▲胎元法

胎元은 受胎한 胎月을 말하는 것으로 그 法은 다음과 같다.

生月天干進一位하고 生月地支進三位하면 즉 胎元이며 胎月干支를 알 수 있다.

例를 들면 丙寅月에 出生한 사람은 天干進一位가 丁이 되고 地支進三位는 巳가 되므로 胎元은 즉 丁巳가 되며 이 사람의 受胎月은 丁巳月이다.

☆時墓格

時墓라 함은 財官이 時墓에 該當되는 命局을 일컫는 것으로서 刑冲破害가 다가와서 開庫해 줄 것을 바라는 格이다. 그러므로 時墓格에 든 사람은 少年에 發達하기 어렵다.

例컨대 丁火日主는 辰으로 官庫(辰中癸水는 丁火의 官星)를 삼는데 따라서 戊辰에서 戊土가 癸水를 抑制하면 丁의 官은 役割을 다하지 못한다. 人命이 이와 같으면 吉命이 되기는 어렵다. 다시 救神이 있어서 戊土를 破해 주어야 發福할 수 있는데 福力이 淺하고 輕微하다.

※時墓格 構成表는 乙部 早見表(5)에 記載되어 있으니 參照하시라.

[乙部] 早見表 (1)

格 局 名		構 成 要 件	例		題	
兩神成象格	水木相生格	水木各占二干二支	癸亥年	甲寅月	癸亥日	乙卯時
	木火相生格	木火各占二干二支	丁卯〃	乙巳〃	丙寅〃	甲午〃
	火土相生格	火土各占二干二支	丁巳	丙午	戊辰	乙未
	土金相生格	土金各占二干二支	戊戌	庚申	戊辰	辛酉
	金水相生格	金水各占二干二支	癸亥	庚申	癸亥	辛酉
	木土相成格	木土各占二干二支	甲寅	戊辰	戊戌	乙卯
	土水相成格	土水各占二干二支	戊辰	癸亥	戊戌	壬子
	水火相成格	水火各占二干二支	壬子	丙午	癸亥	丁巳
	火金相成格	火金各占二干二支	庚午	辛巳	丙申	丁酉
	金木相成格	金木各占二干二支	庚寅	辛卯	乙酉	甲申
兩干連珠格		兩干連支不雜	丙寅 甲戌	丁酉 乙亥	丙寅 甲戌	丁酉 乙亥
天元一氣格		四天干同一者	甲子 乙丑	甲戌 乙酉	甲寅 乙亥	甲戌 乙酉
支辰一氣格		四地支同一者	甲寅	丙寅	庚寅	戊寅
干支同體格 (鳳凰池)		四柱同一干支者	四甲戌，四乙酉，四丙申，四丁未， 四戊午，四己巳，四辛卯，四壬寅， 四癸亥．			
四位純全格		支全子午卯酉者	四正格＝四支全 子・午・卯・酉			
		支全寅申巳亥者	四生格＝四支全 寅・申・巳・亥			
		支全辰戌丑未者	四庫格＝四支全 辰・戌・丑・未			

[乙部] 早見表 (2)

格　局		構　成　要　件	忌・破字	例　　　題			
暗　冲　格		庚日主 申子辰水局 全冲 寅午戌火局	寅・午・戌	己酉年	壬申月	庚子日	庚申時
暗冲格	飛天祿馬格	庚子日主 子多冲午	官殺 丁午	辛未	庚子	庚子	丙子
		壬子日主 子多冲午	官殺 丁午	壬子	壬子	壬子	壬寅
		辛亥日主 亥多冲巳	正官	己丑	乙亥	辛亥	己亥
		癸亥日主 亥多冲巳	正官	壬辰	辛亥	癸亥	癸亥
	倒冲祿馬格	丙午日主 午多冲子	官殺	己卯	庚午	丙午	己丑
		丁巳日主 巳多冲亥	官殺	丙午	甲午	丁巳	乙巳
暗合格	合官格	甲辰日主 辰多合酉	正官	丙申	壬辰	甲辰	戊辰
		戊戌日主 戌多合卯	正官	壬午	庚戌	戊戌	壬戌
		癸卯日主 卯多合戌	正官	癸丑	乙卯	癸卯	乙卯
		癸酉日主 酉多合辰	正官	乙未	乙酉	癸酉	辛酉
	合祿格	戊日主 庚申時生	官殺・印星 丙・丁	丙戌 己未	辛丑 癸酉	戊子 癸未	庚申 庚申
		癸日主 庚申時生					
刑　合　格		癸日主 甲寅時生	戊・己	癸酉 壬寅	癸亥 癸卯	癸卯 癸未	甲寅 甲寅
六乙鼠貴格		乙日主 丙子時生	庚辛 申酉・丑字	甲子 壬辰	丁卯 癸卯	乙亥 乙未	丙子 丙子

[乙部] 早見表 (3)

格　局	構　成　要　件	忌・破字	例　　　　題			
子遙巳格	甲子日主　甲子時生	官殺・庚辛 申酉・丑午	丁亥年	甲辰月	甲子日	甲子時
丑遙巳格	辛丑日主 癸丑日主　丑多不見子	丙丁 戊己 巳午	甲申 乙亥	壬申 乙酉	辛丑 癸丑	乙丑 癸丑
壬騎龍背格	壬辰日　多辰者　極貴 壬辰日　多寅者　巨富 壬寅日　多辰者　身貴福薄	正官	丙寅 壬寅	壬辰 壬寅	壬辰 壬辰	甲辰 乙寅
六陰朝陽格	辛日主　戊子時生	官・殺	己卯 戊辰	戊辰 辛酉	辛卯 辛亥	戊子 戊子
井欄叉格	庚申 庚子 日主 支會 申子辰水局 庚辰	寅午戌冲破 丙・丁・己	癸巳 庚子	庚申 庚辰	庚子 庚申	庚辰 癸未
句陳得位格	戊申 戊子 日主 支會 申子辰水局 戊辰 己亥 己卯 日主 支會 亥卯未木局 己未	忌刑・冲	庚子	丁未	己未	丁卯
亥武當權格	壬寅 壬午 日主 壬戌 　　　支會寅午戌火局 癸未 癸丑 日主 癸巳	忌冲 申子辰水局	壬午	壬寅	壬午	庚戌
六壬趨艮格	壬日主　多寅	官星刑・冲 忌塡實	丙子	庚寅	壬寅	壬寅
六甲趨乾格	甲日主 多亥・亥子丑 方合	官殺 財星 寅・巳	癸亥	癸亥	甲子	乙亥

[乙部] 早見表 (4)

格局	構成要件	忌字・破局	例題
日德格	甲寅, 戊辰, 丙辰, 壬戌日	刑・冲・破・害	癸巳 戊午 戊辰 乙卯
日德秀氣格	丙子・壬子 日主　天干有乙字 辛酉・丁酉 日主　支會巳酉丑	刑・冲	乙丑 乙酉 壬子 乙巳
拱貴格	甲寅日主 甲子時 壬辰日主 壬寅時 乙未日主 乙酉時 戊申日主 戊午時 辛丑日主 辛卯時	官殺 冲刑 天乙貴人 塡實	甲子 壬申 壬辰 壬寅 庚辰 乙酉 辛丑 辛卯
夾拱格 (拱財格)	甲寅日主 甲子時(子寅辰) 乙卯日主 辛巳時(未巳卯) 甲午日主 壬申時(午申戌) 癸酉日主 癸亥時(丑亥酉)	財星 塡實	癸未 癸亥 乙卯 辛巳
專印格	癸酉・癸卯 癸亥・癸卯　日主 庚申時生	戊己丙 巳午寅	癸卯 癸亥 癸卯 庚申
福德格	乙巳・乙酉・乙丑 丁巳・丁酉・丁丑 己巳・己酉・己丑　日主 支會 巳酉丑 三合金局 辛巳・辛酉・辛丑 癸巳・癸酉・癸丑	忌刑 寅午戌火局 冲・破	壬申 己酉 己丑 己巳
拱祿格	丁巳日主 柱中有丁未-無午字 己未日主 柱中有己巳-無午字 戊辰日主 柱中有戊午-無巳字 癸丑日主 柱中有癸亥-無子字 癸亥日主 柱中有癸丑-無子字	最柏七殺 最忌塡實	壬辰 己酉 己未 己巳 癸酉 癸亥 癸丑 丙辰

[乙部] 早見表 (5)

格局	構成要件	忌破字	例題
金神格	六甲日主 六己日主 巳·酉·丑時出生者		
魁罡格	庚辰日, 壬辰日主 戊戌日, 庚戌日主 四柱辰戌	冲破, 刑	庚辰年 庚辰月 壬辰日 甲辰時
天干順食格	年, 月, 日, 時天干字順序相生		甲年 丙月 戊日 庚時
專食合祿格	六戊日主 庚申時生		
傷官帶殺格	甲乙日 支全寅午戌 有庚辛者		
歲德扶殺格	年干有七殺(例甲日逢庚年)		
歲德扶財格	年干有財星(甲日主逢戊己年)		
五行俱足格	年柱 月柱 日主 干支納音五行 時柱 胎元 俱足金木水火土		(年)甲子金, (月)戊辰木, (時)丁巳土, (胎元)己未火 乙酉水, 壬午木, 丙午火, 癸酉金

時墓格構成表

區分 日主	甲乙日	丙丁日	戊己日	庚辛日	壬癸日
自身庫	未	戌	辰	丑	辰
財庫	辰	丑	辰	未	戌
官庫	丑	辰	戌	戌	辰
印綬庫	辰	未	戌	辰	丑
食神庫	戌	辰	丑	辰	未

第五章 行運(大運流年月建)看法

第一節 行運大運篇

1. 行運大運看法
人間의 富貴, 貧賤, 窮通, 善惡은 이미 出生했을 때의 四柱八字中에 定해져 있는 것이다. 人生을 돌이켜 보아서 이때까지 좋았던 일도 나빴던 일도 모두가 推命의 約束대로이며 八字밖으로 나갈 수가 없다.

그러나 行年運이 八字를 扶助하거나 抑制하는데서 人生에 起伏이 發生하는 것이다.

命局이 良好한데 行運이 良好하면 더욱 良好한 運을 잡게 되고, 命局이 좋지 못한데 行運까지 나쁘다면 그 運勢는 더욱 나빠진다. 이와같이 行運은 참으로 소홀히 할 수 없는 것이다.

2. 行運의 能力
(1) **四柱八字가 純善**이어서 **惡神**의 **破壞**를 받지 않은 **命局人**.

가. 行運이 良好하면 매우 良好한 運勢로서 功名, 富貴를 무한히 볼 수 있다.

나. 行運이 命運을 破壞할 경우 큰 被害를 입히지는 않으나, 반드시 他의 抑塞를 당해서 志望을 成遂할 수가 없다.

(2) **四柱八字가 善**하더라도 **命局中**에 **惡神**의 **破壞**가 있는 **命局人**.

가. 行運이 命局中의 惡運을 除去하는 年運일 때는 八字中의 良好한 點이 당장에 이르러 發福, 發展을 본다.

나. 이와는 反對로 善神을 破壞하는 것 같은 制壓되는 惡神의 年運이 돌아오면 惡事가 당장에 이른다.

(3) **四柱八字가** 본시부터 좋지 않고 **善神**이 **制伏함**이 한 **點** 없는 **命局人**.

가. 行運이 甚하게 惡運일 때는 그 貧賤, 災禍는 이루 말할 수 없을 만큼 慘膽한 것이다.

나. 行運이 制伏運이 돌아오면 大福은 못 이루어도 작은 草木이 春風을 만난듯, 근근하지만 得志하게 된다.

(4) 四柱八字는 그리 善하지 않으나 善神이 制伏이 있는 命局人.
　가. 行運이 善神을 破하면 惡한 作用이 당장 나타난다.
　나. 行運이 命局의 惡運을 制伏해 주는 善神일 때는 良好한 狀態가 당장 나타난다.

3. 善運·惡運의 分析

[正官格] 日干이 弱하고 正官格으로서 財星이 重일 때 比肩, 劫財가 用神이다. 만약에 比肩, 劫財가 없으면 印星으로 用神삼는다. 印綬, 比肩 行運을 만나면 運氣가 發展하고, 財星, 官星의 行運을 만나면 運氣가 不振하다.

　日干이 弱하고 正官格으로서 食神, 傷官이 多일 때 印星이 用神이다. 正官, 印綬의 行運을 만나면 良好하고 傷官, 財星의 行運이면 良好치 못하다.

　日干이 弱하고 正官格으로서 官殺이 重일 때 印星이 用神이다. 印綬, 比肩의 行運을 만나면 運氣가 發展한다. 財星, 正官, 七殺의 行運을 만나면 運氣가 惡하며 難事가 많다.

　日干이 强하고 正官格으로서 比肩, 劫財가 多일 때 正官이 用神이다. 財星, 正官 行運을 만나면 運氣가 良好하다. 印綬와 比肩의 行運을 만나면 惡하다.

　日干이 强하고 正官格으로서 印星이 多일 때 財星이 用神이다. 財星, 食神의 行運을 만나면 運氣가 良好해서 意外의 發展을 본다. 印星, 比肩의 行運을 만나면 運氣가 不振하다.

　日干이 强하고 正官格으로서 傷官, 食神이 多일 때 財星이 用神이다. 財星, 官星의 行運이 運氣發展한다. 比肩, 劫財의 行運을 만나면 運氣가 低調하다.

[財格] 日干이 弱하고 財格으로서 傷官, 食神이 多하면 印星이 用神이다. 그러므로 印星, 比肩의 行運을 만나면 運氣의 開發을 본다. 傷官, 財星의 行運을 만나면 運氣가 衰頹한다.

　日干이 弱하고 財格으로서 財星이 重일 때 比肩, 劫財를 用神삼는다. 比肩, 劫財 行運을 만나면 良好하다. 傷官, 食神, 財星 行運이 惡하다.

　日强이 弱하고 財格으로서 正官, 七殺이 多일 때 印星이 用神이다. 印綬, 比肩, 行運이 善運이 되고, 財星, 正官, 七殺의 行運을 만나면 惡運이다.

　日干이 强하고 財格으로서 比肩, 劫財가 重重일 때 傷官, 食神이 用神

이다. 傷官, 食神이 없으면 正官, 七殺을 用神삼는다. 그러므로 傷官, 食神, 官殺의 行運을 만나면 運氣가 伸展하고 印星, 比肩의 行運을 만나면 惡하다.

　日干이 强하고 財格으로서 印星이 多일 때 財星이 用神이다. 傷官, 食神, 財星의 行運을 만남이 善이고, 印星, 比肩, 官殺의 行運을 만남은 惡이다.

　[印格] 日干이 弱하고 印格으로서 正官, 七殺이 多일 때 印星이 用神이다. 印星, 比肩의 行運을 만남이 善運이고 財星, 官星의 行運을 만나면 運氣가 低調하다.

　日干이 弱하고 印格으로서 傷官, 食神이 多일 때 印星이 用神이다. 그러므로 印星, 比肩의 行運을 만나면 善運이고, 傷官, 食神, 財星이 行運을 만나면 惡運이다.

　日干이 弱하고 印格으로서 財星이 多일 때 劫財, 比肩이 用神이다. 그러므로 劫財, 比肩의 行運을 만나면 善運이고, 傷官, 食神, 財星의 行運을 만나면 惡運이다.

　日干이 强하고 印格으로서 比肩, 劫財가 重重일 때 正官, 七殺을 用神 삼거나, 傷官, 食神을 用神으로 삼는다. 그러므로 正官, 七殺, 傷官, 食神의 行運을 만나면 運氣가 開發하고, 比肩, 劫財, 印星의 行運을 만나면 惡하다.

　日干이 强하고 印格으로서 印星이 重일 때 財星이 用神이다. 傷官, 財星의 行運을 만나면 善運이고, 正官, 印星, 比肩, 劫財의 行運을 만나면 惡運이다.

　日干이 强하고 印格으로서 財星이 多일 때 正官, 七殺이 用神이다. 官星, 印星의 行運을 만나면 運氣發展하고, 傷官, 財星 行運을 만나면 惡運이다.

　[食神格] 日干이 弱하고 食神格으로서 正官, 七殺이 多일 때 印星이 用神이다. 印星, 比肩의 行運을 만나면 크게 發展하고, 財星, 正官, 七殺의 行運을 만나면 運氣가 低調하다.

　日干이 弱하고 食神格으로서 財星이 多일 때 比肩, 劫財가 用神이다. 印星, 比肩의 行運을 만나면 善運이고 傷官, 財星, 正官, 七殺의 行運을 만나면 運氣가 不振하다.

　日干이 弱하고 食神格으로서 傷官, 食神이 多일 때 印星을 用神삼는다. 正官, 印星의 行運을 만나면 善運이고 傷官, 食神, 財星의 行運을 만나면 惡運이다.

日干이 强하고 食神格으로서 印星이 多일 때 財星이 用神이다. 傷官, 食神, 財鄕 行運이 善하고, 印綬, 正官 行運은 惡運이다.

日干이 强하고 食神格으로서 財星이 多일 때 正官, 七殺이 用神이다. 正官, 七殺, 財鄕의 行運을 만나면 運氣發展하고 印星, 比肩의 行運을 만나면 運氣 低調하다.

[七殺格] 日干이 弱하고 七殺格으로서 財星多일 때 劫財, 比肩을 用神삼는다. 印星, 劫財, 比肩의 行運을 만나면 善運이고 傷官, 財星의 行運을 만나면 運氣 不振이다.

日干이 弱하고 七殺格으로서 正官, 七殺이 重重일 때 印星이 用神이다. 印星, 比肩의 行運을 만나면 吉善運이고 財星, 官星의 行運을 만나면 惡運이다.

日干이 强하고 七殺格으로서 比肩, 劫財가 多일 때 七殺로 用神삼는다. 財星, 七殺의 行運을 만나면 運氣가 發展하고 印星, 比肩의 行運을 만나면 良好를 期할 수가 없다.

日干이 强하고 七殺格으로서 印星이 多일 때 財星을 用神삼는다. 傷官, 財星의 行運을 만나면 善運이고, 正官, 印星, 比肩, 劫財의 行運을 만나면 惡運이다.

日干이 强하고 七殺格으로서 正官, 七殺이 重重일 때 傷官, 食神이 用神이다. 傷官, 食神의 行運을 만나면 善運이고, 正官, 印星의 行運을 만나면 惡運이다.

[傷官格] 日干이 弱하고 傷官格으로서 七殺이 多일 때 印星으로서 用神삼는다. 印星과 比肩의 行運을 만나면 善運이고 財星, 官殺의 行運을 만나면 惡運勢이다.

日干이 弱하고 傷官格으로서 財星多일 때 比肩, 劫財를 用神삼는다. 印星, 比肩行運을 만나면 善運이고 財星, 官星의 行運을 만나면 惡運이다.

日干이 弱하고 傷官格으로서 傷官, 食神이 重重일 때 印星을 用神삼는다. 正官, 印星이 行運을 만나면 善運이고 傷官, 食神의 行運을 만나면 惡運이다.

日干이 强하고 傷官格으로서 比肩, 劫財가 多일 때 財星을 用神삼는다. 傷官, 食神, 財鄕의 行運을 만나면 善運이고, 印星, 比肩의 行運을 만나면 惡運이다.

日干이 强하고 傷官格으로서 印星이 多일 때 財星을 用神삼는다. 傷官, 食神, 財鄕의 行運을 만나면 善運이고, 印星, 比肩의 行運을 만나면

惡運이다.
　[曲直格] 水·木·火運을 만나면 善運勢이고, 金運을 만나면 惡運勢이다.
　[炎上格] 木·火·土運일 때 良好를 얻고, 水運일 때는 挫折이 많이 發生한다.
　[稼穡格] 火·土·金運일 때 善運勢이고, 木運일 때는 惡運勢이다.
　[從革格] 土·金·水運일 때 運氣發展하고 火運일 때는 運氣低調하다.
　[潤下格] 金·水·木運일 때 善運勢이고 土運일 때는 惡運勢이다.
　[從財格] 傷官·食神·正官·七殺의 行運이 善하고, 印星·比肩行運은 惡運勢이다.
　[從殺格] 財星·七殺의 行運에 運氣開發하고, 印星·比肩의 行運에는 惡狀態가 나온다.
　[從兒格] 傷官·食神·財鄕의 行運에 運氣發展하고, 正官·七殺·印綬의 行運은 惡運勢이다.
　[從旺格] 印綬·比肩·劫財의 行運이 善運이고, 財星·官星의 行運이 惡運이다.
　[從强格] 印綬·比肩·劫財의 行運에 運氣伸展하고, 財星·正官·傷官·食神의 行運은 運氣低調하다.
　[化土格] 火·土·金運이 善運이고, 木運은 惡運이다.
　[化金格] 土·金·水運이 善運이고, 火運은 困難이 多한 運氣이다.
　[化水格] 金·水·木運이 善運이고, 土運은 運氣不振이다.
　[化木格] 水·木·火運이 善運이고, 金運은 運氣가 低調하다.
　[化火格] 木·火·土運이 善運이고, 水運은 惡運勢이다.
　[建祿格] 建祿格으로서 財星多하고 身弱일 때 比肩, 劫財를 用神삼는다. 印星과 比肩의 行運을 만나면 大發展을 이루고, 財星, 官星의 行運을 만나면 運氣가 低調하다.
　建祿格이 財星多하고 身强일 때 正官, 七殺을 用神삼는다. 財星, 官星의 行運을 만나면 善運이고, 印星이나 比肩의 行運을 만나면 困難이 多하다.
　建祿格이 財星이 多하고 身强일 때 官殺이 없으면 傷官·食神을 用神삼는다. 財星이나 官星·傷官·食神의 行運을 만나면, 善運으로 發展하고 印星이나 比肩의 行運을 만나면 惡運勢이다.
　建祿格이 正官, 七殺이 多하고 身弱일 때 印星을 用神삼는다. 印星,

比肩의 行運이 善運이고, 財星, 官星의 行運에는 運氣不振이다.

建祿格이 正官, 七殺이 多하고 身强일 때 財星으로 用神삼는다. 傷官·食神·財鄕의 行運을 만나면 善運이고, 印星·比肩의 行運은 惡運勢이다.

建祿格이 傷官·食神이 多하고 身弱일 때 印星으로서 用神삼는다. 印星이나 比肩의 行運을 만나면 發展하고, 傷官·食神·財鄕의 行運을 만나면 運氣가 不振이다.

建祿格이 傷官·食神이 多하고 身强일 때 財星으로서 用神삼는다. 傷官·食神·財鄕의 行運을 만나면 善運勢이고 印星과 比肩의 行運을 만나면 惡運勢이다.

建祿格이 比肩·劫財가 多일 때 正官·七殺로서 用神삼는다. 財星이나 官星의 行運을 만날 때 善運勢이고 印星이나 比肩의 行運을 만나면 惡運勢이다.

建祿格이 印星이 多일 때 財星으로 用神삼는다. 傷官·食神·財鄕의 行運을 만나면 善運이고, 印星·比肩의 行運을 만나면 惡運이다.

[月刃格] 月刃格으로서 財星이 多일 때 正官·七殺로서 用神삼는다. 財星·官殺의 行運이 善하고, 印星·比肩의 行運은 惡運이다.

月刃格으로서 正官·七殺이 多일 때 財星을 用神삼는다. 傷官·食神·財鄕의 行運이 善하고, 印星과 比肩의 行運은 惡運이다.

月刃格으로서 傷官·食神이 多일 때 財星이 傷官·食神·財鄕의 行運이 善하고, 印星과 比肩의 行運이 惡運이다.

月刃格으로서 劫財·比肩이 多일 때 正官 七殺이 用神이다. 財星이나 官星의 行運이 善하고, 印星·比肩·傷官·食神의 行運은 惡運이다.

月刃格으로서 印星이 多일 때 財星을 用神삼는다. 傷官·食神·財鄕의 行運이 善하고, 印星이나 比肩의 行運은 惡運이다.

月刃格으로서 滿盤이 財星·官星·傷官·食神일 때 印星으로 用神삼는다. 印星이나 比肩의 行運을 만나면 善運이고, 財星·官星·傷官·食神의 行運을 만나면 惡運이다.

[歸祿格] 歸祿格은 用神取法과 行運의 善運·惡運을 모두 建祿格에 準用한다.

4. 運의 善惡總論

(1) 用神을 利롭게 하는 行運이 良好한 運勢이다. 예컨대 用神이 財星일 때 財星의 行運을 만날 때 良好한 運勢로 보는 것과 같다.

(2) 用神을 生助해 주는 行運도 良好로 본다. 예컨대 官星이 用神일 때 財星의 行運을 만나면 財星이 用神인 官星을 生助하고 있는 것과 같이 보는 것이다. 그러나 四柱中 他神에서 剋을 받거나 合이 되면 크게 좋은 일은 없고 평범한 行運이 된다.
  (3) 用神에 대해서 直接的으로 不利한 行運은 惡運으로 본다. 예컨대, 正官을 用神삼았을 경우, 正官을 剋害하는 傷官의 行運을 만났을 때와 같은 경우이다.
  (4) 用神에 不利한 行運이라도 四柱中에 他神에서 剋去되거나 合을 만나면 惡運같으면서 惡하지 않고 그렇다고 좋을 것도 없는 平庸한 運勢의 行運이 된다.

5. 行運의 年數

行運은 普通 大運을 말하며 古法에서는 大運의 一干支로서 十年間의 運을 主管한다고 보았는데, 近來의 命學에서는 大運의 干과 支를 나누어서 干으로 五年間運, 支로서 五年間運으로 보고 있다.

다시 말해서 大運의 一干支에서, 干으로 前五年間의 運을 보고, 支로서 後五年間運을 본다.

古法과 新法의 折衷式이라는 것도 있는데 이 方法은 예컨대 大運이 甲午運인 경우, 大運十年中, 前五年은 甲에다 70% 重點을 두고, 午를 30% 加味해서 判斷하고, 後五年은 午에 70% 重點을 두고 甲을 30% 加味해서 判斷하는 方法이다. 예를 들어 說明하면 다음과 같다.

甲子(年) 日干의 辛이 甲乙을 만나서 財星이 되고 亥子丑北方支가 甲
丁丑(月) 乙을 生助해서 더욱 强하게 하고 있어서 財多身弱이 患이
辛亥(日) 되어 있다. 이 四柱가 甲戌大運을 만났다고 하면, 大運天干
乙未(時) 甲은 또 財를 보태어 좋지 못하다. 그러나 戌은 日干을 助身하므로 善運이다.

그러므로 이런 경우, 前五年은 甲 70% 戌 30%로 보아서 凶中에 若干의 吉이 있을 때이며, 後五年은 戌 70%, 甲 30%로서 吉中에 若干의 凶이 있다고 보는 것이다.

6. 行運大運要訣

[傷官]
○身旺生으로서 四柱中의 官星이 傷官에 依해서 去官되어 있는 命局人은 行運이 財運일 때 意外의 發福을 이룬다.

○用神인 官星이 傷官과 함께 있으면 財星이나 印星 大運에 吉福이 있다.

○用神인 傷官이 命局中에 多일 때는 印星運이 들어올 때 吉福이 있다.

○用神인 傷官이 命局中에 少할 때는 印星運이 들어와도 良好를 期할 수 없다.

○用神인 傷官이 官星과 함께 있는 命局人은 官旺한 行運에 禍厄이 發生한다. 예컨대 吉神에 依한 解救가 있다 하더라도 必生 惡疾하거나 官災難을 만난다.

○傷官과 官星이 함께 있는 命局人은 去官運에 가서 發福한다.

○傷官이 印星을 띤 命局人은 大運이 財星인 때는 不宜하다. 傷官이 있고 印星으로 用神삼았을 때는 正官·七殺의 行運을 만나면 運氣가 發展하고, 印星運에 들므로 吉하다. 그러나 傷官·食神·財星의 行運을 만나면 不宜하다.

○傷官이 있고 印星이나 比肩이 多하고 財星이 淺하면 財運이나 傷官運이 돌아오면 良好하다.

○傷官이 있고 財星을 用神삼은 命局人은 比肩이나 劫財의 行運은 不宜하다.

○傷官이 있고 財星을 用神삼은 命局人은 財星이 地支에 依해서 行運을 만나면 發福하고 敗財運을 만날 때는 必死로 본다.

○傷官이 있고 財星을 用神삼는 命局人은 比肩이나 劫財의 行運이 不宜인 것이다.

○傷官으로서 用財하는 命局人은 身輕運이 吉하다. 傷官으로서 用七殺하는 命局人은 正印行運이 有利하며, 傷食運도 나쁘지 않다. 偏印은 不吉하고 財를 만나면 危險하다.

[七殺(偏官)]

○四柱에 七殺이 旺하고 正官이 없고 身旺일 때는 淸貴之官이다.

○時上에 偏官이 있고 그것을 制伏하는 星이 없으면 行運이 偏官을 制하는 運에 發福한다.

○柱中의 七殺이 建祿에 坐하고 旺에 乘했을 때는 스스로 長生·臨官·帝旺에 坐한 것과 같으며, 比肩·劫財가 함께 있거나 財星이 있어서 能히 化鬼 化官일 때는 行運이 印星에 入했을 때 發運한다.

○制殺이 太過한 命局人을 貧儒之命이라 한다. 但, 財星運으로 行하면 權威를 發한다.

○七殺乘旺해서 身 또는 羊刃을 만나면 貴라고 할 수 없다. 다만 財星이 旺해서 七殺을 生해줌을 忌한다. 이와 같을 때 歲運까지 더하여서 判斷한다.

○七殺이 强하고 身弱으로서 印星이 있는 命局人은 財運을 만남을 가장 꺼린다.

○七殺이 旺하고 身弱人은 行運이 身弱運에 들면 禍가 언제나 되풀이된다.

○身强으로서 七殺이 淺한 命局人은 七殺의 行運에 들어도 無妨하다.

○身强으로서 七殺도 旺해 있어서 制伏이 없으면 殺旺運이 돌아왔을 때 貴하게 되나 오래 保持되지는 못한다.

○七殺이 重하면 制함이 있는 게 좋다. 만약에 正官·七殺의 行運을 만나면 無死事이나 經濟的 困難이 있다.

○七殺人이 官殺混雜運을 만나면 勤務處를 免職되는 일이 있으며 甚할 때는 凶死하는 수가 있다.

○七殺은 制殺하는 食神을 用神삼는데, 만약 七殺이 重하고 食神이 輕할 때는 食神을 生助하는 運을 만남을 喜하고, 反對로 七殺이 輕하고 食神이 重일 때는 七殺을 生助하는 運이 돌아옴을 喜한다.

○七殺과 食神이 均停하고 日主의 根이 輕일 때는 日干을 助生하는 運을 만나는 것을 喜한다.

○七殺과 正官이 함께 있으면 去官留殺, 去殺留官을 莫論하고 身輕일 때는 日干을 生助하는 行運을 善運으로 하고 食神이 輕일 때는 食神을 生助하는 行運이 善運이다.

○日干이 衰弱하지만 從殺格이 되지 않는 命局人은 歲運이 行財運하여 七殺이 旺해짐을 嫌忌한다. 이와 같은 경우 必成災禍라 본다. 게다가 無制, 無化로서 歲運에 逢財運하거나 殺旺地를 만나면 危亡하다.

○日干의 干과 七殺을 이룬 干이 比等할 때는 日干을 助하는 干支運이 돌아옴을 喜한다.

○命局中에 七殺이 있고 七殺을 制하는 星이 함께 있으면 七殺行運에 이르러 發福한다. 만약에 七殺을 制하는 星이 함께 없다면 七殺行運을 만나면 禍가 發生한다.

○身强하고 官星純正(官殺混雜이 아닌 正官이면 正官만일 때)일 때 行運에 官旺鄕을 얻거나 官星이 成局運을 만나거나 財旺生官運을 만나면 善運으로서 得福한다.

○日干이 弱하고 財星, 官星이 旺하고 七殺이 있어서 混雜하고 있는

命局人이 다시 財星, 官星의 行運을 만나면 不宜하며 이를 徒流之命이라 하여 居處나 職業이 不安定하다.

[正官]
○正官이 月柱에도 時柱에도 있어서 天干에 多透쳤을 때 再次 官旺한 行運을 만나면 官變鬼가 되어 旺處必傾하여서 災夭之難을 겪는다.
○正官格으로서 七殺의 行運을 만난다는 것은 마침 官殺混雜이 됨과 같다.
○正官格으로서 行運에 墓가 있을 때는 官星入墓라고 한다.
○財官이 旺해서 强하고 日主가 衰弱한데 다시 財殺旺鄕의 行運에 들면 거의 肺結核같은 惡疾을 앓는다.
○正官을 用神삼았을 때 傷官行運을 만나는 것이 가장 凶惡하다. 더하여 刑, 冲, 破, 害의 運이 겹치면 特히 不宜하다.
○正官으로서 財星·印星을 用神으로 할 때, 身이 稍輕인 命人은 日干을 生助하는 行運을 喜하고, 正官이 稍輕인 命人은 正官을 生助하는 行運을 喜하는 것이다.
○正官으로서 財星을 用神삼는 命人은 印綬身旺 行運을 喜하고, 食神, 傷官의 行運을 忌한다. 그러나 만약에 身旺으로서 財星이 輕하고 官星의 弱일 때는 財星·官星의 行運을 喜한다.
○正官으로서 傷官, 食神을 띤 命局人은 印星으로 用神삼는다. 이런 경우 官旺, 印旺의 行運을 만남을 喜하고, 正官으로서 七殺을 띤 命局人은 그 命局中에 있는 比肩이나 七殺과 合이 되는 星을 用神으로 한다. 또한 財星運, 傷官, 食神運을 만날 때를 良好로 보며, 七殺運을 不宜하다고 본다. 만약 命局中에 傷官이나 七殺과 合하는 星이 있으면 傷官·食神·財星運 等을 만남을 良好로 하며, 印星을 만날 때는 良好를 期할 수가 없다.

[食神]
○食神이 多한 命局人은 印綬運을 만날 때 良好하다.
○食神이 少한 命局人은 印星運을 만남을 忌한다.
○食神은 身旺地 行運을 喜하나, 倒食이나 比肩運을 만남은 별로 좋지 않다.

[印綬]
○身旺하고 印星이 多일 때는 財星行運도 無妨하다. 身弱으로서 印星이 있을 때는 七殺行運도 無妨하다.

○印星으로서 比肩이 있으면 財星行運을 喜하고, 印星으로서 無比肩이면 財星行運을 忌畏한다.
○貪財壞印됨은 比肩, 劫財의 行運을 기뻐한다.
○印綬太過됨은 身旺의 行運을 기뻐한다.

[財星]
財星이 多하고 身弱之命은 財星의 行運은 不宜하다.
○財多身弱일 때는 身旺運을 만나면 榮華를 이루고, 身旺財衰일 때는 財旺入運에 發福한다.
○財星이 多하고 印星이 扶身함은 巨大한 樹木과 같아서, 그 家名은 옛부터 有名하며 妻도 賢明, 子息도 優秀하며 晩年에 財産도 益增한다.
○財多身弱人이 官星이나 財星의 行運을 만나면 禍患이 百出하는 것이다.
○財多之命은 印星의 扶身이 必要하다. 身旺財衰命은 劫財分奪의 行運을 두려워 한다.

[劫財]
○財多身弱人은 劫財運을 만나면 發福한다.
○財弱身旺人은 劫財運을 만나면 禍가 發生한다.
○劫財가 多한 命局人과 劫財 行運을 만날 때는 매우 困難한 일이 겹친다.

[其他]
○官星을 用神삼았을 때는 官星을 扶助하는 行運을 喜한다. 만약 命局中 官星의 根이 深일 때는 印綬·比肩·劫財의 行運이 도리어 善運이 된다.
○月刃格으로서 七殺이 用神일 때는 殺旺이 甚한 行運을 만남보다 七殺을 扶助하는 行運을 만남이 더 바람직스럽다. 七殺이 만약 太重일 때는 身旺運을 만남이 더 良好한 것이다.

第2節 流年 歲運篇

1. 流年·歲運看法
(1) 流年太歲干支가 用神을 利롭게 하는 경우 善運을 가리킨다.

(2) 流年太歲干支가 用神에 不利한 경우 惡運을 가리킨다.
(3) 流年太歲干支가 用神을 利롭게 한다고 해도 命局中의 他神이 이를 剋去하거나 合이 되었을 때는 良好한듯 하지만 그렇지 못하다던지 惡한 것처럼 보여도 그리 나쁘지 않다던지 平庸한 運勢이다.
(4) 流年太歲干支가 用神에 不利할 때도 命局中의 他神이 이를 剋去하거나 合이 되었을 때는 나빠 보여도 나쁘지 않고 좋게 보여도 좋지 않거나 한다. 이른바 평범한 運勢일 때이다.

2. 流年과 大運의 關係
(1) 流年이 善하고 大運이 善하면 매우 良好한 運命을 가리킨다.
(2) 流年이 善하고 大運이 惡하면 善惡相半해서 나타난다.
(3) 流年이 惡하고 大運도 惡하면 매우 惡한 運勢를 가리킨다.
(4) 流年이 惡하고 大運이 善하면 善惡相半해서 나타난다.
(5) 流年이 善하고 다만 命局中의 他神에서 剋合되어 있을 때 大運이 剋合하는 神을 制하고 있다면 매우 良好한 運勢가 된다.
(6) 流年이 惡하고 命局中의 他神에서 剋合되어 있을 때 大運이 剋合神을 制하고 있다면 困難함이 많은 不宜한 運勢가 된다.
(7) 流年이 善하고 命局中의 他神에서 剋合되어져 있을 때 大運에 生輔되거나 剋合되어져 있을 때는 凶多吉少하다.
(8) 流年이 惡하고 命局中의 他神에서 剋合되어 있으나 만약 大運에서 生輔되거나 剋合되어 있으면, 吉多凶少할 때이다.
(9) 流年이 善하고 大運이 그것을 生助하고 있을 때는 더욱 善한 行年이다.
(10) 流年이 惡하고 大運이 그것을 生助하고 있을 때는 한층 더 惡한 運勢이다.
(11) 流年이 善하고 大運이 그것을 剋하고 있을 때는 良好한 運勢의 힘이 減해진다.
(12) 流年이 惡하고 大運이 그것을 剋하고 있을 때는 惡한 運勢가 減해진다.

3. 流年・太歲干支
流年은 命局과 그해의 干支와를 잘 比較 硏討해서 그 良否를 決定할 것이며 그것은 다음과 같은 십이法則이 있다.
(1) 流年干支가 모두 用神을 利롭게 하는 것이면 大吉한 年運이다.

(2) 流年干支가 모두 用神에 不利한 것이면 大凶한 年運이다.
(3) 流年의 天干은 用神에 有利하고 地支가 不利하면 吉凶相半의 年運이다.
(4) 流年의 天干은 用神에 不利하고 地支가 用神을 扶助하는 경우는 吉凶이 함께 나타나는 年運이다.
(5) 流年의 天干이 用神을 利하고 있고 地支는 그것을 扶助하고 있다면 그 해는 大吉運勢의 年運이다.
(6) 流年의 天干이 用神에 不利한데 地支가 그 天干을 扶助하고 있다면 그 해는 매우 惡運勢의 年運이다.
(7) 流年의 地支가 用神을 助하고 있고 天干이 이를 扶助한다면 이는 大吉運勢이다.
(8) 流年의 地支가 用神에 不利하고 天干이 그 地支를 扶助한다면 그해 運勢는 매우 惡한 年運이다.
(9) 流年의 天干이 用神을 利하고 地支가 그 天干을 剋하면 그 해의 善運勢는 輕減하게 된다.
(10) 流年의 天干이 用神에 不利하고 地支가 그 天干을 剋하면 凶한 運勢가 輕減해진다.
(11) 流年의 地支가 用神에 對해 利로우나 天干이 이를 剋하고 있다면 吉運의 힘은 輕減된다.
(12) 流年의 地支가 用神에 不利하고 天干이 이를 剋하고 있다면 그 해의 凶運力이 輕減된다.

第3節 月建月運篇

1. 月建月運看法
(1) 月建干支가 用神에 有利하면 그 月運勢는 매우 良好하다.
(2) 月建干支가 用神에 不利하면 그 月運勢는 不宜하다.
(3) 月建干支가 用神에 有利하나 命局中의 他神으로부터 剋이나 合이 될 때는 善한 것 같으나 不善하고 惡해 보이나 不惡한 平庸한 運勢이다.
(4) 月建干支가 用神에 不利하나 命局中의 他神으로부터 剋이나 合이 될 때는 惡한 것 같으나 不惡하고 善해 보이나 不善한 平庸한 運勢이다.

2. 月建과 流年의 關係
(1) 月建이 善하고 流年도 善하면 매우 善한 運勢이다.

(2) 月建이 善하고 流年이 惡하면 善한 運勢中에 惡한 狀態가 나타난다.
(3) 月建이 惡하고 流年도 惡하면 매우 惡한 運勢이다.
(4) 月建이 惡하고 流年이 善하면 惡한 運勢中에 善한 狀態가 나타난다.
(5) 月建이 善하고 命局中의 他神에서 剋合이 되어 있어도 流年이 다시 月建을 剋하는 他神을 制하거나 剋合하고 있으면 그 月의 運勢는 매우 良好하다.
(6) 月建이 惡하고 命局中의 他神에서 剋合이 되어 있어도 流年이 다시 月建을 剋하는 他神을 制하거나 剋合하고 있으면 運勢的으로 困難이 多하며 그리 좋지 못하다.
(7) 月建이 善하고 命局中의 他神에서 剋合이 되어 있고 流年이 다시 剋合을 生輔하고 있다면 그때는 凶多吉少가 되기 쉽다.
(8) 月建이 惡하고 命局中의 他神에서 剋合되어 있고 流年이 다시 剋合을 生輔하고 있다면 그때는 吉多凶少가 된다.
(9) 月建이 善하고 流年이 이를 扶助하고 있으면 運勢가 매우 良好하다.
(10) 月建이 惡하고 流年이 이를 扶助하고 있으면 運勢가 매우 惡하다.
(11) 月建이 善하고 流年이 이를 剋한다면 善運이 輕減된다.
(12) 月建이 惡하고 流年이 이를 剋挫한다면 惡運이 輕減된다.

月建干支

月建月運看法은 月干과 月支와의 關係를 살펴보아야 한다. 그것은 干은 固定되어 있는 것이지만 支에 따라서 流動하기 때문이다. 月建을 본다는 것은 流月法을 이르는 것으로서 月別運勢의 動向을 알려는 것이다.

月建의 建은 時令의 意이며 干보다는 支에 重點을 두고 있는 것 같다. 다만 그 地支가 干支에 旺하고 있는가, 또는 原命局과는 어떤 關聯性을 가지고 있는가에 따라서 吉凶이 定해지는 것이다.

于先 月建으로서 每日의 運勢를 보려면 命局이 强弱, 格局의 名目, 如何한 變通星이 多하고 무엇이 缺如되어 있는가를 살펴서 用神을 定한 다음에 吉凶을 判斷해야 하는 것이다.

流月法은 流年中의 流動을 이루는 것임을 銘心해서 判斷할 必要가 있는 것이다.

3. 月建과 時令

正月은 寅月이고 二月은 卯月, 三月은 辰月인 것과 같이 月支는 定해져 있는 것이다. 그러므로 月干은 月支와 結合해서 重要性을 지니는 것으로서 그 하나만으로 斷해서는 잘못이다.

그리고 時令과 月建은 매우 關係가 깊은 것이므로 詳述하기로 한다.

(1) 春 令
    木 旺

甲寅月·乙卯月·甲辰月은 木이 更盛한 狀態를 가리킨다.

丙寅月·丁卯月·丙辰月은 火가 木의 生을 얻어 强한 때이다.

戊寅月·己卯月·戊辰月은 土가 木의 剋을 받아 健全치 못한 때이다.

庚寅月·辛卯月·庚辰月은 金이 木을 挫해서 無力하게 하는 月이다.

壬寅月·癸卯月·壬辰月은 水가 木의 洩氣를 만나 疲弱할 때이다.

(2) 夏 令
    火 旺

丁巳月·丙午月·丁未月은 火가 盛한 때이다.

己巳月·戊午月·己未月은 土가 火의 生을 얻어 强해질 때이다.

辛巳月·庚午月·辛未月은 金이 火로서 熔金되어 不健한 때이다.

癸巳月·壬午月·癸未月은 水가 灼火를 制하여 無力해질 때이다.

乙巳月·甲午月·乙未月은 木이 火의 洩氣로 疲弱할 때이다.

(3) 秋 令
    金 旺

庚申月·辛酉月·庚戌月은 金이 더욱 旺盛할 때이다.

壬申月·癸酉月·壬戌月은 水가 金의 生을 얻어 强할 때이다.

甲申月·乙酉月·甲戌月은 木이 金의 剋伐로 不健할 때이다.

丙申月·丁酉月·丙戌月은 火가 金을 剋하여 無力할 때이다.

戊申月·己酉月·戊戌月은 土가 金을 洩氣시켜 疲弱해질 때이다.

(4) 冬令   癸亥月・壬子月・癸丑月은 水가 更盛할 때이다.
    水旺   乙亥月・甲子月・乙丑月은 木이 水의 生을 얻어 强해질 때이다.
            丁亥月・丙子月・丁丑月은 火가 水의 剋을 받아 不健할 때이다.
            己亥月・戊子月・己丑月은 土가 水에 流土되어 無力할 때이다.
            辛亥月・庚子月・辛丑月은 金이 水에 泄氣되어 疲弱할 때이다.

(5) 四立前 戊辰月・己未月・戊戌月・己丑月은 土가 更盛之時이다.
    十八日 庚辰月・辛未月・庚戌月・辛丑月은 金이 土의 生을 얻어 强해질 때이다.
    土旺   壬辰月・癸未月・壬戌月・癸丑月은 水가 土의 受剋으로 不健할 때이다.
            甲辰月・乙未月・甲戌月・乙丑月은 木이 土로서 折木되어 無力化할 때이다.
            丙辰月・丁未月・丙戌月・丁丑月은 火가 土의 泄氣로서 疲弱해질 때이다.

第6章   六親과 婦女命

第1節   六親 看法篇

1. 六親看命正法
　六親은 父母, 兄弟(姉妹), 妻(夫) 子女를 指稱한다.
　舊書에 記載되어있는 六親을 取하는 法에는 여러가지로 不合理한 점이 많으므로, 이에 바르게 고쳐서 실었으니 이 點을 諒知하시기 바랍니다.
(1) 生我者인 印星은 父母이므로 男·女命을 不問하고 父母는 印星으로써 본다.
(2) 我剋者인 財星은 妻財이므로 妻宮은 財星으로 본다.
(3) 剋我者인 官殺은 夫星이므로 夫君은 官殺로 본다.
(4) 比和者인 比劫은 兄弟이므로 兄弟(姉妹)는 比劫으로 본다.
(5) 我生者인 食傷은 子女이므로 男·女命을 不問하고 子女는 食傷으로 본다.

2. 父母妻子의 宮位
(1) 月柱를 父母의 宮位로 삼는다.
(2) 日柱는 夫妻의 宮位로 삼는다.
(3) 時柱는 子女의 宮位로 삼는다.

第2節   六親分論篇

1. 妻運의 良否
○ 財星이 用神이면 그의 妻가 美貌이고 名門家庭 閨媛이다.
○ 財星이 用神이 서로 敵對치 않으면 妻가 美貌이고 人品 또한 善良하다.
○ 財星이 旺하고 身强일때는 富貴도 得하고 妻妾도 多하기 쉽다.
○ 官星이 弱한데 傷官을 逢한 경우, 財星이 있으면 妻가 賢淑하고 剋害됨이 없다.

○ 身旺한데 無財星이면 妻와 早別하고 財星이 輕한데 比劫이 多한 경우, 無官星이면 妻를 剋한다.

○ 財星이 重한데 身弱之命인 경우, 無比·劫이면 妻를 剋한다.
○ 官殺이 重하여 印星을 用神 삼은 命局일때, 有財星이면 그 妻 庸劣하며, 夫君을 剋害한다.
○ 官殺이 輕하고 身旺일때 財星과 比·劫이 同時에 있으면 그 妻는 美貌이나 夫를 剋한다. (이런 경우 夫가 妻를 剋하는 것을 흔히 본다.)
○ 劫財와 羊刃이 重하고 財星이 輕일때, 食傷과 印星이 함께 있으면 그 妻가 凶死한다.
○ 日支가 用神에 對해서 不利를 주는 경우, 그 妻는 전여 內助의 힘이 되지 못한다.
○ 日支가 沖을 받고 있음은 그 妻 家出하거나 死亡 등의 不幸이 있다.
○ 財星이 少하고 官殺이 旺한 命局인데 無食傷에 印星만 있으면 妻가 身體虛弱하고 恒常 持病이 있기 쉽다.
○ 劫財나 羊刃이 旺하고 無財星일때, 妻가 賢慧하면 夫를 剋하고 妻가 庸劣하면 免한다.
○ 劫財와 羊刃이 旺하고 財輕일때, 食神傷官이 있으면 賢妻로서 剋夫하는 일은 없다.
○ 日支가 財星으로서 또 財星이 用神이면 妻의 財力이나 內助에 힘입어서 良好하게 된다.
○ 진작 財星은 薄하나 助財星이 있거나, 혹은 財旺身弱한 命局이나 比肩劫財가 있거나 혹은 財星이 薄하고 多官殺인데 傷官이 있는 이런 命局은 모두 賢妻를 얻는다.
○ 身弱한데 官殺도 弱일때 財星이 있어서 官殺을 生助 할때, 또는 官輕하고 傷官이 重일때 傷官이 財星으로 化하는 경우, 도는 印星이 重重일때 財星이 得氣하고 있는 등은 모두 賢妻를 만나며 富貴하게 된다.
○ 比肩이나 劫財가 多하고 財는 地支에 隱藏된 경우, 賢妻로서 剋夫하지 않는다.
○ 財星이 深藏한데 沖이 있는 경우도 賢妻가 있다.
○ 財星이 多官殺 때문에 泄氣된 命局은 妻가 內助에 보탬이 못되는 경우가 많다.
○ 日干이 喜財星인데 財星이 合化하면 妻가 不貞해서 他人과 情을 通한다.

○ 七殺이 重하고 身輕한 命局인데 財星이 七殺을 生助하거나, 또는 官星이 多하여 印星을 用神삼은 命局일때 財星이 印星을 毀損하는 경우, 傷官과 印星이 있고 財星이 地支에서 三合會局이 되는 경우, 이들은 모두 妻가 庸劣하며 賢淑치 못하거나 甚하면 妻로 因해서 禍를 招來하며 傷身함이 있다.

〈妻와 財〉 命學에서는 아내를 가리키는 妻星과 재물을 가리키는 財星을 똑같이 正財·偏財로 보고 있다. 그런데 세상에는 財富를 얻으면서도 妻緣이 좋지 못한 사람이 있는가 하면, 아내는 賢淑한데, 財가 없어 가난한 사람들이 있음을 흔히 봄은 어찌된 영문일까?

이런 경우를 硏究해 보면 전자는 財星이 用神인데 日支가 忌神이 됨을 볼 수 있고, 후자는 財星은 不足하나 日支가 喜神인 경우 등이 많다.

2. 夫運의 榮枯

○ 官星이 過旺인 경우 傷官이 救我星이 된다. 그러므로 이와같은 官星太過의 命인 경우, 傷官의 힘이 足할때는 夫가 榮達하지만 傷官의 힘이 不足할 때는 夫가 衰枯하게 된다.

○ 官星이 弱할때는 財星이 救星이 된다. 그러므로 財星의 힘이 足할때는 夫가 榮達하고, 財星이 힘이 不足할때는 夫運은 衰하게 된다.

○ 傷官이 旺한데 無財星 無官星일때는 印星이 救星이 된다. 印星의 힘이 足할때는 夫가 榮達하고 印星의 힘이 不足하면 夫運은 衰하게 된다.

○ 官星이 過旺한데 無比·劫이면 印星으로서 我救神을 삼는 것인바, 印星의 힘이 足하면 榮達하지만 印星의 힘이 力不足이면 夫運은 衰하게 된다.

○ 命局이 거이 比肩, 劫財로서 無官星, 無印星인 경우, 食神, 傷官이 我身의 缺點을 求한다. 食傷의 힘이 足하면 夫가 榮達하고 食傷의 힘이 不足하면 榮達은 無望이다.

○ 印星이 過多하고 無官星이거나 傷官이 없을 때는 財星으로서 我身의 救星을 삼는데, 財星의 힘이 足하면 夫가 榮達하고 財星의 힘이 不足하면 夫運은 衰하게 된다.

○ 傷官이 旺하고 日主가 衰인 경우, 印星으로 救神삼는데, 印星의 힘이 足하면 夫가 榮達하고 印星의 힘이 不足하면 夫運은 衰하게 된다.

○ 日主가 旺하고 食神, 傷官이 多일때는 財星이 救神이다. 財星의 힘이 足하면 夫運이 榮達하고 財星力이 不足하면 夫運은 衰하게 된다.

○ 官星이 輕하고 印星이 重할때는 財星이 救神이다. 財星이 힘이 足하

면 夫가 榮達하고, 財星의 힘이 不足하면 夫運은 衰하게 된다.
○ 官殺混雜일때는 食神이 救神이다. 食神의 힘이 足하면 夫運이 榮達하고, 食神의 힘이 不足하면 夫運은 衰枯한다.
○ 日支가 用神을 利롭게 할때는 夫運이 榮達하고 用神에 不利할때는 夫運이 衰한다.

[夫之刑剋] ○ 官星이 少하고 無財星일때 日主가 强하고 傷官이 重이면 必히 剋夫한다.
○ 官星이 少하고 無財星일때 日主가 强하고 印綬가 重이면 必히 剋夫한다.
○ 比肩, 劫財가 旺하고 無官殺일때는 剋夫之命이다.
○ 印星이 旺한데 無財星이면 必剋夫이다.
○ 印星이 旺하고 印綬가 輕하면 必剋夫이다.
○ 比肩, 劫財가 旺하고 無官星일때 傷官이 있고 印綬가 重이면 必剋夫이다.
○ 食神이 多하고 官星이 少일때, 印綬가 있고 財星을 만나면 必剋夫이다.
○ 日支가 官星일때 逢沖하면 夫와 百年偕老를 바라기 어렵다.

3. 父母德의 厚薄

[父母德 厚] ○ 年·月에 官星과 印星이 있고, 日·時에 傷官이나 財星이 없으면 父母의 惠澤이 있다.
○ 年에 財星, 月에 印綬가 있거나 또는 年에 印綬, 月에 正官이 있으면 祖上의 代代 名門家이다.
○ 年에 財星, 月에 印綬가 喜神이 되는 경우, 時나 日에 正官이 있으면 家業이 父母代에 이르러 旺盛했음을 뜻한다.
○ 年에 正官, 月에 印綬로서 正官이 喜神인 경우, 時나 日에 財星이 있으면 富貴家庭의 出生人으로서 家業을 잘 지키는 命이다.
○ 月干에 正財, 偏財, 印綬, 正官 등이 있어서 喜神일때, 그 父母 富裕하거나 貴人이다.
○ 偏印, 正印이 沖剋됨이 없으면 父母健全하다.
○ 印星이 扶抑이 適切할때는 父母가 壽命長壽한다.
○ 印綬가 官星의 生扶를 받거나, 或은 用神이 되는 경우, 父母는 榮達한다.

[父母德薄] ○ 正官이 喜神일때 月干에 傷官이 있으면 父母 德을 입지

못한다.
○ 財星이 喜神일때 月干에 劫財가 있으면 父母德을 입지 못한다.
○ 比劫이 喜神일때 月干에 官殺이 있으면 父母德을 입지 못한다.
○ 七殺이 喜神일때 月干에 印星이 있으면 父母德을 입지 못한다.
○ 食傷이 喜神일때 月干에 印星이 있으면 父母德을 입지 못한다.
○ 印星이 冲剋을 받으면 父母의 健全을 保全키 어렵다.
○ 印星이 用神을 剋破하면 父母로 因한 苦生이 莫甚하다.
○ 印星이 衰하고 財星이 多한 경우, 早失 父母한다.
○ 財星, 正官, 印綬 등이 日干에서 忌神이 됨은 父母가 貧賤하다.
○ 印星이 重하고 身輕일때 父母德이 薄하거나, 父母 때문에 苦生이 많다.
○ 印星이 重하고 官星도 多일때 父母德이 薄하다.

4. 子女緣의 好否

[子女緣 良好] ○ 日主가 旺하고 無印綬일때, 食傷을 보면 子女는 必多이다.
○ 日主가 旺한데 印綬가 重하거나 또 食傷은 輕한데 有財星이면 子多하고 賢明하다.
○ 日主가 旺한데 無印綬이고 食傷이 地支에 隱藏하고 官殺이 있으면 子女는 必多이다.
○ 日主가 旺한데 比劫이 多하고 無印綬에 地支에도 食傷이 있으면 子女는 多하다.
○ 日主가 旺한데, 食傷도 함께 旺한 경우, 無財星, 無印星이면 子女는 多하다.
○ 日主가 旺한데, 食傷이 輕하고, 印綬가 있고 財星이 地支에서 三合會局될 때는 子女는 多하고 더하여 富榮하는 命이다.
○ 食傷이 用神을 도울때는 子女가 모두 잘 자란다.
○ 日主가 弱하고 食傷이 重일때 印綬가 있고 無財星이면 必有子女이다.
○ 日主가 弱하고 食傷이 있는데 無官星이면 必有子女이다.
○ 食神, 傷官이 冲剋받지 않으면 必有子女이다.
○ 食傷이 弱한데 生扶를 받는 命局, 또는 食傷이 過强한데 抑制를 받는 命局은 모두 子女가 있다.
○ 食傷이 用神이면 子女가 많거나, 또 子女의 힘을 얻는다.
○ 用神이 時柱에 있으면 子女가 많으며 또한 子女의 힘을 얻는다.

[子女緣 不良] ○ 日主가 旺하고 印綬가 重인 경우, 食傷이 弱하면 子女는 必少이다.
○ 日主가 弱하고 印綬도 弱한데 食傷이 重하면 子女는 必少이다.
○ 日主가 弱하고 食傷도 弱한데, 無比劫에 官星이 있으면 無子女이다.
○ 日主가 弱하고 食傷이 旺한데, 印綬도 있고 財星도 있으면 子女는 있어도 힘이 못되니 無子女나 진배없다.
○ 日主가 旺하고 印綬가 있는 경우, 無財星이면 子女는 必少이다.
○ 日主가 弱하고 官殺이 旺하면 無子女이다.
○ 日主가 弱하고 食傷이 旺한데, 無印綬이면 無子女이다.
○ 火炎土燥로 火性干支가 太過하여 土性干支가 乾燥하면 無子女이다.
○ 水泛木浮로 水性干支가 太過해서 木性干支가 浮木되면 無子女이다.
○ 金寒水冷으로 金性干支가 太過해서 水性干支가 寒冷하면 無子女이다.
○ 印綬過多로서 干과 支가 重重印綬일때는 無子女이다.
○ 財星과 官星이 지나치게 過旺함도 無子女이다.
○ 四柱八字 가운데 食傷이 다섯개 以上있으면 無子女이다.
○ 食傷이 沖剋을 받으면 無子女이다.
○ 食傷이 强한데 다시 生扶를 받고있으면 無子女이다.
○ 食傷이 弱한데 다시 抑制를 받고 있으면 無子女이다.
○ 食傷이 用神을 破壞하는 경우에는 子女가 적으며, 子女의 힘을 얻지 못한다.
○ 用神을 破하는 變通星이 時柱에 있으면 子女의 힘을 얻지 못한다.

5. 兄弟緣의 好否

[兄弟緣 良好] ○ 七殺이 旺하고 無食神, 無印綬인 경우, 劫財와 七殺이 干合하면 兄弟德이 있다.
○ 七殺이 旺하고 食神이 輕일때, 또는 印星이 弱한데, 財星을 만난 경우, 比肩이 있으면 兄弟德이 있다.
○ 七殺이 旺하고, 財星의 生扶까지 받는 경우, 比肩이나 劫財가 있으면 兄弟間에 誼도 좋고 또한 德도 있다.
○ 日主가 衰해도, 印星이 强하고 月柱에 있으면 兄弟가 많다.
○ 財星이 弱하고 劫財가 强한데 食神이나 傷官이 있으면 兄弟間 友愛가 좋다.
○ 財星이 弱하고 劫財가 强한데, 官星이 强하게 天干에 있으면 兄弟 사

이가 좋다.
○ 日主가 弱하고 財星과 印星이 함께 있는 경우, 다시 劫財가 있으면 兄弟는 榮達한다.
○ 比肩과 劫財가 太過하지도 않고 또 不及도 아니면 兄弟사이는 좋은 법이다.
○ 比肩이 用神일때는 兄弟의 힘을 얻을 수가 있다.
[兄弟緣 不良]○ 官星이 弱하고 傷官이 重일때, 比肩, 劫財가 있으면 兄弟(姉妹) 때문에 苦生한다.
○ 七殺이 弱하고 食神이 過強일때, 比肩, 劫財가 있으면 兄弟때문에 苦生한다.
○ 財星이 弱하고 劫財가 強할때, 印星이 있으면 兄弟間에 뜻이 서로 맞지 않는다.
○ 七殺이 重하고 無印星에 日主가 弱한데, 傷官이 隱藏되어 있으면 兄弟 無德이다.
○ 身旺한데 偏印을 만나고 劫財가 旺한데 無官星이면 兄弟無德하며 獨立 奮鬪한다.
○ 偏印과 比肩이 共多하고 財星은 輕한데 七殺이 支中에 隱藏해 있으면 兄弟때문에 弊端이 있다.
○ 比肩이나 劫財가 用神을 破하면 兄弟로 因해서 苦生한다.
○ 比肩이나 劫財가 用神한데 破를 當하면, 本人은 榮達하고 兄弟가 衰退한다.
○ 比肩이 弱한데 生扶받지 못했을때, 또는 比肩이 過強한데 抑制받지 못할때는 모두 兄弟가 少한다.

第3節 女命取用篇

1. 女命看法과 用神

　婦女子의 看命法도 男命의 看命法과 별반 다르지는 않으나 다만 男命은 어디까지나 日主를 重視하는데 反해서 女命에슨 夫運과 子女運을 각별히 重要視하는 點에서 特徵을 찾을 수 있다.
　그러한 까닭에 用神을 取하는 法이 夫星인 官殺과 子女星인 食傷에 特히 注意를 기우린다.
　이를테면 日主를 弱하게 할 망정, 夫星과 子女星만은 아프게 하거나 괴롭혀서는 절대로 않되는 것이다.

夫運과 子女星이 良好한 것을 으뜸가는 上等의 命으로 치며, 다음이 夫運이나, 子女運 중에서 하나만이라도 良好해서 依持가 될만 한 것을 버금가는 中等의 命으로 치고 두가지를 모두 믿고 의지할 수 없는 것은 아무리 日主가 强해도 下等의 命으로 치고 있다.

2. 女命用神 取法
[身强之部] ○ 日主가 强하고 食傷이 多하면 財星을 用神삼는다.

　日主가 强하고 食傷도 强하면 日主와 子女星이 健全하게되어 財星을 用神삼아서 官殺을 生해주면 夫도 함께 榮達 한다.

○ 日主가 强하고 食傷이 多일때 無財星이면 印星을 用神삼는다.

　日主가 强하고 食傷이 强할때, 日主와 子女星은 健全하지만 財星이 없으므로 官殺은 直接 食傷의 剋制를 받게 된다. 그래서 夫星에 欠이 있게 되므로 印星을 用神삼아서 食傷을 制하고 官殺인 夫星을 救하도록 한다.

○ 日主가 强하고 食傷이 多일때 無財星, 無印星이면 食傷을 用神삼는다.

　日主가 强하고 食傷이 多인데 財星도 없고 印星도 없으면 自身과 子女만이 良好한 것이되며, 官殺은 食傷의 剋制를 받아 救할 길이 없다. 결국 夫를 依賴할 수 없는 命이니, 食傷을 用神삼아서 子女를 잘 養育해서 老後나마 安樂하게 지내게 된다.

○ 日主가 强하고 官殺이 多일때는 食傷을 用神삼는다.

　日主가 强하고 官殺이 多하면 自身과 夫가 모두 健全하게되어 다시 食傷을 用하면 子女까지 良好해 진다. 官殺이 多해서 食傷이 制禦를 받아도 夫를 돕는 作用을 일으키기 때문이다.

○ 日主가 强하고 官殺이 多일때는 無食傷이면 財星을 用神삼는다.

　日主가 强하고 官殺이 多한데 食傷이 없으면 自身과 夫는 健全하지만 食傷이 없으므로 子女는 어쩔수가 없다고 본다. 그러므로 財星으로서 官殺을 生扶해서 夫를 돕는 用神으로 삼는다.

○ 日主가 强하고 官殺이 多일때 食傷도 財星도 없으면 官殺을 用神삼는다.

　日主가 强하고 官殺이 多한데 食傷도 財星도 없으면 自身도 夫도 健全하므로 官殺을 用神으로 해서 夫의 官束에 마껴서 婦道의 從順을 지킨다.

○ 日主가 強하고 財星이 多일때 官殺을 用神을 삼는다.

　日主가 強하고 財星이 多하면 自身健全하고 夫를 돕는 힘이 있으므로 官殺을 用神한다. 夫는 財의 生扶를 받아 크게 榮達한다.

○ 日主가 強하고 財星이 多일때 無官殺이면 食傷을 用神을 삼는다.

　日主가 強하고 財星이 多일때 官殺이 없으면 自身과 夫를 돕는 힘은 健全하다. 그러나 그 긴요한 夫星이 없는 상태이다. 食傷을 用神 삼는 것은 夫가 없으면 子女를 믿고 의지할 뿐이기 때문이다.

○ 日主가 強하고 財星이 多일때 官殺도 食傷도 없으면 財星을 用神 삼는다.

　日主가 強하고 財星이 多일때 官殺도 食傷도 없으면 夫도 子女도 의지가 되지 못하므로 할 수없이 財産을 의지해서 老後를 보내게 된다.

○ 日主가 強하고 印星이 多일때 財星을 用神 삼는다.

　日主가 強하고 印星이 多하면 自身健全하며 父母의 旺氣를 받으므로 지나치게 強한 憾이 있다. 財星을 用神삼으면 印星을 剋하고 夫를 도울 수가 있다. 官殺을 取用 않은것은 印星이 多해서 官殺을 泄해버리므로 妻가 夫의 制禦를 듣지 않기 때문이다.

○ 日主가 強하고 印星이 多일때 無財星이면 官殺을 用神삼는다.

　日主가 強하고 印星일 多일때 財星이 없는 경우, 印星을 制하는 것이 없으므로 하는 수 없이 官殺로서 日主를 制한다.

○ 日主가 強하고 印星이 多일때 財星도 官殺도 없으면 食傷을 用神삼는다.

　日主가 強하고 印星이 多일때 財星도 官殺도 없으면 身旺해서 전연 夫를 의지할 수 없으므로 子女를 의자하게 된다. 즉 印星이 身을 生하고 身이 다시 食傷을 生하는 것으로서 서로 相生을 利用한다.

○ 日主가 強하고 比肩이나 劫財가 多일때는 官殺을 用神삼는다.

　日主가 強한데다가 比肩이나 劫財가 多하면 지나치게 旺하므로 官殺의 制禦를 받아야 한다.

○ 日主가 強하고 比肩이나 劫財가 多일때 無官殺이면 食傷을 用神삼는다.

　日主가 強하고 比肩이나 劫財가 많을경우, 官殺이 없으면 夫가 의지가 못되므로서 食傷의 泄身作用을 利用하는 것으로 子女를 믿고 의지하게 된다.

○ **日主가 强하고 比肩이나 劫財가 多일때 官殺도 食傷도 없으면 財星을 用神삼는다.**

日主가 强하고 比肩이나 劫財가 많을경우, 官殺도 食傷도 없으므로 夫도 子女도 의지가 되지 않으므로 財로서 養身하게 된다.

[身弱] ○ **日主가 弱하고 食傷이 强일때는 印星을 用神삼는다.**

印星은 食傷을 制해서 官殺을 保護하게되며 弱한 日干을 生扶해 주게 되므로 自身, 夫, 子女 모두 印星의 庇陰으로 健全하게 된다.

○ **日主가 弱하고 食傷이 多일때 無印星이면 財星을 用神삼는다.**

日主가 弱하고 食傷이 多일때 印星이 없으면 身弱이 지나친 憾이 있다. 또 夫도 食傷의 剋을 받아 危殆롭다. 財를 用神 삼으면 食傷을 泄하고 官殺을 生扶하므로 夫와 子女는 良好를 얻는다. 다만 自身은 아무래도 지나치게 弱해지나 하는 수 없다.

○ **日主가 弱하고 食傷이 多일때 印星도 財星도 없으면 比肩 劫財를 用神삼는다.**

日主가 弱하고 食傷이 多일때 印星도 財星도 없으면 身弱이 지나쳐서 子女 緣이 없는 命局이되어 夫도 危胎롭게 된다. 이런 경우에는 比肩 劫財로서 自身을 돕는 길밖에 없다. 夫와 子女에 대해서는 어쩔수가 없다.

○ **日主가 弱하고 官殺이 多일때는 印星을 用神삼는다.**

日主가 弱하고 官殺이 多일 때는 夫勢가 過重하고 自身의 勢는 輕하므로서 印星으로 用神삼아 官殺의 氣를 泄하게하며 自身을 生扶하도록 作用시켜 夫과 自身의 均衡을 잡게 함이 옳다.

○ **日主가 弱하고 官殺이 多일때는 無印星이면 食傷을 用神삼는다.**

日主가 弱하고 官殺이 多일때 印星이 없으면 食傷으로서 官殺을 制禦한다. 自身이 더더욱 弱해지는 憾이 있으나 夫와 子女의 均衡保持上하는 수 없다.

○ **日主가 弱하고 官殺이 多일때는 印星도 食傷도 없으면 比劫을 用神삼는다.**

日主가 弱하고 官殺이 多일때 印星도 食傷되 없으면 夫星大過에 子女

星不及이 되어서 夫와 子女 모두 의지가 되지 못하므로 比劫을 取用에 自身이 强해질 도리밖에 없다.

○ 日主가 弱하고 財星이 多일때는 比劫을 用神삼는다.

　日主가 弱하고 財星이 多일 때는 財는 身을 弱하게 할 뿐만 아니라 子女星인 食傷을 泄해버리므로 比劫으로써 財星을 制하고 扶身하며 食傷을 生扶케 한다.

○ 日主가 弱하고 財星이 多일때 無比劫이면 官殺을 用神삼는다.

　日主가 弱하고 財星이 多일때 比劫이 없으면 지나치게 身弱해져서 子女緣도 薄해진다(財星이 많으면 食傷이 泄氣되어서, 身弱이면 食弱을 生扶할 수가 없다.)官殺을 用神삼으면 財星을 泄할수가 있으므로 夫를 의지 할수 있다.

○ 日主가 弱하고 財多일때 比劫도 官殺도 없으면 印星을 用神삼는다.

　日主가 弱하고 財星이 多일때 比劫이 없으면 이미 지나치게 身弱해서 子女緣도 薄한것인데, 官殺까지 없다면 夫까지도 믿지 못한다. 이런 경우에도 自身이 强旺을 圖謀할 밖에 도리가 없어 印星을 用神삼는다.

○ 日主가 弱하고 印星이 多일때는 財星을 用神삼는다.

　日主가 弱하고 印星이 多일때는 自身, 夫(官殺), 子女(食傷) 모두 不足이 된다. 日主가 弱하면 自身이 不足하고 印星이 多하면 官殺을 泄하며, 食傷을 剋하므로서 夫, 子女도 不足해진다. 財星을 用神삼으면 印星을 制하여 官星을 도울수 있게된다.

○ 日主가 弱하고 印星이 多일때 無財星이면 比劫을 用神삼는다.

　日主가 弱하고 印星이 多일때, 財가 없으면 夫星을 도울수가 없으므로 比劫의 助身과 食傷을 生扶하는 作用을 믿고 의지해야 한다.

○ 日主가 弱하고 印星이 多일때 比劫도 財星도 없으면 官殺로 用神삼는다.

　日主가 弱하고 印星이 多일때, 比劫도 財星도 없으면 官殺을 用하는 理由는 夫星을 믿고 의지하기 때문이다.

女命取用神 早見表

身强弱	女命日主强					女命日主弱			
多　星	食傷多	官殺多	財星多	印星多	比劫多	食傷多	官殺多	財星多	印星多
用	用財星	用傷食	用官殺	用財星	用官殺	用印星	用印星	用比劫	用財星
	無財星	無傷食	無官殺	無財星	無官殺	無印星	無印星	無比劫	無財星
	用印星	用財星	用傷食	用官殺	用傷食	用財星	用傷食	用官殺	用比劫
神	無財星	無傷食	無官殺	無財星	無官殺	無印星	無印星	無比劫	無財星
	無印星	無財星	無傷食	無官殺	無傷食	無財星	無傷食	無官殺	無比劫
	用傷食	用官殺	用財星	用傷食	用財星	用比劫	用比劫	用印星	用官殺

4. 女命의 淫賤秘要

日主가 旺하고 官星이 弱한데 無財星인 女命
日主가 旺하고 官星이 弱한데 食傷 또한 强하고 無財星인 女命
日主가 旺하고 官星이 弱한데 日主가 食傷을 生해주는 女命
日主가 旺하고 官星이 弱한데 日主나 官星이 干合된 女命
日主가 食傷이 旺하고 官星이 弱한데 無財星인 女命
日主가 旺하고 官星이 天干에만 있고 地支에 없으며 日干과 財星이 干合된 女命
日主가 弱하고 食傷이 重인데 印星이 弱한 女命
日主가 弱하고 食傷이 重인데 無印星에 財星이 있는 女命
食傷이 月令을 得하고(예컨데 甲日主, 月支가 午인 경우, 丙이 食神으로 月令을 得한다고 한다.) 財官이 勢을 失하고 있는 女命
比劫이 食傷을 生하고, 官星의 生扶를 받지 못하는 女命
四柱에 食傷이 過多한데 無財星인 女命
四柱에 官殺이 過多한데 無印星인 女命
四柱에 比劫이 過多한데 無食傷인 女命
四柱에 印星이 過多한데 無財星인 女命

第4節 富貧壽夭篇

1. 富貴吉壽看命訣

[富]命局中에 다음과 같은 情況이면 모두 富를 蓄積할 수가 있다.
財星이 旺하여 官星을 生하고 官星은 比劫을 制해서 財星을 守護하는 경우.
印星이 忌神인데 財星이 있어서 印星을 制하는 경우.
印星이 喜神인데 財星이 있어서 官星을 生하는 경우.
食傷이 重重일때 財星이 있는 경우.
財星이 重重일때 食傷이 있는 경우.
天干에는 無財星이나 地支가 財星 三合會局을 이룬 경우.
天干에 財星과 食傷이 함께 있는 경우.
日主도 財星도 旺한데 食傷이 있거나 혹은 官殺이 있는 경우.
日主도 印星도 旺한데 食傷은 輕하고 財星이 三合會局한 경우.
日主가 旺하고 官衰인데 印綬가 重하고 財星이 月令을 得한 경우.
日主와 比劫이 旺한데 財星과 印星이 없고 食傷이 있는 경우.
日主와 弱하고 財星이 重한데 官星과 印星이 없고 比劫이 있는 경우.
財가 用神인데 剋破됨이 없거나 혹은 財星이 用神을 助하는 힘이 强한 경우.

[貴]命局中 다음과 같은 情況이 있으면 財富의 多少를 不問 모두 社會에서 높은 地位와 名望을 얻을 수가 있다.
身旺 官旺하고 印綬가 食傷을 制해서 官星을 護衛하는 경우.
比劫이 忌神인데 官星이 比劫을 制하는 경우.
比劫이 喜神인데 官星이 生印하고 印星이 다시 比劫을 生하는 경우.
財星이 旺하고 官星이 財星을 泄하는 경우.
官星이 旺하고 財星이 過多치 않는 경우.
天干에 無官星이나 地支가 三合會局해서 官星이 되는 경우.
天干에는 無官星, 無財星이나 모두 地支에 있는 경우.
身旺하고 官星이 弱일때 財星이 官星을 生하는 경우.
官星이 旺하고 身弱일때 印星이 官星을 泄하고 生身하는 경우.
印星이 旺하고 官衰일대 財星이 印星을 制하고 官星을 生財하는 경우.
印星이 衰하고 官旺일때 無財星인 경우.
比劫이 重重하여 財星이 弱할때 官星이 比劫을 制하는 경우.

財星이 印星을 剋하고, 官星이 洩財, 生印하는 경우.
印星도 官星도 天干에 있는 경우.
官星 用神인데 沖이나 傷官을 만나지 않는 경우.
官星이 用神을 助하는 경우.
正官이 用神인데 無偏官인 경우.
偏官이 用神인데 無正官인 경우.
偏官이 過旺인데 食傷이 制를 만나는 경우 등이다.

[吉]吉은 善하고 利롭다는 뜻이며 富와 貴가 있다고 하는 것과는 다르다. 한평생 惡運이나 危險한 運을 만나지 않고, 平穩無事히 지내게 된다.

 吉善한 命局이라 함은 가장 均衡이 잡힘을 가리키는 것으로서 다음 중 하나이면 吉에 든다.
身旺하여 財星이 用神일때 食傷이 財星을 生하거나 또는 官殺이 財星을 지켜줄 경우.
身旺하여 官星이 用神일때 財星이 官星을 生하거나 또는 印星이 官星을 지켜줄 경우.
身旺하여 七殺이 用神일때 七殺이 旺해서 食傷의 制를 만나거나 또는 七殺이 弱해서 財星의 生扶를 만나는 경우.
身旺해서 食傷이 用神일때 財星이 있는 경우.
身旺해서 印星이 用神일때 官殺을 만나는 경우.
身弱해서 比劫이 用神일때 官星이 重하고 印星을 만나거나, 또는 財星이 重해서 官星을 만나는 경우.
身弱해서 印星이 用神인데 官星이나 印星이 있는 경우.
以上과 같이 吉命을 이룬다함은 用神이 害를 입지 않는 命局이다.

[壽]命局이 다음과 같은 情況이면 모두 壽命이 긴 것이다.
五行의 分量이 平均되어 있는 경우.
四柱에 刑沖破害가 없는 경우.
三合이나 六合하는 變通星이 用神이 아닌 경우.
沖하는 것이 모두 忌神인 경우.
刑·沖·破·害·合을 받지 않는 것이 모두 用神에 利로운 경우.
日主가 旺해서 得氣하되 過旺하지 않는 경우.
身旺하고 官星이 弱일때, 財를 만난 경우.
身旺하고 財星이 弱한데 食傷을 만나는 경우.

身旺일때 食傷이 있는 경우.
身弱일때 印星이 強한 경우.
月支가 沖剋되어 있지 않는 경우.
行運이 用神에게 이로운 경우.

2. 貧賤凶夭看命訣

[貧] 命局中 다음과 같은 情況이 하나라도 있으면 貧命이다.
傷官이 少한데 財星이 多한 경우.
財星이 少한데 官殺이 多한 경우.
身弱한데 印星이 輕하고 食傷이 重重인 경우.
身弱한데 比劫도 弱하고 財가 重하거나 財가 過旺인 경우.
財星이 弱해서 食傷을 喜하는 命局인데 印星이 旺한 경우.
財星이 弱한데 劫財가 旺하고 食傷이 뵈지 않는 경우.
財星이 多하여 比劫을 喜하는데 도리어 官殺이 比劫을 制壓하는 경우.
印星이 喜神인 命局에 財星이 印星을 剋하는 경우.
印星을 忌하는 命局인데 財星이 官星을 生하는 경우.
財星이 喜神인 命局에서 財星이 干合되거나 支合 三合되어진 경우.
官殺이 旺해서 印星을 必要로 하는데, 財星이 三合會局이 되는 경우.
財星이 忌神이 되는 경우.
財星이 用神의 沖을 받는 경우.

[賤] 賤이란 態度나 行爲가 卑劣한 것으로서 社會的 地位가 낮다는 뜻이 아니다. 그러므로 上流階級에 屬한 사람일찌라도 賤할 수가 있고, 또 下流階層이라 해서 반드시 賤한 것은 아니다. 그러니 賤이란 가짜 紳士, 小人輩 등을 이르는 것으로써, 이와 같음은 性格上으로 分析해서 정해야 할 것이다.
命局中에 다음과 같은 情況이 있으면 모두 賤이 된다.
官星이 輕한데 印星이 重하고 身旺인 경우.
官星이 重한데 印星이 輕하고 身弱인 경우.
官星과 印星이 均衡이 잡혀 있으나, 日主가 特히 弱한 경우.
官星이 輕한데 劫財가 重하고 無財星인 경우.
官殺이 重한데 無印星인 경우.
財星이 輕한데 劫財가 重하고 官은 支中에 隱藏해서 天干에 不通한 경우.
官星이 旺해서 印星을 喜하는 命局인데 財星이 毁印하는 경우.

官殺이 重한데 無印星이라. 無理하게 食傷을 用해서 制해야 하는 경우.
官星이 多하고 忌財神하는 命局인데 財星이 三合會局하는 경우

[凶]凶이란 危險과 破瀾이 많은 人生을 말한다. 다음과 같은 情況이 있으면 凶이 된다.
財星이 旺하고 身弱인데 比劫이나 印綬가 없는 경우.
七殺이 旺하고 身輕인데 食傷이나 印星이 없는 경우.
官星이 用神인데 多傷官에 無財星인 경우.
印星과 比劫이 多하고 官星이 輕한 경우.
七殺이 輕하고 多食傷인데 無財星인 경우.
比劫이 거이 滿盤인데 無官殺인 경우.
食神이 用神인데 偏印이 多한 경우.
七殺이 忌神인데 財星이 多한 경우.
財星이 喜神인데 比劫이 多한 경우.
食傷이 忌神인데 無印星인 경우.
官殺이 輕한데 印星이 多한 경우.
正官이 喜神인데 七殺이 있어서 官殺混雜이 되는 경우.
變格局外格으로 成立되나 破를 받는 경우.

[夭]命局中에 다음과 같은 情況이 있으면 天壽를 온전할 수가 없으며 短命夭折하게 된다.
印星이 지나치게 旺한 경우.
財星과 七殺이 過旺해서 日主가 도움을 받지 못하는 경우.
忌神과 用神이 뒤섞여 剋하고 合하는 경우.
好沖하는 命局인데 無沖인 경우.
忌合하는 命局인데 合이 있는 경우.
忌沖하는 命局인데 沖이 있는 경우.
好合하는 命局인데 無合인 경우.
日主가 弱하고 用神도 淺한 命局인데 忌神의 根이 强한 경우.
大運干支가 用神을 救하지 않고 忌神을 生扶하는 경우.
身旺한데 官殺이나 食傷이 전연없는 경우.
印星이 用神인데 財星에게 毁印되는 경우.
身弱해서 印星의 救身을 借用하고 있는데, 食傷이 過多한 경우.
合, 木, 土만 있고 無火인 경우.
木, 火, 土만 있고 無水인 경우.

第7章 命學研究 補充篇

第1節 吉凶諸神殺 研究

　　命學書에는 各種 吉凶神殺이 記載되어 있는데, 그 가운데는 믿을 만한 것과 믿을 수 없는 것들이 두루 뒤섞여 있다. 이와 같은 神殺의 數는 120여에 이르고 있다고 하니 참으로 놀라지 않을 수 없다.
　　이에 대해서 하나하나 그 由來와 근거를 찾아 살펴서 眞假를 가리고 眞疑를 決定짓는 것은 매우 어렵고 困難하다. 그 120여 神殺 中에는 아주 虛無孟浪한 思考方式에서 나온것 같은 妄造한 것도 적지 않게 있어서, 덮어놓고 盲信하다가는 判斷家나 當者에게 모두 被害가 됨은 勿論이겠으나 그렇다고 全部 廢棄할 수 만도 없는 것이 神殺인 것도 儼然한 實狀이다. 이에 長久한 歲月동안 先人術客들이 즐겨 受用하고 判斷에 應用하였던 各種吉凶神殺을 早見表와 함께 그 星情을 실어 神殺研究에 參考가 되도록 하였다.
　　본시 命學의 正道는 原命局의 格局 用神 喜忌가 根本이며, 神殺은 枝葉에 지나지 않는다고 본다. 그러므로 너무 神殺에 執着말것을 當付드리며 그 取捨選擇은 學者諸位의 研究結果에 맡기려 한다.
　　여기에 收錄된 吉凶諸神殺을 要約하면 다음과 같다.
　(1) 將星諸辰神殺은 普通 十二神殺로서 예전에는 年支에서 基準하여 表出하였으나 近來에는 日支 基準으로 보는 方法이 普遍化되고 있다.
　(2) 孤神・寡宿殺은 年支로 보는 凶殺이다.
　(3) 十干貴神은 生日干 基準으로 表出되는 貴人星으로 모두 吉神善神이다.
　(4) 十干吉神은 生日干 基準으로 表出되는 祿神으로 善吉神이다.
　(5) 月支吉神은 生日支 基準으로 表出되는 諸吉神들이다.
　(6) 十干凶殺은 生日干 基準으로 表出되는 諸凶殺들이다.
　(7) 月支凶殺은 生月支 基準으로 表出되는 諸凶殺들이다.
　(8) 기타 凶殺로 金神時 湯火殺 등이 있다.

(1) 將星諸辰 神殺 早見表

神殺　年·日	申子辰	寅午戌	亥卯未	巳酉丑
將　　星	子	午	卯	酉
攀　　鞍	丑	未	辰	戌
驛　　馬	寅	申	巳	亥
六　　害	卯	酉	午	子
華　　蓋	辰	戌	未	丑
劫　　殺	巳	亥	申	寅
災殺(白虎)(囚獄)	午	子	酉	卯
天　　殺	未	丑	戌	辰
地殺(地背)	申	寅	亥	巳
年殺(咸池)(桃花)	酉	卯	子	午
月　　殺	戌	辰	丑	未
亡　　神	亥	巳	寅	申

將星諸辰(十二神殺)判斷法
○ 將　星(子午卯酉)
　　將星은 正義感이 强하며 邪에 誘惑되지 않는 中心을 지키는 吉星이다. 文武가 兼全한 頭領運으로 官界에 進出하면 祿重權高로 大權을 掌握한다. 財政識으로 나아가 一國의 經濟權을 掌握하게 되고 器局이 작아도 大會社의 經理를 總括하게 된다.
○ 攀　鞍(辰戌丑未)
　　攀鞍은 말안장의 뜻이며, 말위에 높이 올라타는 즉 出世를 意味한다. 溫雅하고 賢明하므로 누구에게나 恭敬을 받는다. 文章으로 名聲을 얻거나 官祿으로 成功한다. 天乙貴人이 命局에 함께 있으면 少年登科格으로 國家考試(司試·行試·外試등)에 일찍 合格한다. 또 驛馬가 있을때는 豪富가 된다고 한다.
○ 驛　馬(寅申巳亥)
　　驛馬는 말을 타고 멀리 달린다는 뜻으로 移動性이 特星이다. 客地, 他

關, 海外와 緣이 많아 旅行運이 많아서, 故鄕이나 故國을 떠나 사는 일이 많다. 他支와 支合인 경우 海外移民등 他地에서 크게 成功한다. 그러나 刑沖破害 등을 만나면 客地에서 客地로 떠돌아다니며 風破를 많이 겪는다.

移動, 轉勤 등이 잦은 職이 有望하며, 外交官, 貿易商, 軍人, 警察官도 大吉한다. 年과 日이 서로 驛馬되면 配偶者와 자주 別居運이 發生하며 심한 경우는 永久別居한다.

驛馬가 空亡을 만나면 住居가 자주 바뀌며 사는 곳이 恒常不安하다.

○ 六　害(子午卯酉)

六害는 마구간에 묶어 매어둔 말처럼 遠行을 못한다는 殺로서 또 病은 長患을 앓아본다는 凶殺이다. 平素에 人德이 없으면 恩慧를 베풀어도 報答받기는 커녕 怨讐로서 報復당하는 變이 있다. 六親無德에 外富內貧하여 努力은 많이해도 虛事가 많으니 孤寂한다. 宗敎에 歸依하면 減厄 된다.

○ 華　蓋(辰戌丑未)

華蓋는 貴賓客이 坐定할 特別席이다. 屛風을 두루고 寶石으로 치장한 비단방석으로 치장된 華麗한 자리이니 安定되고 빛난다는 吉星이다. 知識이 많고 思慮가 깊은 聰明人으로 文章에 能하고 藝術에 조예가 깊다. 僧道, 聖職者, 宗敎家 등으로 信望이 높은 이가 나온다. 孤獨한 一面도 있다.

○ 劫　殺(寅申巳亥)

劫殺은 三合局 五行의 絶地에 該當되는 支에 表出된다. 예를 들면 寅午戌 火局은 亥가 劫殺이고, 亥卯未 木局은 申이 劫殺이고, 巳酉丑 金局은 寅이 劫殺이고, 申子辰 水局은 巳가 劫殺이다.

劫殺은 自己意思에 反하여 偶然히 劫奪을 당한다는 殺이다. 이 殺이 있으면 速敗하거나 盜難을 많이 당하는 등 不意의 奪財가 있다.

劫殺과 天乙貴人이 同柱하면 自然힌 威嚴을 갖추며 巧妙하게 謀事를 잘한다고 한다. 吉星과 함께 있으면 聰明 敏捷하고 才智가 넘친다. 官殺과 同柱면 不時에 災禍가 닥치며 死傷의 厄이 있다.

劫殺이 있으면 健康이 虛弱하며 특히 胃脹病으로 辛苦하며 藥酒를 自制치 않으면 酒邪까지 생겨 남의 따돌림을 自招하여 信用을 잃는다. 특히 耳鼻咽喉疾患에 잘 걸리며, 심한 경우 聾啞가 되기도 한다.

○ 災　殺(子午卯酉)

災殺은 一名 囚獄殺로서 訟事, 拉致, 監禁등 身體가 拘束되는 災難을 많

이 겪어 본다는 凶殺이다. 原命局에 災殺이 있고 制殺됨이 없으면 行運 流年에 災殺이 들때 災厄을 당하니 조심할 것이다.
○ 天 殺(辰戌丑未)
天殺은 天災를 당하는 厄殺이다. 水災, 風災, 旱災를 비롯하여, 우연한 不意의 突發事故 등의 被害가 있다는 것이므로 조심할 것이며, 自動車, 列車, 船舶, 航空機 事故로 準天災로 보아야 한다.
○ 地 殺(寅申巳亥)
地殺은 地變, 또는 踏地로서 他道他國에 運行하게 된다는 殺이다. 驛馬星과 거의 星情이 같으므로 驛馬와 같은 判斷이 適用된다. 그러므로 外交나 貿易關係 技術分野로 海外進出, 移民등도 有利하다. 國內에 있어서는 運轉技士, 航空, 航海技士 등에 從事者가 많이 輩出한다.
○ 年 殺(子午卯酉)
年殺은 一名 咸池 또는 敗神이라고 한다. 年殺은 行運 年度에 色情으로 因한 災難이 있다고 하며, 이 殺을 桃花殺이라고도 부른다.
　男女가 年殺을 犯하면 淫亂하고 酒色에 빠진다고 하며, 男命은 慷慨心이 많고 風流를 좋아한다고 하며, 女命은 異性交際를 즐기며 愛情이 많아 艷聞이 많다고 하나. 男命이 月支 挑花면 妻妾으로 因해서 致富한다고 한다.
　咸池坐下가 生旺하면(長生, 帝旺, 冠帶, 建祿 등) 용모가 아름답고 酒色에 빠져 歡樂을 쫒다가 家業을 돌보지 않고 끝내는 敗財, 破家로 亡身한다.
　咸池坐下가 死絶이되면 言行이 교활하고 放蕩에 휩쓸리고 또는 忘恩背信을 좋아해서 家業을 소홀히 한다.
　女命이 咸池, 驛馬가 함께 있으면 淫亂하고 염치가 없으며 뭇 男子에게 情을 주는 愛情行脚에 奔走하고 끝내는 色慾에 미쳐서 情夫와 더불어 멀리 逃走한다.
　咸池와 羊刃이 日時에 同柱하면, 學問, 藝術에 才能이 뛰어나 他의 羨望의 대상이 되나 몸이 虛弱하거나 疾病으로 辛苦한다.
　咸池와 沐浴에 進神이 同柱하면 容姿가 매우 아름다워 絶世美人이되나 好色家이다.
　日支에 咸池가 깃들면 好色으로 淫亂을 免치 못하고 正財, 正官, 貴人과 天月二德이 同柱하면 도리어 富貴多福한다.
　咸池가 가장 忌함은 刑合인데, 沖과 空亡이 있으면 無妨하다.
　咸池에 七殺이 있으면 娼女, 妓女, 演藝人이고, 男命도 演技者 혹은

藝道로 渡世한다.
咸池에 正財가 同柱하면 奢侈로 好色하는 者이다.
咸池가 羊刃이 同柱하고 生旺하면 男女를 不問하고 酒色에 沒頭하여 損命한다.
○ 月 殺(辰戌丑未)
月殺을 一名 枯焦殺로서 枯渴된다는 殺이다. 擇日에도 이날을 避하고 있다. 이 날 種子를 뿌리거나 심으면 싹이 안트고 씨를 받지 못한다고 하며, 암닭에 알을 안기면 병아리가 부화되지 않는다고 한다.
○ 亡 身(寅申巳亥)
亡身은 一名 破軍殺로서 計劃한 謀事가 水泡로 돌아가 마침내 敗家亡身하게 된다는 무서운 殺이다.

(2) 年支凶殺 早見表

生年凶殺	子年	丑年	寅年	卯年	辰年	巳年	午年	未年	申年	酉年	戌年	亥年
孤神	寅	寅	巳	巳	巳	申	申	申	亥	亥	亥	寅
寡宿	戌	戌	丑	丑	丑	辰	辰	辰	未	未	未	戌

○ 孤 神·寡宿 殺
孤神은 孤辰殺이라고도 하며 剋父剋財로 孤獨해진다는 凶殺이다. 一名 孤盜殺이라고 한다. 이 殺이 月·日에 있고 華蓋가 日·時에 있으면 옛날의 남사당패나 流浪劇團처럼 客地를 떠돌아 다니거나 僧道·聖職者의 運命이라고 본다.
寡宿은 女命이 꺼리는 바로서 剋夫, 奪夫된다는 凶殺이다. 孤辰과 寡宿에 雙辰이나 官印이 함께 있으면 修道寺院의 領袖格으로서 男命은 比丘僧이나 司祭가 되고 女命 또한 尼僧, 修女의 命이다. 孤辰寡宿이 있으면 六親緣이 薄하다.
孤辰寡宿에 驛馬가 同柱면 酒色에 放蕩하여 遊離他鄕하게 된다.
孤辰寡宿이 時에서 空亡을 만나면 少年時節 勞苦가 많은 사람이다.
時에 孤辰이나 寡宿殺이 깃들면 妻子息이 不肖하다.

(3) 十干貴神 早見表

貴人星 \ 日干		甲日	乙日	丙日	丁日	戊日	己日	庚日	辛日	壬日	癸日
天乙貴人	陰貴 / 陽貴	丑 / 未	子 / 申	亥 / 酉	酉 / 亥	未 / 丑	申 / 子	未 / 丑	午 / 寅	巳 / 卯	卯 / 巳
太極貴人	年	子午	子午	卯酉	卯酉	辰丑戌未	辰丑戌未	寅卯	寅卯	巳申	巳申
福星貴人	四柱	子	丑	子	子	未	未	丑	丑	巳	卯
天廚貴人	月	巳	午	巳	午	申	酉	亥	子	寅	卯
天福貴人	月	酉	申	子	亥	卯	寅	午	巳	午	巳
天官貴人	年月	未	辰	巳	寅	卯	酉	亥	申	戌	午
節度貴人	四柱	巳	未	巳	未	巳	未	亥	丑	亥	丑
文昌貴人	四柱	巳	午	申	酉	申	酉	亥	子	寅	卯
文曲貴人	四柱	亥	子	寅	卯	寅	卯	巳	午	申	酉
三奇貴人 (日干爲主 順列者是, 逆者非)		天上三奇 甲戊庚				人中三奇 壬癸辛				地下三奇 乙丙丁	

☆ 十干貴神判斷法
○ 天乙貴人

　貴人의 主位는 무어라해도 天乙貴人이으뜸이다. 이 貴人이 命局中 어느 柱에 臨해 있어도 온갖 凶殺을 解消시키며 貴人의 援助를 얻어서 發展 成功하며 危險에 直面해도 救助를 받는 貴星中의 貴星으로 삼고 있다. 그런 까닭에 天乙貴人이 있으면 凶한 四柱라도 吉로 變하여 大凶한 四柱는 平이되고 吉한 四柱는 大吉한 四柱가 된다고 한다.

　天乙貴人은 生日干에서 年, 月, 日, 時의 12支를 보아 表出하는데 夏至以後 出生者와 冬至以後 出生者와 表出支가 다르다는 것이다. 즉 夏至以後인 陰遁에 出生人은 陰貴人을 보고 冬至以後인 陽遁에 出生人은 陽貴人을 본다는 것이다.

　天乙貴人 表出法을 보면 辰과 戌이 없는데 그것은 辰을 天羅, 戌을 地網이니 貴人不臨地라 해서 除外한 것이다. 그러나 天羅地網의 魁星인 魁罡(庚辰, 庚戌, 壬辰, 戊戌)을 갖은 四柱에 天乙貴人이 있으면 남들에게

尊仰을 받는다. 다만 危難에 臨했을때 救援을 받지 못한다는 說도 있다.
　또 天乙貴人이 表出된 柱가 刑・沖・空亡 등이 되면 모처럼의 幸運星인 이 貴人도 吉意가 減消되어서 도리어 苦生이 많다고 한다.
　天乙貴人이 있는 柱가 干合하거나 支合되면 人品이 厚德하고 社會의 信用을 얻어 尊敬을 받아 大發達하며 한평생 刑罰의 難과 盜難등 災殃을 만나지 않는다고 되어 있다.
　天乙貴人이 年支에 있고 刑沖破害가 없으면 祖上德이 많고, 月支에 있고 刑沖破가 되지 않으면 父母나 兄弟緣이 有德하다. 時支에 있고 刑・沖・破가 없으면 子女가 貴하게되며, 또한 子孫德이 있따. 日貴人 日坐인 日支에 貴人이 臨하면 聰明한 사람으로서 刑・沖받지 않는다면 賢明한 配偶者를 만난다. 또 年天干에서 日支가 天乙貴人이 되면 賢妻의 內助를 얻고 女命은 貴夫를 만난다.

○ 太極貴人
太極貴人은 日干을 기준으로 生年支를 보아 表出한다. 이 貴人은 第三者의 物質的 援助를 얻으며 平生동안 困難을 겪지 않는다. 도 생각지 않던 福이 들어오는 등 橫財數가 있다. 貴人을 만나 社會의 地位과 높아지는 등 成功의 機會를 잡으며 반드시 頭角을 나타내는 吉祥의 幸運星이다.
　年支를 沖・破・害하는 地支가 時支에 들거나 空亡되는 경우 吉意가 消滅된다.

○ 福星貴人
福星貴人은 日干에서 四柱地支 어디에서나 해당支가 있으면 表出된다. 이 貴人은 매우 良好한 吉星으로서 많은 사람에게 敬受 받는다. 스스로 德望을 갖추어서 크게 成功하며 財政的으로도 언제나 裕福하다.
　福星貴人이 있는 地支가 刑・沖・空亡되여 있으면 虛名에 그치며 吉意가 消滅된다.

○ 天廚貴人
天廚貴人은 日干에서 生月支를 보아 表出되는 吉星이다. 食神과 함께 表出되므로 衣食住에 惠澤받으며 財福이 많아서 平生동안 生活에 困窮하는 일이 없다. 天廚人은 美食家로서 料理를 잘 만들거나 料理家로 名聲을 얻는다고 하는데 硏究課題이다. 역시 刑・沖・空亡되면 福意가 사라진다.

○ 天福貴人
天福貴人은 日干에서 生月支에 表出됨을 主로 삼고 있으며 他支에 나타남은 가볍게 본다. 原書에 公僕富貴라고 하였으니 軍人, 官吏, 公務員

등 公職에 從事하는 사람은 昇進機會가 빠르고 자연히 地位向上 發展이 速하다. 經濟的으로도 潤澤하게 된다. 다만 刑・沖・空亡되면 減福된다.

○ **天官貴人**
天官貴人은 日干에서 年支・月支를 보아 表出한다. 이 貴人이 있으면 文章도 잘하고 富貴를 누린다고 한다. 마음먹은 일이나 하는 일마다 順調롭게 進行되어 成事되고 成就된다는 吉星이다. 刑・沖・空亡이 되면 吉星意가 消滅된다.

○ **節度貴人**
節度貴人은 日干에서 四柱支 어디에서나 있으면 해당된다. 사람됨이 圓滿해서 매우 調和的인 人品이다. 沈着한 行動과 節度있는 行勢로서 着實한 基盤위에서 成功한다.

○ **文昌貴人**
文昌貴人은 日干에서 四柱支에 表出된다. 文學・藝術方面에 才德을 兼備, 社會的으로 名聲을 이룬다. 原書에 가로대 生前富貴하고 死後에 文章이라고 記載되어 있다.

○ **文曲貴人**
文曲貴人도 文昌星의 沖支로서 이루어져 있다. 日干에서 四柱支를 보아 表出된다. 文學・藝術方面에 特出한 才能을 갖추며 音樂・美術로 名聲을 얻는다. 文昌星과 함께 死後에 더욱 評價된다고도 한다.

○ **三奇貴人**
三奇의 명칭은 奇門遁甲에서 나온것인데, 知慧가 깊고 多方面에 才能을 發揮하며 社會的 地位가 向上되며 한平生 凶災가 侵犯치 않는다.

(4) 十干吉神早見表

神殺＼日干	甲日	乙日	丙日	丁日	戊日	己日	庚日	辛日	壬日	癸日
十干祿	寅	卯	巳	午	巳	午	申	酉	亥	子
暗祿	亥	戌	申	未	申	未	巳	辰	寅	丑
金輿祿	辰	巳	未	申	未	申	戌	亥	丑	寅
學士	子	亥	卯	寅	午	巳	午	巳	酉	申
官貴學館	巳	巳	申	申	亥	亥	寅	寅	申	申
長生學堂	亥	午	寅	酉	寅	酉	巳	子	申	卯
夾祿 (二支並列)	丑卯	寅辰	辰午	巳未	辰午	巳未	未酉	申戌	戌子	亥丑
交祿	甲申 庚寅	乙酉 辛卯	丙子 戊子 癸巳	己亥 丁亥 壬午	丙子 戊子 癸巳	丁亥 巳亥 壬午	庚寅 甲申	辛卯 乙酉	壬午 己亥 丁亥	癸巳 戊子 丙子

○ 干 祿

干祿은 十干의 正祿이라는 뜻으로 붙여진 이름이다. 生日干에서 他柱 12支가 建祿(臨官)이 될때 表出되는데, 祿字위에 十干에 따라 [別表]와 같은 祿名이 붙여져 있다. 본래 干祿은 吉星이지만 天干의 天星에 따라 凶意로 變하기도 한다는 것을 提示한 例이다.

○ 暗 祿

暗祿은 十干祿의 支合字이다. 예를들면 甲日主의 正祿은 寅인데 合하는 亥가 暗祿이 된다. 正祿에 버금가는 吉星으로 性品이 溫雅하고 才操또한 많으며 平生 金錢에 窮함이 없다. 어려울때 뜻하지 않은 暗助가 생기며 숨은 援助를 받는 등 예기치 않던 幸運이 招來한다.

○ 金 輿 祿

金輿祿이라고도 하며 頭腦回轉이 빠르고 怜利 精巧해서 發明家로 社會에 寄與하거나 官祿으로도 地位가 向上된다. 配偶者 運이 좋아서 妻의 助力이 많고 또 妻家의 財物惠澤이 많거나 美人妻를 얻는다. 男女를 不問하고 結婚으로 幸運을 얻는다는 吉祥暗示가 있다. 沖이나 空亡되면 吉意가 消滅된다.

[別表] 十干祿(正祿) 名稱과 作用 早見表

生日	干支	名稱	吉凶作用	生日	干支	名稱	吉凶作用
甲日生	甲寅	長生祿	매우 良好하다.	己日生	甲午	進神祿	大吉하다.
	丙寅	福星祿	良好하다.		丙午	喜神祿	大吉하다.
	戊寅	伏馬祿	良好하다.		戊午	伏刃祿	凶하다.
	庚寅	半 祿	半吉半凶하다.		庚午	截空祿	凶하다.
	壬寅	正 祿	學者, 宗教家로 成功		壬午	死鬼祿	凶하다.
乙日生	乙卯	喜神祿	매우 大吉하다.	庚日生	甲申	截空祿	凶하다.
	丁卯	截空祿	凶하다.		丙申	大敗祿	變化가 많다.
	己卯	進神祿	財政에 吉하다.		戊申	伏馬祿	吉하다.
	辛卯	破 祿	大凶하다.		庚申	長生祿	大吉하다.
	癸卯	死 祿	貧寒, 窮塞하다.		壬申	大敗祿	凶하다.
丙日生	乙巳	旺馬祿	吉하다.	辛日生	乙酉	破 祿	大凶하다.
	丁巳	庫 祿	吉하다.		丁酉	空神祿	色情問題 發生한다.
	己巳	九天祿	吉하다.		己酉	進神祿	吉하다.
	辛巳	截空祿	半吉半凶이다.		辛酉	正 祿	吉하다.
	癸巳	伏馬祿	半吉半凶이다.		癸酉	伏神祿	凶하다.
丁日生	甲午	進神祿	吉하다.	壬日生	乙亥	天德祿	吉하다.
	丙午	喜神祿	吉하다.		丁亥	貴神祿	吉하다.
	戊午	伏刃祿	災難이 많다.		己亥	旺 祿	吉하다.
	庚午	截空祿	凶하다.		辛亥	馬鄉祿	吉하다.
	壬午	福合祿	매우 良好하다.		癸亥	大敗祿	貧寒하다.
戊日生	乙巳	馬鄉祿	吉하다.	癸日生	甲子	進神祿	榮達한다.
	丁巳	旺庫祿	吉하다.		丙子	交刃祿	福星貴人과 同柱면 大吉
	己巳	九天祿	吉하다.		戊子	伏刃祿	半吉하다.
	辛巳	截空祿	半吉半凶이다.		庚子	印 祿	凶하다.
	癸巳	貴神祿	吉하다.		壬子	羊刃祿	凶하다.

(5) 月支 吉神早見表

月支\吉神	寅月	卯月	辰月	巳月	午月	未月	申月	酉月	戌月	亥月	子月	丑月
天德	丁	申	壬	辛	亥	甲	癸	寅	丙	乙	巳	庚
月德	丙	甲	壬	庚	丙	甲	壬	庚	丙	甲	壬	庚
天德合	壬	巳	丁	丙	寅	己	戊	亥	辛	庚	申	乙
月德合	辛	己	丁	乙	辛	己	丁	乙	辛	己	丁	乙
月空	壬	庚	丙	甲	壬	庚	丙	甲	壬	庚	丙	甲
進神	甲子	甲子	甲子	甲午	甲午	甲午	己卯	己卯	己卯	己酉	己酉	己酉
天赦	戊寅	戊寅	戊寅	甲午	甲午	甲午	戊申	戊申	戊申	甲子	甲子	甲子
皇恩大赦	戌	丑	寅	巳	酉	卯	子	午	亥	辰	申	未
天喜	未	午	巳	辰	卯	寅	丑	子	亥	戌	酉	申
紅鸞	丑	子	亥	戌	酉	申	未	午	巳	辰	卯	寅
天醫	丑	寅	卯	辰	巳	午	未	申	酉	戌	亥	子
鸞喜	丑	子	亥	戌	酉	申	未	午	巳	辰	卯	寅

○ **學 士**

學士는 知識과 學問이 出衆하여 穩健한 性品이다. 學藝方面으로 進出 좋은 成果를 發揮하며 産學協同으로 成功한다. 學位運이 있으며 恒常 남을 가르치는 立場에 서게된다.

○ **官貴學堂**

官貴學堂은 官界進出이면 昇級昇進이 速하고 衆人이 羨望의 對象이 된다는 吉神이다.

○ **學堂貴人**

日主의 長生地로서 長生學堂이라고도 한다. 이 貴人이 四柱에 있으면 學問에 能하며 사람이 聰明하여 師儒文章이 된다는 것인데, 즉 博士, 大學敎授 등을 말한다.

○ **夾 祿**

夾祿은 正祿支의 前後支가 並列한 것을 말하며 예를들면 甲日生인 경우 正祿인 寅의 前後支인 丑·卯가 나란히 나타나면 夾祿이 성립된다. 夾祿을 四柱에 얻으면 吉福을 누림과 함께 두가지 직업을 가진다고 한다. 직

업에만 극한치 않고 무엇이건 두가지 일을 하고 싶어하는 天性이 있고 또 두가지 업을 모두 成功시킨다는 吉神이다.

○ 交 祿

交祿은 正祿을 서로 바꾼것인데 예를들면 甲申日生이 庚寅을 보게 되면 甲祿寅은 庚寅 밑에 있고 庚祿申은 甲申밑에 있듯이 交換해서 祿을 가진다.

交祿이 柱中에 있을때 商去來로서 大利益을 얻는 貴星이다. 貿易이나 商業方面에 進出이면 크게 成功한다.

○ 天德貴神

天德은 生月支를 主體로 해서 四柱天干을 보아 表出되는 重要한 吉星이다. 그러므로 天德貴神 또는 天德貴人으로 높히 부르기도 한다. 命局이 吉할때는 吉福이 增幅되고 命局이 凶할지라도 그 凶意가 減消된다. 流年을 살필때도 該當되며 年運, 行年이 나쁠때 天德이 들면 減凶된다. 다만 刑·沖되면 吉意가 消失되고 干合은 吉福意가 增大된다.

天德이 깃든 柱에 따라서 判斷에 應用해도 適中率이 높으며, 즉 年干에 天德이 들면 祖上德이 있고, 時干에 天德이 들면 子孫이 잘되고 子女德도 있다. 生日干이 天德이 깃들면 人品이 高尚해서 衆人의 尊敬받는 有德한 人士로서 配偶者를 잘 만난다고도 한다. 月柱에 天德이 들면 父母나 兄弟가 잘되고, 또한 그 德을 입으며, 父母兄弟가 없으면, 朋友 親知의 援助로 機會를 잡기도 한다.

※ 旺月에는 天德不臨說이 있는데, 보통 卯月生은 申, 午月生은 寅, 子月生은 巳로 기재되여 있으나 天德은 天干에만 照臨하는 吉星이므로 子·午·卯·酉月生은 天德이 不臨한다는 것이다.

○ 月德貴神

月德도 天德에 버금가는 吉星으로 生月支에서 四柱天干을 보아 表出한다. 天德과 함께 月德貴神, 月德貴人이라 부르기도 한다. 吉神과 함께 있으면 福力이 培增해서 예상보다 웃도는 大發展을 본다. 그러나 만약에 凶星과 함께 있으면 도리어 橫暴化하기도 한다. 刑·沖되는 柱에 들면 吉意가 消滅되거나 無力化한다. 각 柱에 따른 판단은 天德에 準한다.

○ 天德合·月德合

天德合은 天德과 合字로서 天德이 外面的인 吉好를 가리킨다면 天德合은 內面的인 숨은 吉福이 있음을 가르킨다. 天德의 吉祥意를 準用해서 판단한다.

月德合은 月德과 干合하는 字이다. 역시 內面的인 良好함을 가르키면, 예컨데 어려울때면, 숨은 援助者를 만나서 伸張해 나간다. 危難에 直面해도 救援을 받는다. 月德에 準하는 吉星이다.

○ 月空星

月空은 夜生人에게 吉福을 受惠하는 吉星으로서 柱中에 있으면 어려움에 處했을때 貴人得助로 起死回生 凶變爲吉이 된다. 다만 아침이나 대낮에 出生한 사람은 별로 큰 힘을 발휘하지 못한다.

○ 進神日

進神은 謀事나 計劃한 일에 障害없이 順調롭게 成事되는 吉星이다. 性格은 剛强한 便이나 萬事에 果敢邁進으로 有功하며 諸厄이 물러간다.

○ 天赦神

天赦는 大患이나 大災難(受刑등)을 만났다가도 곧 治癒되거나 赦免된다는 吉神이다. 큰 苦心事나 諸厄難이 消滅되는 福祿을 얻게 된다.

○ 皇恩大赦

生日生時에 皇恩大赦가 깃들면 重罪에 處하였다 하더라도 곧 特赦를 받아 放免된다는 吉星이다.

○ 紅鸞星

紅鸞星이 柱中에 있으면 피고름이 드는 疾病도 治愈되고 吉祥事가 연다라 생겨난다는 吉星이다.

○ 天喜神

天喜神이 柱中에 있으면 目前에 닥쳤던 凶厄事도 自然히 變하여서 歡喜에 넘치게 된다는 吉星이다.

○ 天醫星

天醫星은 一名 活人星이라고도 하며, 人命을 救活한다는 吉星이다. 그러므로 天醫가 柱中에 있으면 醫師, 治療師, 宗敎家, 看護師 등의 職業에 從事한다.

○ 鸞喜神

鸞喜神은 紅鸞과 同一하다. 喜中加喜로서 每事가 日益繁昌榮嶺榮하여 凶災가 사라진다는 吉星이다.

(6) 十干凶殺早見表

殺名\日主		甲日	乙日	丙日	丁日	戊日	己日	庚日	辛日	壬日	癸日
羊刃	四柱	卯	辰	午	未	午	未	酉	戌	子	丑
飛刃	四柱	酉	戌	子	丑	子	丑	卯	辰	午	未
紅艶	四柱	午	申	寅	未	辰	辰	戌	酉	子	申
流霞	四柱	酉	戌	未	申	巳	午	辰	卯	亥	寅
梟神	日	子	亥	寅	卯	午	巳	辰戌	丑未	申	酉
孤鸞	日	寅	巳			申			亥		
落井	日・時	巳	子	申	戌	卯	巳	子	申	戌	卯
陰錯	日・時				丑未				卯酉		巳亥
陽差	日・時				子午	寅申			辰戌		
截路	時	申酉	午未	辰巳	寅卯	子丑	申酉	午未	辰巳	寅卯	子丑
白虎大殺		甲辰・乙未・丙戌・丁丑・戊辰・壬戌・癸丑 (七干支)									
魁罡		庚辰・庚戌・壬辰・戊戌 (四干支)									

○ 羊刃殺

羊刃殺은 日干에서 十二運星의 帝旺・冠帶에 表出되는 殺星이다. 남의 위에 君臨하고 싶어하며 果斷性있게 積極的으로 前進하려는 星情이 있다. 그런 까닭에 내편만 아니라 자연히 敵도 만들기 쉽다. 羊刃은 强한 氣性이므로 軍人, 警察, 冒險家, 스포츠體育界 등에 進出 名聲을 얻기도 한다. 그러나 한편 殺伐한 氣風때문에 周圍에 恒時 風波가 일기 쉬워 災禍가 發生한다. 原書에는 羊刃이 重疊한 男命은 剋父剋妻하고 女命은 剋夫의 凶殺이라고 적혀 있다.

羊刃은 刑權을 掌握한다고 하며 한편 性質이 剛烈하여 暴戾 燥急해서 一生行路에 障碍가 많으며 怪傑, 烈士, 軍人 등에 많이 볼 수 있고 이들은 勳功으로 큰 이름을 길이 남긴다.

殺刃兩停이면 地位가 王侯에 이른다 했으며, 身强한데 羊刃이 또 있으면 災禍가 닥친다고 하였다.

年柱 羊刃은 破祖先業하고 혹은 恩惠를 背反한다는 暗示가 있다.

月羊刃이면 性情이 偏重하므로 偏屈 괴팍해지거나 속을 잘못 쓰는 傾向이 있다.

日柱에 羊刃이 있고 時에 偏印이 있으면 그 妻가 難産之厄의 염려가 있다.

時柱가 羊刃이면 剋害妻子하고 단 日柱나 月柱 羊刃은 그 힘이 미약하다. 그리고 晩年에 災禍를 招來하고 柱中에 偏官(七殺)이 있으면 殺刃相停으로 凶禍爲吉을 이룬다.

劫財와 羊刃이 同柱면 祖父母와 同居할 수 없고 表面으로는 謙讓하고 柔和해 보여도 慈悲心이 없고 性情이 酷烈하고 그 家庭 역시 甚히 寂寞한 경우가 많다.

正財와 羊刃이 同柱면 財物이 破滅될 조짐으로서 家庭도 沒落하고 社會生活에 있어서 名譽上 汚辱을 받을 염려가 있다.

羊刃과 劫財 傷官이 同柱者는 晩年에 災禍가 發生, 失職으로 困窮하거나 辛苦한다.

羊刃과 印綬가 同柱면 비록 功名은 成就하나 病弱·身弱으로 辛苦한다.

羊刃이 3, 4개 있으면 眼盲하거나 聾啞가 됨이 있다.

羊刃이 三合會局을 이루면 恒常 故鄕을 떠나 살며 他鄕 遠方으로 떠돌아 다닌다.

男命 羊刃이 많으면 損妾傷妻로 妻宮이 不美하다.

女命 羊刃과 傷官이 있으면 夫君이 惡死하고, 柱中에 傷官 印綬 羊刃이 함께 있으면 子息宮이 不美하며, 女命에 羊刃이 여럿 있으면 不恐不遜하고 荒淫에 빠지며 不知廉恥하고 娼婦 娼妓로 흐르거나 或은 그 夫나 本人이 惡死한다.

○飛 刃 殺

羊刃支를 冲하는 支가 飛刃이다. 羊刃이 表面的이라 한다면 飛刃은 裏面이다. 도박성, 투기성 같은 勝負的인 것을 즐기는 氣質이 많은 것이 特性이다. 外柔內剛한 性情으로 보기보다는 急進的인 性向이다. 羊刃에 準하는 凶星이다.

○紅 艶 殺

紅艶은 多情多感하여 사람에게 秋波를 던지며 喜喜樂樂하여 外情을 즐기는 사람이다. 女命은 夫宮이 不美하여 衆人의 妻가 되고 富豪의 집안에 태어났더라도 달밤 꽃밭에서 脫線하여 妓生이 된다고 한다.

홍염살이 있으면 확실히 愛嬌가 滿點이라 누구나 好感을 사는 面이 있다. 그래서인지 演藝界 등에 進出하면 人氣스타가 되기도 한다. 이른바 "끼!"가 있긴 있으나 衆人之妻는 너무 심한 誇張이라 여겨진다.

○流霞殺
流霞殺도 홍염과 닮은 色情과 관련 있는 殺星 중의 하나이다. 홍염살에 準한다.

○梟神殺
梟神은 偏印으로 構成되어 있다. 幼少時에 生母를 早別하거나 先母, 庶母, 養母, 繼母가 있게 된다는 殺이다.

○孤鸞殺
孤鸞殺은 甲寅, 乙巳, 丁巳, 戊申, 辛亥日生을 말하며 이날에 出生한 女命은 夫君이 蓄妾하거나 奪夫를 當하는 등 離別 혹은 獨守空房한다는 殺이다. 郎君으로 因해서 恒常 呻吟한다고 하여 一名 呻吟殺이라고도 한다.

○落井關殺(日·時)
落井關殺이 있으면 우물, 인분통, 맨홀, 정화조, 강물 등에 빠져본다는 凶殺이다. 다른 凶殺이 加勢하면 溺死之厄이 있다.

○陰陽差錯(日·時)
이 殺은 陰에 屬한 것을 陰錯, 陽에 屬한 것을 陽差라고 한다. 이 殺이 生日干支에 들면 外三寸이 孤獨하고 時에 들면 妻男이 孤獨하다고 한다.

○截路空亡(時)
截路空亡은 日干에서 生時支로 對照해 보는데, 謀事가 難關에 逢着하고 中途挫折, 中斷되기 쉽다는 凶殺이다.

○白虎大殺
白虎大殺은 七大白虎라고도 하는데, 그것은 60甲子를 九星盤 九宮에 順飛泊해서 돌리면 中宮에 入宮하는 干支인 戊辰·丁丑·丙戌·乙未·甲辰·癸丑·壬戌의 7干支를 이르는 것으로 一名 雷霆白虎라고도 한다. 柱中에 白虎大殺이 있으면 피를 본다는 血光神으로 事故가 發生한다는

大凶殺이다.
　干支의 六神과 六親法上 누구에 該當하느냐와 位置에 따라서 判斷한다.
　예컨대 官殺白虎면 夫君이 交通事故, 負傷, 手術받거나 拘禁, 被拉 등을 겪는다고 判斷하는 등이다.
　그러나 命局이 吉格이면 有名外科醫나 將星도 나오고 그 御夫人인 師母任이 되기도 한다.

○魁罡星
　魁罡星은 庚辰, 庚戌, 壬辰, 戊戌의 4干支이다.
　魁罡星은 大衆을 制壓하고 指揮統率하는 力量이 있어 그 性質이 强烈하다.
　魁罡이 있고 格이 吉하면 大富大貴한다. 知慧가 있고 聰明하여 每事에 決斷力이 있다.
　魁罡은 그 性이 剛强하므로 暴惡하게 되기 쉽고 특히 殺生을 잘하고 殺伐한 特性이 있다. 그러므로 職業上으로 볼 때 軍人, 警察, 判檢事, 情報機關 등 銃器를 携帶하거나 權勢를 掌握함을 가리킨다.
　또한 刀劍, 칼 등과도 緣이 있으므로 外科醫도 해당되고 屠畜業, 精肉業도 해당한다.
　魁罡殺이 刑冲剋되면 極貧하거나 長患久病으로 辛苦한다. 이 殺은 特性上 吉하건 凶하건 兩極端이 된다는 星情이 있다.
　女命에 魁罡이 있으면 容貌가 美麗하나 心性이 剛强하며 剋夫하고 寡婦로 恒常 苦生이 뒤따르고 病災가 많다. 한편 貞節烈婦로서 未亡人의 몸으로 子女를 잘 養育하고 成功시키는 이도 드물지 않다.
　男命은 氣槪가 凜凜하고 性質이 潔癖하며 果斷性과 勇猛心이 있고 말재주가 있거나 文章力이 뛰어나 大衆을 說得하는 力量을 지닌다. 柱中 2개 이상일 때 富貴發達한다.
　庚辰日 庚戌日生은 命局中 正偏官을 꺼리고 壬辰日 戊戌日生은 正偏財를 꺼린다.
　魁罡星은 이상에 列擧한 것처럼 혹은 좋다고도 하고 혹은 나쁘다고도 하는데, 實地 經驗上으로는 文化事業에 從事하여 成功者가 많음을 본다. 作家, 文筆家, 演劇, 映畫關係, 기타 藝術分野에서 活躍하는 이가 많다.

(7) 月支凶殺早見表

月支\殺名	寅月	卯月	辰月	巳月	午月	未月	申月	酉月	戌月	亥月	子月	丑月
天耗	子	寅	辰	午	申	戌	子	寅	辰	午	申	戌
地耗	酉	亥	丑	卯	巳	未	酉	亥	丑	卯	巳	未
白衣	巳	子	寅	丑	申	卯	戌	亥	酉	寅	酉	辰
血刃	丑	未	寅	申	申	酉	辰	巳	未	寅	申	亥
血支	戌	亥	子	寅	亥	丑	寅	辰	巳	寅	申	酉
金鎖	申	酉	戌	亥	子	丑	寅	卯	辰	巳	午	未
斷橋	寅	卯	申	巳	亥	丑	辰	巳	午	子	未	亥
斧劈	酉	巳	丑	酉	巳	丑	酉	巳	丑	酉	巳	丑
急脚	亥子	亥子	亥子	卯未	卯未	卯未	寅戌	寅戌	寅戌	丑辰	丑辰	丑辰

天轉日	(春)乙卯日	(夏)丙午日	(秋)辛酉日	(冬)壬子日
地轉日	(春)辛卯日	(夏)戊午日	(秋)癸酉日	(冬)丙子日
四廢日	(春)庚申日	(夏)壬子日	(秋)甲寅日	(冬)庚午日

○天耗殺

天耗殺은 男命에게 惡影響을 끼치며 特히 上位者와의 緣이 없거나 나쁘므로 윗사람때문에 被害를 當하고 苦楚를 겪는다.

○地耗殺

地耗殺은 女命에게 나쁜 凶星으로 꺼린다. 또 部下, 손아래와의 緣이 나쁘거나 재미가 없으며, 部下의 잘못으로 引責 當하는 등 아랫사람 때문에 피해를 입는다.

○白衣殺

白衣殺은 持病을 지니거나 疾病에 걸리면 長患久病이 된다는 凶星이다. 그러므로 白衣殺이 깃든 사람은 언제나 健康保健에 주의할 것이다.

○血刃殺
　血刃殺은 官災口舌이 따르는 凶星이다. 命局에 있으면 行運 流年에 해당될 때 조심할 것이다.

○血 支 殺
　血支는 바늘과 사귀면 凶災가 있다는 凶星이다. 縫裁, 洋裁, 服裝관계業 從事者는 뜻밖의 災難 事故 등이 따르니 恒常 注意해야 된다.

○金 鎖 殺
　金鎖는 月과 冲하는 支로서 災殃의 凶殺이다.
　寅申金鎖는 短命하고, 卯酉金鎖는 逢災厄, 辰戌金鎖는 子女緣이 薄하고, 巳亥金鎖는 食福이 薄하며, 子午金鎖는 自作促壽하고, 丑未金鎖는 良好命도 不發福이라고 한다.

○斷 橋 殺(生月에서 日時를 본다)
　斷橋關殺은 出生時 難育이였음을 가리키며, 親族과도 疏遠해지거나 斷絶된다는 凶殺이다. 柱中에 있으면 落傷 手足骨折 등이 있어 보며, 刑殺이 加重되면 小兒痲痺 등 팔다리에 異常이 있다고 한다.

○斧 劈 殺(日 또는 時)
　斧劈殺은 모든 일이 도끼로 쪼개듯이 破敗하고 財物分散이 많아진다는 凶殺이다.

○急 脚 殺
　急脚殺이 있으면 小兒痲痺, 落傷, 骨折, 傷齒, 風齒, 神經痛 등의 疾厄이 있다.

○天 轉 殺
　天轉殺이 있으면 一定한 職業에 從事하기가 어려우며 努力을 아무리 들여도 모든 일이 中途挫折되는 등 朝成暮破된다고 한다.

○地 轉 殺
　每事 多滯로서 朝成暮破 努力만 虛費한다. 發達性에 缺陷 있어 成事됨이 없다. 더하여 不意의 地變으로 被害를 입고 失敗 轉業됨이 많은 凶殺이다.

○四 廢 日

四廢日에는 모든 일이 始作은 있으나 結果가 없으니 成功하기가 어렵다고 하며, 擇日에서 꺼리는 날이다.

(8) 기타 凶殺

○金 神 時(癸酉時 己巳時 乙丑時)

金神時는 癸酉時生, 己巳時生, 乙丑時生 出生人을 말한다.

性質이 剛毅하고 敏捷明丁하여 他人에게 쉽사리 屈服하지 않는다고 하며, 猛虎咆哮之象으로 群獸를 憎伏시키는 威嚴性을 지닌다.

그러나 지나치게 獨善的인 氣質이 있으므로 每事 中庸之道로 處身하도록 習慣을 길러야 한다.

金神時生이 四柱中 三合火局이 있거나 丙丁巳午 火性干支가 있어서 金神을 制壓하면 火로서 단련되어서 大器를 形成하므로 眞金같은 光彩를 發揮하게 된다고 한다.

또 金神時生人이 行運 大歲運에 丙丁火를 만나면 自然히 發達하여 開運(火가 必要할 때)하고 萬若에 水를 만나면(水가 忌神일 때) 災厄을 부른다. 그러나 이는 어디까지나 四柱의 格局과 用神을 살펴서 判斷할 것이다.

○湯 火 殺(寅午丑日生人逢丑戌未 寅巳申의 三刑殺)

湯火殺은 寅午丑日生人이 柱中에서 또 寅午丑字中 어느 한 字가 있는 경우 성립된다.

丑日生人이 柱中에서 또다시 午나 戌未字中 어느 한 字가 있는 경우 湯火殺이다.

寅日生人이 柱中에서 巳나 申을 보면 湯火殺이다.

湯火殺이 있으면 어릴 때 불이나 인두 다리미에 또는 끓는 물에 데어서 흉터가 몸에 있어야 되는데, 그렇지 않으면 火災 銃彈 爆發物 破片으로 負傷하거나 飮毒하는 일이 發生한다.

이 殺에 刑殺이 加重하면 더욱 그 度가 甚하고 該當殺支의 六親이나 位置에 따라서 六親中 누가 湯火殺로 몸에 흉터가 있는가를 判斷한다.

第2節 性情事業疾病硏究

木는 仁主. 命局에 木多이고 制剋을 받지 않으면 情이 어질고 重厚한 성품이다.

火는 禮主. 命局에 火多이고 制剋을 받지 않으면 거칠고 난폭하며 수양심이 부족한 편이다.

土는 信主. 命局에 土多이고 制剋을 받지 않으면 情이 깊고 조용한 것을 즐기는 경향이다.

金는 義主. 命局에 金多이고 制剋을 받지 않으면 성격이 날카롭고 수완이 비범하고 다양하다.

水는 智主. 命局에 土多이고 制剋을 받지 않으면 聰明하지만 意志가 불확정함이 결점이다.

　대체로 五行이 平均된 고른 命局은 人情이 있고 誠實한 人品이며, 五行이 한偏으로 기울거나 혹은 正偏星이 同時에 表出된 경우에는 남의 意見에 拒逆하거나 또는 거만을 피우고 싶어하는 人士다.

〔金日干〕 庚·辛日主. 같은 金日干이라도 命局의 旺相·太過·不及의 셋으로 分類된다. 또한 金多·木多·水多·火多·土多에 따라서 性情이 달라진다.
① 旺相. 名譽心이 强하고 義俠의이다. 身體도 健康하고 精神이 맑고 날카롭다. 威嚴있고 剛氣로서 激情的인 性味, 臨事에 決斷力이 풍부하다.
② 太過. 勇猛스럽지만 謀事에는 서툴며, 欲心은 많아서 강권으로 이끌고 가고자 한다. 同情心은 薄하며 內心에 毒을 품었다. 女色을 貪하고 殺伐을 즐기는 경향이 있다.
③ 不及. 思慮는 깊으나 決斷力이 없다. 無用之事에 매달려 뜻이 挫折된다. 義로운 것을 좋아하나 하는 일마다 처음은 있으되 끝이 없으니 有始無終이다.
④ 金多. 剛直하고 勇氣가 있으며 義로운 일이면 必이 完遂한다. 일이 좀 지나치더래도 본인은 그렇게 認識치 않는다. 禮를 지켜나가지만 남에게 지지 않으려는 승벽이 강하다.
⑤ 木多. 事理의 是非를 분명히 가리며 利害의 計算에 厚한 것이 특징이다. 남에게 德을 베풀고도 도리어 怨恨을 사게되거나 벗을 위해 나섰다가 失意에 빠져듬이 결점이다.

⑥ 水多. 말솜씨가 비상하며 경우가 밝다. 禮를 좋아하지만 義俠心은 전혀 없다. 行動은 悠長하나 吝嗇하고 野卑한 面이 있다.
⑦ 火多. 目前의 利益에 사로잡혀 일을 運行, 恩惠를 怨仇로 갚는 꼴이다. 臨事에 決斷力이 鈍해서 하는 일마다 是非가 一定치 못하다.
⑧ 土多. 恒心이 있어서 능히 困難事 등도 完遂해 낸다. 말 수는 적고 慈悲心은 豊富하다. 態度나 行動은 質朴하며 별로 外出을 좋아하지 않는다. 결점이라면 疑惑心이 강한 點이다.

〔木日干〕 甲·乙日主. 같은 木日干이라도 命局의 旺相·太過·不及의 셋으로 分類된다. 또한 金多·木多·水多·火多·土多에 따라서 性情이 달라진다.
① 旺相. 仁愛와 慈悲心이 깊으며, 頭腦는 날카로우면서도 度量이 넓은 것이 특징이다. 거기에 同情心이 있어서 베풀기를 즐기며 容姿 또한 秀麗하다.
② 太過. 성질이 비뚤어져서 마음이 좁고 嫉妬心이 강한 不仁의 徒이다. 하는 일은 亂雜스럽기만 한데, 그러면서도 사소한 일에 마음이 걸리는 사람됨이다.
③ 不及. 溫柔한 성격으로서 일에 대해서 전연 무규칙하다. 心志가 바르지 않고 또한 吝嗇하며 야하고 조잡 품위가 없다.
④ 金多. 自制心이 强하고 언제나 여윈 쇠약한 表情을 짓고 있다. 剛氣이나 決斷力은 鈍한편이므로 態度나 行動에 一定한 뚜렷한 方針이 없다.
⑤ 木多. 懦弱하며 겁이 많은 편이다. 交際는 넓고 獨善的인 경향이 있다. 多學이지만 結實은 없고 남달리 聰明하나 虛榮心이 강한 것이 흠이다.
⑥ 水多. 말과 행동이 한결같지 않은 言行不一致 경향이 있다. 沈着性이 없는 것이 결점이다.
⑦ 火多. 聰明하고 學問을 좋아한다. 理性이 弱해서 않되는 줄 알면서 惡行을 犯한다.
⑧ 土多. 儉約과 節制心이 강하며 吝嗇하지는 않다. 사귐성도 있으며 남의 尊敬도 받는다. 每事에 自信있게 行動을 取한다.

〔水日干〕 壬·癸日主. 같은 水日干이라도 命局의 旺相·太過·不及의 셋으로 分類된다. 또한 金多·木多·水多·火多·土多에 따라서 性情이 달라진다.
① 旺相. 聰明하므로 學說등 기타에 他의 追從을 不許하는 것이 있다.

② 太過. 是非不問하고 行動하거나 放浪癖이 있거나 한다. 性的으로 多淫하며 機智가 豊富하다. 詐謀에도 뛰어나 때로는 慘酷한 面이 나타나기도 한다.
③ 不及. 겁이 많고 無計劃性이므로 하는 일이 一定하지 못하다. 智謀가 결핍해서 事物을 똑바로 분별하지 못한다. 지극히 믿을 수 없는 人品이다.
④ 金多. 義롭고 內實보다 外觀을 重視한다. 大志를 품으나 多淫때문에 異性問題로 일이 깨진다. 智慧는 남못지 않으나 義를 위해 自己가 犧牲이 되기도 한다.
⑤ 木多. 吝嗇하면서도 浪費가 甚하고 頑固하면서도 固執을 밀고나가지 못하는 矛盾된 성격이다.
⑥ 水多. 일거리를 誇張하게 떠벌리는 버릇이 있으며 사소한 일 處理에는 天才的인데가 있으나 싹이 나와도 나중에 열매를 맺지 않음같은 흠이 있다.
⑦ 火多. 禮를 重히 여기는 人品이나 事物을 지나치게 考慮한 나머지 근심에 잠기거나 速斷해 버리고 뒤에 後悔하게 되기도 하므로 大成하기 어렵다.
⑧ 土多. 내성적이고 소심하며 信義가 두텁고 忍耐心이 있다. 表面은 鈍感해 보이지만 內心은 感受性이 강하다. 不決斷인 憾이 강한 것이 결점이다.

〔火日干〕 丙·丁日主. 같은 火日干이라도 命局의 旺相·太過·不及의 셋으로 分類된다. 또한 金多·木多·水多·火多·土多에 따라서 性情이 달라진다.
① 旺相. 성급하지만 是非를 잘 가린다. 表面을 꾸미는데 교묘하며 發表力이 뛰어나지만 실제로는 學問이 모자란다.
② 太過. 性格이 過激하고 또 慘酷한 데가 있다. 喜怒哀樂의 感情 變移가 甚한것도 특징이다.
③ 不及. 狡猾 性質이나 態度가 愼重하며 禮儀를 지키고 口辯이 좋다. 決斷力이 모자라는 것이 결점이다.
④ 金多. 反省力이 缺乏되어 제멋대로 일을 運行하며 禮儀를 저버리므로서 남의 批難을 받기 쉽다.
⑤ 木多. 獨善的인 面이 있다. 능히 是非善惡을 잘 가리며 聰明하지만 너무 小心인 것이 결점이다.

⑥ 水多. 要領에만 마음을 쏟아서 禮를 돌보지 않는다. 智者가 제 꾀에 빠져버리듯이 自身의 聰明 때문에 過誤를 저지르는 경향이 있다.
⑦ 火多. 禮儀는 바르나 義理가 없으며, 表面은 聰明하게 보이나 매우 어리석은데가 있다. 行動은 輕率한데가 있다.
⑧ 土多. 頑固하며 融通性이 없고 秘密性을 띤다. 하는 일은 大膽하다. 그러나 입으로는 아무리 善良한 것 같아도 惡心을 품고 있다.

〔土日干〕 戊・己日主. 같은 土日干이라도 命局의 旺相・太過・不及의 셋으로 分類된다. 또한 金多・木多・水多・火多・土多에 따라서 性情이 달라진다.
① 旺相. 信仰心이 두텁고 約束을 잘 지키며 忠孝의 誠心이 있으며 態度가 沈着하다.
② 太過. 頑固하고 어리석은 封建的인 古典派이며 枯息的인 保守派가 많다.
③ 不及. 吝嗇한 亂暴漢이므로 사람들이 歡迎을 못받는다. 事理에 不通하며 心毒이 있다.
④ 金多. 信義에 厚하나 過剛한데다가 輕率하며 沈着性이 缺如된다.
⑤ 木多. 志望은 高大해서 그 때문에 必要以上 心身을 疲勞케 한다. 約束을 不履行하고 또 他人의 影響을 받기 쉬운 것이 특징이다.
⑥ 水多. 功을 貪하고 進取性을 좋아하나 惡心탓에 義로움을 저버리는 것이 결점이다.
⑦ 火多. 經濟觀念이 稀薄해서 浪費하면서도 吝嗇하다는 말을 듣는다. 外觀은 賢明하지만 決斷力이 鈍한편이다.
⑧ 土多. 沈着하지만 多分히 秘密性을 지닌다. 度量은 廣大하고 約束은 잘지키나 恩人에게 忠實하고 敵에게 對해서는 지나치게 慘酷한데가 있다.

〔用神에 따른 性情〕 性情은 用神에 따라서도 달라진다.
○ 正印이 用神이면 仁義에 厚하며 慈悲心도 豊富하고 端正함과 沈着하다. 正印이 過多하면 平凡하고 勞多하나 無功이다. 大成하지 못한다.
○ 偏印이 用神이면 精密하고 聰明해서 大端한 手腕을 發揮한다. 偏印이 過多하면 野卑하고 品位가 떨어지며 吝嗇하다.
○ 正官이 用神이면 公明正直하다. 正官이 過多면 意志가 不安定하게 된다.

○ 偏官이 用神이면 豪放하고 義俠心이 豊富하며 勝癖도 강하다. 偏官이 過多하면 애매한 성격이 된다.
○ 傷官이 用神이면 성질이 날카롭고 英明하다. 傷官이 過多하면 驕慢不遜하다.
○ 食神이 用神이면 溫厚하고 善良한 성품이다. 食神이 過多하면 頑固하고 고리타분한 성격이다.
○ 比肩이 用神이면 溫健平和스러운 人品이다. 比肩이 過多하면 人和가 깨지기 쉽다.
○ 劫財가 用神이면 솔직하고 熱心인 人品이다. 劫財가 過多하면 분방해서 정리가 전연 듣지 않게된다.
○ 偏財가 用神이면 敏捷하고 일처리를 잘해내며, 偏財가 過多하면 安樂을 貪하는 게으름장이가 된다.
○ 正財가 用神이면 활동가로서 儉約하게 된다. 正財가 過多하면 懦弱無能해 진다.

〔變格外格의 性情〕
○曲直格은 仁厚하고 ○稼穡格은 慈善家○從革格은 날카롭고 ○潤下格은 圓滿 ○炎上格은 豪爽하게 된다. ○從財 ○從殺 ○從兒등은 善良하며 ○從强은 剛健 ○化氣格은 智慧가 豊富하다.

〔身弱, 身强, 扶抑의 有無에 따른 性情〕
① 身强인데 適當히 受制된 命局은 常識이 豊富하고 度量이 넓으며 事物에 處하여 決斷力이 있고 베풀기를 좋아하고 樂觀的이다. 또 남에게 多情하고 義에 강해 勇敢하다.
② 身强인데 全然 受制됨이 없고 外格에도 들지 않는 命局은 사람됨이 亂暴하고 鬪爭을 좋아하며 自制心이 없고 冒險을 즐기고 善良한 사람이나 弱한 者를 괴롭히기도 한다.
③ 身弱인데 生扶를 받는 命局은 儉約家이나 남에게 베푸는 것을 잊지 않는다. 깊히 考慮해서 일을 運行하며 言行이 一致하는 人士이다.
④ 身弱인데 生扶됨이 없는 命局은 虛僞에 달리고 겁이 많으며 猜忌心도 强하다. 하는 일마다 어긋남이 많고 게으름장이로서 決斷力이 모자란다.
  性情의 判斷에는 學理와 經驗에 依해서 만이 精確을 期할 수가 있는 것이므로 그 覺悟로 여러가지 硏究를 할 必要가 있다.

事　業
○ 傷官傷盡, 有殺有刃, 殺印相生 등은 武備 軍人에 適合하다.
○ 食傷生財, 身財兩停(日主와 財星의 勢力이 平均됨)은 貿易에 適合하다.
○ 食神吐秀, 文昌을 띤 命局 등은 文學에 적합하다.
○ 正官淸粹, 官印相生 등은 政治家에 적합하다.
○ 身强財輕은 工業家가 적합하다.
○ 比劫이 多하면 自由職業이 利롭다.
○ 財星과 官星이 서로 剋害받지 않으면 實業家·財政界가 적합하다.
○ 財와 官이 有力하고 日主가 健全하면 獨立해서 企業的 才幹을 떨칠 것이다.
○ 지나치게 身旺하거나 身弱인데 生扶를 받지 못했으면 他人에게 從屬된 편이 良好하다.
○ 命局에 沖合이 없으면 一貫된 事業에 從事하지만 沖이나 合이 많으면 事業이 여러차례 變하고 大成하지 못한다.
○ 五行中 水가 喜神이거나 혹은 驛馬가 있으면 流動하는 事業 外勤職이 적합하다. 火나 金이 喜神이면 機械工業이 좋으며, 土나 木이 喜神이면 農林種植事業이나 固定實業이 적합하다.
○ 五行이 한편으로 기울어 있으면 어떤 한가지 職業으로 大成하고 그 以外는 모두 失敗로 끝난다.
○ 五行이 平均되어 있는 命局은 어떤 職業에도 대개 適應하지만 아주 大人物이 되지 못한다.
○ 命局에서 喜神이 弱하고 忌神이 强하면 自己는 열심히 일을 해도 좋은 結果가 나타나지 않는다. 忌神이 弱하고 喜神이 强하면 勞力은 적게 들어도 功이 많은 것이다.
○ 事業의 判斷은 命局以外에 그 사람의 環境, 敎育의 程度 등도 參酌할 것이며, 너무 한가지 方則에만 구애받아서는 않된다.

疾病과 人體五行
命學에서 疾病을 살펴보는 경우, 五行을 人體의 五臟에 配當시켜서 判斷하는 것이 定石이다.
木은 肝臟, 分泌系統을 主管하며, 木이 過强하거나 甚弱이면 分泌系統에 병이 있다.
火는 心臟, 循環系統을 主管하며, 火가 過强하거나 甚弱이면 循環系統에 병이 있다.

土는 脾胃, 消化系統을 主管하며, 土가 過强하거나 甚弱이면 消化系統에 病이 있다.
金은 肺臟, 呼吸系統을 主管하며, 金이 過强하거나 甚弱이면 呼吸系統에 病이 있다.
水는 腎臟, 排泄系統을 主管하며, 水가 過强하거나 甚弱이면 排泄系統에 病이 있다.
五行이 貴和하고 있는 사람은 健康體로서 거이 한 平生동안 無病息災로 지내는 것이다.
人體五行 配屬圖는 다음과 같다.

人體五行配屬	五行	甲木乙		丙火丁		戊土己	庚金辛	壬水癸	
	病根	肝臟 胃臟		心臟 腦 眼		下腹 肋骨 子宮病	呼吸器 眼 性病	腎臟 下胎	臟 腸 病
	天達	頭項膽	肝	小腸 肩 胸	心 胸	胃 腸 脾 腸	大腸 臍輪 肺 股	膀胱 子宮 脛	腎 脚
	地反	1 脈・膽・兩手	2 十指・肝・血管	3 咽・面・大腦・齒	4 小腦・眼・心・舌	5 胸皮層・命門・背・脚	6 脾・腕・胃・胞・脣・兩脚	7 肺・大腦・肋膜	8 鼻・呼吸器・小腦頭・精血	9 腎・痔・水氣・便	10 耳・尿道・陰部・子宮・膀胱

第3節 補充硏究

(1) 官殺並見(正官과 七殺이 同時에 天干에 나온 경우)

(1) 官殺並見의 影響
① 日主가 剋制를 喜하는 경우, 官殺이 함께 나타나면 그 吉兆가 增幅된다.
② 日主가 剋制를 忌하는 경우, 官殺이 함께 나타나면 凶兆가 增幅된다.

③ 日主가 正官을 必用으로 하는 경우, 七殺이 出하면 官殺混雜이 되어 命局이 失淸하므로 한平生 苦生이 많게 된다.
④ 日主가 七殺을 必用으로 하는 경우, 正官이 出하면 官殺混雜이 되어 命局 亂脈을 이루어 한 평쟁 奔走함이 많아진다.
⑤ 正官이 用神인데 七殺이 混해 있는 경우, 去官(剋하거나 合이 되는 것)하는 變通星이 있으면 凶이 되지 않는다.
⑥ 七殺이 用神인데 正官이 混해 있는 경우, 去官 變通星이 있으면 凶이 되지 않는다.
⑦ 正官이 用神인데 七殺이 混해 있는 경우, 去官하는 變通星이 없으면 凶이 된다.
⑧ 七殺이 用神인데 正官이 混해 있는 경우, 去官하는 變通星이 없으면 凶이 된다.

(2) **官殺並見의 喜忌**
① 身弱으로서 印星이 있을때는 官殺並見을 喜한다.
② 身强으로서 財星이 있을때는 官殺並見을 喜한다.
③ 身弱으로서 無印星일때는 官殺並見을 忌한다.
④ 身强으로서 食傷이 있고 無財星일때는 官殺竝見을 忌한다.
⑤ 正官을 忌하는 命局에 傷官이 있어 有制된 경우, 다시 七殺을 보는 것을 忌한다.
⑥ 七殺을 忌하는 命局에 食神이 있어 有制된 경우, 다시 正官을 보는 것을 忌한다.

(3) **官殺竝見의 去留法**
① 官殺竝見의 命局은 官殺中 하나를 去하게 함을 必要로 한다.
② 官殺竝見의 命局일때, 官殺이 協力를 必要로 할때는 去함을 좋아하지 않는다.
③ 官殺竝見에 食神으로써 偏官을 去하게하고 正官을 殘留케 한다.
④ 官殺竝見에 傷官으로써 正官을 去하게하고 七殺을 殘留케 한다.
⑤ 官殺竝見일때 食神과 傷官이 함께 있으면 正官도 七殺도 同時에 去해 버려서 官殺이 없는 것과 마찬가지가 된다.
⑥ 甲日生으로서 辛正官과 庚七殺이 天干에 있는 경우, 丙食神이 있으면 辛과 干合해서 合官留殺로 偏官이 남고 正官은 作用을 잃는다.

⑦ 甲日生으로서 庚과 酉가 있는 경우, 七殺이 매우 强하므로 官殺混雜이 되지 않는다.
⑧ 甲・乙日生으로 申酉가 있으면 巳나 寅으로서 去申하거나 혹은 午나 卯로서 去酉시켜야 한다.
丙・丁日生으로 亥子가 있으면 辰이나 戌이나 巳로서 去亥하거나 혹은 丑이나 未나 午로서 去子시켜야 한다.
戊・己日生으로 寅卯가 있으면 申으로서 去寅하거나 혹은 酉로서 去卯시켜야 한다.
壬・癸日生으로 辰戌丑未가 있으면 寅으로서 去辰戌시키거나 혹은 卯로서 去丑未시켜야 한다.
⑨ 戊・己日生으로 寅卯가 있는 경우, 다시 午戌이 있으면 寅은 午戌과 會局해서 印星이 되어 官殺은 卯하나가 된다.
庚・辛日生으로 巳午가 있는 경우, 다시 酉丑이 있으면 巳는 酉丑과 會局해서 比劫이 되어 官殺은 午하나가 된다.
甲・乙日生으로 申酉가 있는 경우, 다시 子辰이 있으면 申은 子辰과 會局해서 印星이 되어 官殺은 酉하나가 된다.
丙・丁日生으로 亥子가 있는 경우, 다시 卯未가 있으면 亥는 卯未와 會局해서 印星이 되어 官殺은 子하나가 된다.
壬・癸日生으로 丑辰이나 未戌이 있는 경우, 巳酉가 있으면 丑과 會局하고, 申子가 있으면 辰과 會局하고, 寅午가 있으면 戌과 會局하고 亥卯가 있으면 未와 會局한다. 그러므로 남은 地支가 단 하나의 官殺이 된다.
⑩ 丙・丁日生으로 逢亥子한 경우, 辰을 보면, 子는 從辰해서 入庫되어 亥만이 官殺로서 남게 된다.
庚・辛日生으로 逢巳午한 경우, 戌을 보면, 午는 從戌해서 入庫되어 巳만이 官殺로서 남게 된다.
戊・己日生으로 逢寅卯한 경우, 未을 보면, 卯는 從未해서 入庫되어 寅만이 官殺로서 남게 된다.
甲・乙日生으로 逢申酉한 경우, 丑을 보면, 酉는 從丑해서 入庫되어 申만이 官殺로서 남게 된다.
⑪ 庚辛 혹은 申酉가 同時에 있는 경우, 甲, 乙, 寅, 卯 등을 去하게할 수 있으면, 甲寅, 乙卯 등을 去할 수도 있다. 그러나 庚辛, 申, 酉 등이 단 하나인 경우, 甲乙, 또는 寅卯를 去케함은 不可能하다.
⑫ 官殺並見인데 食傷도 並見인 경우, 傷官이 有力하면 留七殺되고, 食神이 有力하면 去七殺되어 留正官하다.

⑬ 陰日生은 有傷官일때 去正官의 役割과 合殺인 七殺과 干合하는 두가지 作用을 하게 된다. 만약에 正官에 가까우면 去正官하고 留七殺하게 되고, 七殺에 가까우면 合七殺해서 留正官하게 된다.
　陽生日은 有食神일때 去殺과 合官의 두 作用을 하게 된다. 七殺이 가까우면 居殺留官하게 되고, 正官이 가까우면 正官과 合해서 留七殺하게 된다.
　陰日이 食神은 去殺作用뿐만 있고 合官되지 않는다 마찬가지로 陽日의 傷官도 去官作用만 있고 合殺되지 않는다.

(4) 初學捷徑

官星을 用神삼으면 傷官을 두려워하고, 官星이 用神이 아닐때는 傷官을 두려워 않는다.
財星을 用神삼으면 比劫을 두려워하고, 財星이 用神이 아닐때는 比劫은 두렵지 않다.
印星을 用神삼으면 財星을 두려워하고, 印星이 用神이 아닐때는 財星은 두렵지 않다.
食神을 用神삼으면 偏印을 두려워하고, 食神이 用神이 아닐때는 偏印은 두렵지 않다.
七殺이 用神일때는 食神을 두려워 한다. 그리고 食傷이 多하면 凶兆를 가리킨다.
日主와 七殺이 힘이 同等位일때는 食神이 制殺함을 喜한다.
七殺이 重하고 日主가 輕한 경우는 印星이 七殺을 泄하고 日主를 生扶해 줌을 좋아한다.
日主가 强하고 七殺이 弱할 경우는 財星이 七殺을 生助해 줌을 좋아한다.
羊刃이나 比劫이 重일때는 食神 傷官이 必用 하다.
羊刃이 多한데 逢官殺하면 災厄이 일어난다.
財星이 多한데 身弱이면 比劫이나 羊刃을 좋아한다.
比劫이 多하고 財輕이면 食神을 喜한다.
官星이 旺하고 日主가 衰해 있을때는 印星을 喜한다.
官星이 衰하고 印星이 旺해 있을때는 財星을 喜한다.
七殺이 多한데 食神이 重일때는 偏印이 必要하다.
財星이 多한데 七殺이 成黨하고 있으면 羊刃을 喜한다.

(5) **燥濕論**
　命局이 亢燥하면 潤澤을 喜하고 潮濕하면 喧燥를 喜한다.
命局이 亢燥하다고 하는 것은
① 水가 없거나 水가 적은것.
② 夏節生人
③ 木火가 多한 것
　以上의 3條件에서 두가지가 갖추면 亢燥之命이 된다. 이런 경우, 喜神이 土일찌라도 燥土를 만나면 별반 吉兆가 없으며, 濕土를 만나야 비로소 吉兆를 얻는다.
命局이 潮濕하다고 하는 것은
① 火가 없거나 火가 적은것.
② 冬節生人
③ 金火가 多한 것
　以上의 3條件에서 두가지가 갖추면 潮濕之命이 된다. 이런 경우, 喜神이 土일찌라도 濕土를 만나면 별반 吉兆가 없으며, 燥土를 만나야 비로소 吉兆를 얻는다.

〔**地支五行 潮濕의 區別**〕天干五行에는 燥濕의 區別이 없으나 地支에는 嚴然히 있다.
子: 純水로서 燥濕의 區別이 없다.
丑: 癸水를 藏하므로 濕土와 濕金이 된다.
寅: 丙火를 藏하므로 燥木와 燥土가 된다.
卯: 純木으로서 燥濕이 區別이 없다.
辰: 癸水를 藏하므로 濕土와 濕木이 된다.
巳: 丙火를 藏하므로 燥土와 燥金이 된다.
午: 丁火를 藏하므로 燥土가 된다.
未: 丁火를 藏하므로 燥土와 燥木이 된다.
申: 壬水를 藏하므로 濕土와 濕金이 된다.
酉: 純金이므로 燥濕의 區別이 없다.
戌: 丁火를 藏하므로 燥土와 燥金이 된다.
亥: 壬水를 藏하므로 濕土와 濕木이 된다.

附錄篇

第1節　命學運氣의 바이오리듬

(1) 吉凶을 決定짓는 扶抑과 調候

1. 扶抑=扶抑이란 援助하거나 抑制하거나 하는것을 이르는 것이다. 우리가 살아서 活動해가기 위해서는 우리의 身體가 新陳代謝를 行하지 않으면 않된다. 즉 우리의 身體는 음식물을 섭취하면 그 영양이나 칼로리를 運動에 의해서 消耗시킨다. 영양과 칼로리가 있는 음식물을 많이 취하고 그 量에 상당하는 活動을 行하는 것이 바람직하며, 新陳代謝가 큰 사람일수록 큰 活動을 할 수 있다.

이와 反對로 음식물을 많이 섭취하고도 조금도 運動을 하지 않는다면 消化不良을 일으켜서 病이 되고만다.

또 태어날 때부터 보통사람 보다 優秀한 才能과 實力이 있는 사람은 그 힘을 社會를 위해, 사람들을 위하는 일에 십분 發揮하므로서 비로소 훌륭한 사람이라 할 수 있다. 아무리 優秀한 才能을 지니고 있어도 이것을 活用하지 않으면 소용이 없다.

反對로 태어날 때부터 身體障碍者였거나 보통사람이 肉體나 才能에 惠澤받지 못한 사람은, 社會의 도움이 必要하며, 사람들의 援助없이는 해나갈 수가 없다. 扶抑이란 이와 꼭 같은 理致인 것이다.

日干이 强한 사람은 태어날때부터 實力이 있는 사람, 또는 영양을 많이 섭취한 사람에 해당하고, 日干이 弱한 사람은 태어날 때부터 肉體나 才能에 惠澤을 받지 못한 사람에 해당된다.

그러면 다음에 당신에게는 어떤 五行이 吉이되고 凶이 되는지 예를들어 보기로 한다.

〈例〉日干이 甲이나 乙일때, 寅, 卯 月生은 日干이 最强이다. 이와같이 日干이 强한 사람은 그 强한 에너지를 相生, 相剋으로서 放出하는 것이 吉이 된다. 이를테면 甲, 乙은 제각기 陽木, 陰木을 나타내며 모두 木이다. 木은 相生에 의해서 그 에너지를 火에게 주는 것이므로, 最强의 甲, 乙에게는 火가 吉이 된다. 또 木은 相剋에 의해서 金, 土가 吉이 된다.

그러나 水는 相生에 의해서, 또 같은 同類五行에 屬하는 木은 어느것이나 甲, 乙에 에너지를 더해주므로서 强한 甲, 乙의 힘을 더욱 强하게해서 그 新陳代謝를 나쁘게 하므로 水, 木은 凶이된다.

2. 調候＝調候란 氣候를 調節하는것, 즉 冬節의 寒冷한 氣候일때는 따뜻하게 暖하게하고, 夏節의 炎暑에는 시원하게 凉하게 한다는 뜻이다.

지금 日干이 乙木으로서 月支가 仲冬인 子月生을 例로 든다면 이 사람은 丙火가 吉하다는 것이 된다.

乙木은 甲木이 大木인 것에 比較해서 喬木이나 花草를 뜻한다. 花草는 추운 冬節 子月의 氣候 속에서는 잘 成長되지 못한다. 그래서 찬 氣候를 따뜻하게 해주는 太陽光線을 나타내는 丙火가 必要하다. 丙火가 있으면 乙木은 잘 成長해서 아름다운 觀賞用의 花草가 될 수 있다. 그래서 子月生의 乙木에는 陽火인 丙火가 吉하다는 것이 된다.

陰火인 丁도 子月生 乙木日生에게 吉하지만 丁火는 화로불을 뜻하므로 燃料를 불태우는데는 吉하나, 氣候를 따뜻하게 한다는 면에서는 丙火보다 못하다.

日干의 (各月支에서의)强弱早見表

24節氣	立春	驚蟄	清明	立夏	芒種	小暑	立秋	白露	寒露	立冬	大雪	小寒	立春
四季 日干　月支	春			夏			秋			冬			
	寅	卯	辰	巳	午	未	申	酉	戌	亥	子	丑	
甲乙 日主	最强	衰	弱	弱		最弱	最弱		小强		小强		
丙丁 日主	小强	小强	最强	衰	弱		弱		最弱		最弱		
戊己 日主	弱	强	最强	最强		弱	强		最弱		强		
庚辛 日主	最弱	小强	弱	小强		最强	强		弱		小强		
壬癸 日主	弱	弱	最衰	最弱		小强	弱		最强		衰		

五行配屬事象分類表 ⟨禮記에 依함⟩

五行	木	火	土	金	水	보 기
五星	歲星	熒惑	鎭星	太白	辰星	五星은 五行星이며, 당신의 별, 위로부터 차례로 木星, 火星, 土星, 金星, 水星이다.
五時	春	夏	土用	秋	冬	五時는 季節로서 春·夏·秋·冬季節에 四立前 18日인 土用節까지 五季로 삼았다. 木이 吉한 사람은 春節이 吉함.
五方	東	南	中央	西	北	五方은 方位를 가리키는 것으로서 가령 火가 吉한 사람은 南方이 吉이 된다.
五味	酸	苦	甘	辛	鹹	五味는 당신의 體質에 필요한 맛이다. 가령 金에 吉한 사람은 매운김치가 吉하다. 鹹은 짠맛이다.
五色	靑	赤	黃	白	黑	五色은 이른바 당신의 럭키·컬러, 幸運을 가져다 주는 색깔이다.
五感	眼	舌	口	鼻	耳	五感은 당신에게 德(得)이 되는 感覺이다. 가령 木이 吉人일 경우 눈에 좋아서 당신은 덕(득)을 본다.
五臟	肝	心	脾	肺	腎	五臟은 당신에게 得이 되는 身體器官이다. 가령 木이 吉人이라면 肝臟이 强健해서 得이 된다.
五腑	膽	小腸	胃	大腸	膀胱	五腑는 당신에게 得이 되는 身體器官이다. 가령 水가 吉人이라면 膀胱이 强健해서 排泄作用이 순조롭다.
五志 (五情)	怒 (憤)	喜 (笑)	思 (慮)	悲 (憂)	恐 (怖)	五志(五情)은 感情이다. 가령 木이 吉人이면 노여움을 나타냄이 幸運을 이끌어다 준다.
五欲	名譽慾	色情慾	飮食慾	財物慾	睡眠慾	五欲은 당신이 지니고 있는 강한 慾望을 가르킨다.
數	生數3 成數8	生數2 成數7	生數5 成數10	生數4 成數9	生數1 成數6	數는 당신의 幸運數·生數는 타고난 數, 成數는 成人이 된 다음의 數이다. 이 두數는 함께 幸運에로 유도해 주는 數이다.

喜忌五行과 바이오리듬
四柱가 밝히는 당신의 不老法

生命에 關係되는 吉凶 運氣의 바이오리듬은 命學의 法則으로 누구나 쉽게 찾아낼 수 있다.

먼저 出生月의 月支와 生日天干(日干~日主)을 對照해서, 日干의 强弱을 살핀다음 抑扶와 調候에 依한 喜·忌五行을 찾는 것이다. 이 喜·忌五行에 의해서 各自가 어떻게 살아가는 것이 가장 吉한가, 또는 당신의 生命에 關係되는 凶인가, 하는 바이오리듬을 알아 낼 수 있다.

이 命學 運氣 바이오리듬 不老法으로는 다음과 같은 事項을 重視해서 活用할 수가 있다.

(1) 당신에게 적합한 季節
(2) 당신은 어떤 感情을 지니는 것이 좋은가, 즉 당신에 알맞는 精神狀態의 양상
(3) 당신의 適職
(4) 당신의 스트레스 發散法
(5) 당신에게 알맞는 음식 즉 五味(신맛, 쓴맛, 단맛, 매운맛, 짠맛)는 무엇인가.

앞에 실은 五行(木·火·土·金·水) 配屬 事象(이 世上의 모든것)分類表를 실었다. 이 分類表는 周代 末期에서, 秦漢時代에 編纂된 禮記에서 引用한 것이다.

이 分類表로 感情(五志), 職業, 趣味, 스포츠(스트레스 發散法으로 活用함), 먹거리(五味), 기타 등을 알아내는데 活用하시라.

여기에서의 吉凶이란 당신의 健康, 經濟, 對人關係, 社會的인 地位 名譽와 같은 面에서 良好할때를 吉, 이와 反對될 때를 凶으로 삼고 있다. 이 吉·凶은 幸·不幸과는 다른 것이다.

幸·不幸이란 價値觀의 問題로서 남의 볼때는 매우 悲慘한 경우에 處해 있다고 해도 當者 스스로가 自身은 幸福하다고 여기고 있다면 幸福한 것이다.

反對로 남의 볼때에는 참으로 부러우리만큼 惠澤받은 環境에 處해 있어도 當者 스스로가 自身은 가장 不幸하다고 생각한다면 不幸인 것이다.

困에 屬한 무리
職　業

行政과 關係되는 國家·地方公務員. 敎授, 敎師등 敎育關係. 藥劑師

등 醫藥關係, 鍼灸, 指壓, 맛사지등 治療關係. 僧侶, 司祭, 神官, 牧師등 宗敎關係. 易術人, 占師, 巫覡등 祈禱關係. 木材, 薪炭, 竹材, 麻, 製紙, 펄프, 紙物등의 販賣商. 製系, 纖維, 織物關係. 木器, 漆器, 돗자리, 花紋席, 簾, 家具, 木手, 木工藝關係 其他 木과 關係있는 職業.
스트레스 發散法
名刹, 佛閣, 聖地 祈禱 參拜 佛供등 信仰心으로서 宗敎的인 活動이나 行事에 參與할것. 自願奉仕活動, 易術, 占卜, 굿, 祈禱關係. 庭園觀賞. 봄철 田園이나 森林休養地등에의 나들이. 植木, 盆栽, 花草손질. 織物, 漆器와 親해짐. 休日木手. 남에게 가르치는 것.

囚에 屬한 무리
職 業
繪畵, 彫刻등 美術工藝關係. 소리, 노래, 歌曲, 歌謠, 樂器 등의 音樂關係. 書畵, 骨董關係. 化粧品, 洋品小品, 服飾, 高級衣類, 디자인 裁縫, 裝飾品關係. 理容, 美容, 化粧등 美容關係, 新聞, 雜誌, 書籍, 執筆, 編輯, 言論, 文學, 語學關係. 辯護士, 法務士등 法律關係. 理化學關係. 演藝人, 俳優, 劇團등 演技關係. 電氣, 가스, 가솔린, 燃料, 에너지 기타 火와 緣이 있는 職業.
스트레스 發散法
뮤직, 음악감상, 樂器演奏, 가라오케, 소리, 노래, 音樂, 作曲등 音樂關係. 書藝, 繪畵關係. 美術工藝, 裝飾品關係. 玩具, 書畵, 骨董關係. 彫刻, 染色關係. 演劇關係. 讀書, 著述關係. 日光浴, 溫泉, 電氣治療, 아마츄어通信(햄).

田에 屬하는 무리
職 業
農業(주로 흙을 손수다루는것) 土木關係. 미장이, 타일 陶器關係. 鑛山關係. 養蠶, 養禽, 牧畜關係. 土石, 자갈, 기와, 벽돌, 스레트關係, 기타 土나 農事에 緣이 있는 職業.
스트레스 發散法
家庭菜園, 흙만지고 다루기. 陶磁器關係. 土石, 기와, 벽돌, 스레트등을 다루는 휴일목수. 흙이나 農事關係와 친숙해짐. 田園에서 居住한다.

囧에 屬하는 무리
職　業
　金, 銀, 銅, 鐵등 金屬一切와 關係있는 職業. 機械, 時計, 刀劍, 銃砲關係. 鑄物, 대장장 鐵工業, 銀行, 金融, 有價證券關係. 典當鋪, 葬儀, 祭祀關係. 軍人, 警察, 警備員.

스트레스 發散法
　오토바이, 自動車등 機械만지기. 金, 銀, 銅, 鐵등 金屬一切와 關係있는 趣味. 金錢計算해보기.

困에 屬하는 무리
職　業
　數學, 哲學關係. 水産, 漁業, 漁具關係, 船員, 船具關係. 水力事業. 간장, 된장, 茶, 커피, 麥酒, 쥬스등 食料關係. 鮮魚, 乾魚物, 飮食物關係業. 料食業, 茶房, 酒店, 카페, 카바레등 소위 물장사. 外交, 外販, 涉外關係등 對人關係를 主로하는 業. 갬블(내기, 노름, 도박)적인 要素를 지닌 일거리.

스트레스 發散法
　수영, 海水浴, 河川이나 湖水, 沼澤地를 노니는것, 또는 그런 근처에 居住하는 것. 數學, 哲學關係의 趣味.

日主對生月 吉·凶(喜·忌)五行 早見一覽表

日干	甲		乙		丙		丁		戊		己		庚		辛		壬		癸	
生月	吉	凶	吉	凶	吉	凶	吉	凶	吉	凶	吉	凶	吉	凶	吉	凶	吉	凶	吉	凶
子月	火土金	水木	火	水木	木	水火	木金土	水金	火	水金土	火土	水木	火土金	水木	火金	金水火	水木火	水金	木火土	水金
丑月	火	水木	火	水木	木火	金水土	金土	水金土	火	水金土	火	禾金	水	木	水	木	木火	水金	木火	水金
寅月	火土金	木水	火土金	木水	土金	木火土	木	火土	金	木土	火	木水	木	火土	火土	木水	金	木水	木火土	金水土
卯月	金火土	木水	火土金	木水	土金	木水	木	火土	金	木土	火	水木	木	火土	土	木金水	金	木火土	木火土	水
辰月	金火	木水	水	土金	土	金	土	木金	火	金	金	水	金	水	木	金	木火水	土	木火土	水
巳月	水木	火	水木	火土	水	火金	水	火金	水	火土	水	火土	水	火	金	火木	金	火水	金	火土木
午月	水木	火土	水木	火土	水	火金	水金	火木	水金土	火水	水	火土	水	火土	金	火水	金	火木	金	火土木
未月	水木	金土	水木	金土	水	火金	水	火木	金水木	火土	金水	火木	水	火土	水	火金	金	火木水	金	火土木
申月	木火水	金土	木火水	金土	木	火土	金	火水	金	火土	金	火水	金	火土	水	火土	金	火水	木	金水
酉月	木火水	金土	木火水	金土	木	火土	金	火水	金	火土	金	火水	火	土	土	火水	金	火水	木	金水
戌月	木	土水	木	土金	木	土金	土	木金水	木	金水	木	土水	土	金	土	金	金	火水	金	土火
亥月	火土金	水木	火	水木	火	木火	木	火	金	水	火	水土	火	金水	火土	金木	木火土	水	木火土	水金

第2節 調候用神

(1) 調候用神의 原則

天干은 天道로 삼고 地支는 地道로 삼으며, 天干地支는 모두 木과 火는 暖이 되고 金과 水는 寒이 된다. 地支는 東西南北 四方에 配屬해서 東과 南은 陽으로서 暖이되고 西와 北은 陰으로서 寒이 된다. 이에 이르러 生日과 生月을 對照한 時令 즉 氣候를 論한 것이다.

이 生月時令과 다른 五行寒暖의 상태에 의한 氣候의 調和, 不調和를 아는 것이다. 만약에 지나치게 暖燥할때는 雨露를 喜하며 이를 潤케 한다. 지나치게 寒濕할때는 太陽으로서 이를 煖暢케함이 마땅하며 이는 生剋制化의 常法은 아닐지라도 이 氣候의 調和 如何는 能히 運命興衰의 根本을 이루는 것으로서 이와같이 人命은 必히 天理를 떠나지 않는 所以인 것이다.

天地의 氣를 받아 태어난 이상 偏하지 말것이다. 이를테면 過暖하거나 過寒하는 등 燥濕이 치우치면 華麗하더라도 結實없는 한 平生의 福澤또한 滿缺盈虛는 면치 못한다.

事物의 發育生成함은 陽氣인 火와 陰氣의 水가 相逢해서 비로서 밖으로 精華가 發泄해서 生成의 妙理를 나타낸는 것이다. 木火에 生成해서 金水에 形體를 整하는 것이여 예컨데 樹木은 春夏에 繁盛해서 秋에 結實하며 冬에 收藏한다. 金은 秋에 屬하고 衆物과 달라 堅剛한 것이다. 金體는 健康하며 秋에 이르러서 結實하며 外皮는 堅하고 內는 柔軟하다.

天은 子에 開하고 地는 丑에 開하며 人은 寅에 生한다. 寅은 木에 屬하는 까닭에 生成을 하는 것으로서 우리들의 오늘날 生活의 根源인 衣食住는 모두 植木이다. 衣類는 木으로서 製作하고 食은 五穀·野菜·果實도 木이다. 이와같이 木火土金水의 五物을 떠나서는 生活을 營爲하는 일은 불가능하다.

사람은 萬物의 靈長으로서 大天地와 함께 小天地이다. 그러므로 寒暖의 理를 究明해야 되는 것이다.

우리들 人間은 四季氣候를 感受해서 태어났으므로 氣候의 寒暑는 直接 영향을 받음은 물론이다. 命學에서 氣候의 調整을 하는 法則을 調候用神이라 이름지어 生剋制化의 理法에 의한 用神과 더불어 必需의인 것이라 할 수 있다.

이 調候用神은 命學의 賢哲들이 實地體驗에 의해서 千古不滅의 原則을 體得한 것을 「欄江網」이라고 題하였던 秘中秘奧이며 春台先生에 依해서 「窮通寶鑑」으로 알려져온 것이다.

命學은 生月을 主로 삼으므로서 節氣를 중요시하며 四時氣候는 天理에 由하여서 變化하고 五行의 性質은 이에 따라 同一치 않다. 天理를 알려면 節氣의 深淺을 관찰해서 生日인 己身日干과 生月에 따라서 氣候의 溫暖寒冷에 의한 調候用神을 求하는 것이다.

氣候와 運命과는 떨어질 수 없는 連帶的 관계를 갖는 것이며, 命學은 其時에 있어서의 眞氣候를 취택해서 活用하는 것이다. 이 選用法은 生日天干 對 生月마다 區別해서 列擧하고 있다.

(2) 調候用神看法

命式은 千變萬化하다 하더래도 生日天干 對 生月마다에 調候用神 天干을 가리키고 있으며 만약 이 神이 있을때는 貴命이며 이것이 없을때는 賤命으로 보는 것이다. 이리하여 格局의 高低와 並用해서 推命한다면 저절로 運用에 通達하게 될 것이다.

이에 예를 들어보면 甲日寅月生人은 丙火를 調候用神으로 하고 癸水가 補佐用神이 되어 있다. 命局中에 이 神이 있으면 生剋制化의 理法이 아닌 理外之理를 採擇한 것으로서 이를 칭하여 體를 밝혀서 立用한다고 한다. 이 法은 命式을 組成하면 生日과 生月마다 對照해서 命局의 體性을 求해서 解說에 意를 쓴다면 반듯이 熟達을 얻는다. 生日과 生月欄 밑에 調候用神欄에는(丙癸) 등이 記入되어있어 活用에 容易하게 꾸며져 있다. 예를들면,

甲日生의 調候用神 一覽表에 의하면 「甲日卯月」은 「庚」과 「丙丁戊己」의 活動作用을 본다.

생년 甲午　　이 命局은 木火通明, 사람됨이 聰明淸雅하며 生年과 月日
생월 丁卯　　은 甲木, 生月과 生時는 丁火인 故로 兩干不雜格이되어 利
생일 甲寅　　名通達할 사람이다.
생시 丁卯　　　庚이 調候用神이 없으므로 丙丁을 用하며 月과 時에 丁이 있다. 生年인 午中에는 丙, 生日寅中에도 丙이 있다. 이로서 富裕하지만 貴命은 되지못한다. 戊辰, 己巳의 財運에 行運이 돌아서 吉運이 되었다.

甲日生巳月의 調候用神은「癸」補佐用神은「丁庚」

생년 丙午　이 命局은 月上에 癸水의 調候用神이 있고 丁은 午中에 庚
생월 癸巳　은 巳中에 있다. 貴하지만 命中에 火勢가 旺하여 午運에 돌
생일 甲子　았을때 眼病에 罹患했다.
생시 丙寅

庚日生辰月의 調候用神은「甲」, 補佐用神은「丁, 壬癸」

생년 戊子　이 命局은 土旺해서 金을 生해주고 金은 더욱 健剛이 되었
월일 丙辰　다. 丁火를 用하며 甲木은 戊土를 制한다. 그런데 甲의 調
생일 庚午　候가 없고 丁壬癸는 모두 있지만 甲이 없어 立業을 이룰 수
생시 壬午　가 없다. 甲, 丁 二者中 一을 缺할 때는 富貴가 眞이 되지
　　　　　못한다.

이상과 같이 天干과 地支透干과 深藏어디에서나 調候用神을 끌어내어 生日天干과 生月과를 對照하여, 調候用神의 有無에 따라 살펴보면 즉각 富貴貧賤 기타를 살펴 볼 수가 있다.

　(3) **生日對生月 調候用神一覽表**

　甲日에서 癸日에 이르는 生日天干과 각자의 生月에 따른 調候用神을 찾아보기 쉽도록 다음에 各日干마다에 따른 調候用神 一覽表를 실었다.

　四柱命局을 내었을 때, 그 生日干部를 찾아서 生月에 對照하면 그곳에 調候用神과 補佐調候用神을 알아내고 그곳에 적힌 活動作用을 먼저 찾아서 읽어보면 吉凶은 저절로 判然해질 것이다. 詳細한 解說은 窮通寶鑑을 購讀함이 좋을 것이다.

附錄篇

〔甲日生〕調候用神一覽表

生月	調候用神	補佐用神	活 動 作 用
寅月	丙	癸	氣候調和를 要함으로써 丙을 主로 삼고 癸水를 補佐로 한다.
卯月	庚	丙丁戊己	陽刃殺을 用하고 戊己의 財는 殺을 生하여 補佐로 한다. 庚이 없을 때는 丙丁을 用하며 制殺을 取用하지 않는다.
辰月	庚	丁壬	庚金을 用할때는 丁火로서 이를 制하고 傷官制殺이 된다. 庚이 없으면 壬을 用한다.
巳月	癸	丁庚	癸水를 主로 삼으며 命局이 無水潤일 때는 庚丁을 用으로 삼는다.
午月	癸	丁庚	木性이 虛焦하므로 癸水를 主삼고 無癸면 丁을 用한다. 行運 北地를 喜하고 木盛할 때는 先庚하고 庚盛이면 先丁한다.
未月	癸	丁庚	上半月은 前月과 같이 用癸하고 下半月은 庚丁을 用한다.
申月	庚	丁壬	傷官은 制殺하고 無丁이면 用壬한다. 富하지만 貴는 못된다.
酉月	庚	丙丁	用丁으로 制殺하고 用丙으로서 調候한다. 丁丙을 함께 用하고 補佐로 한다.
戌月	庚	甲丁壬癸	土旺時는 用甲木하고 木旺時는 用庚金한다. 丁壬癸는 補佐用神으로 한다
亥月	庚	丁丙戊	用庚하되 丁으로 이를 制하고 丙은 調候가 되며, 水旺하면 戊를 用한다.
子月	丁	庚丙	木性이 受寒하므로 先丁하고 後庚한다. 丙火는 補佐가 된다. 地支寅巳를 보면 貴格之命
丑月	丁	庚丙	丁火를 用하며 巳寅甲木은 補佐로 한다. 用庚할때는 甲을 剪刀로 삼아서 丁을 用한다.

〔乙日生〕調候用神 一覽表

生月	調候用神	補佐用神	活　　動　　作　　用
寅月	丙	癸	丙火를 用하여 解寒하고 癸水는 滋潤한다. 火多면 用癸한다.
卯月	丙	癸	癸水로서 滋木케하고 丙으로서 吐秀케한다. 金을 보면 不宜한다.
辰月	癸	丙戊	地支水局을 이루면 戊土로써 補佐삼는다.
巳月	癸	庚辛	丙火는 逢祿이 된다. 專用 癸水하고 庚辛은 補佐로 한다.
午月	癸	丙	上半月은 癸水를 用하고 下半月生은 丙癸를 幷用한다.
未月	癸	丙	土木을 潤케하는 癸水를 用하고 四柱에 金水 多일 때는 先用 丙火한다. 夏月의 壬癸는 戊己土를 싫어한다.
申月	丙	癸己	庚金은 司令인 丙火를 用하여 이를 制하고 癸水로서 化印케 한다. 丙癸를 論치 않고 己土를 補佐로 한다.
酉月	癸	丙丁	上半月은 先癸하고 後丙하며, 下半月은 先丙하고 後癸한다. 無癸일때는 用壬하고 金局을 이루면 用丁한다.
戌月	癸	辛	辛金은 水源이되며, 甲을 보면 등나무덩굴의 用을 이룬다.
亥月	丙	戊	乙木은 向陽性이다. 丙火를 專取하며 水多일 때는 戊土로 補佐삼는다.
子月	丙		寒木向陽은 丙火로 專取하며 癸水를 봄을 꺼린다.
丑月	丙		子月과 한가지이다.

〔丙日生〕調候用神 一覽表

生月	調候用神	補佐用神	活 動 作 用
寅月	壬	庚	壬水를 用한다. 庚金은 水源이 되므로 補佐가 된다.
卯月	壬	己	壬水로서 專用한다. 無壬이면 己를 用한다. 水多일때는 戊土로서 이를 制하고 身弱일때는 用印으로 化한다.
辰月	壬	甲	壬水를 專用한다. 土重이면 甲을 補佐로 한다.
巳月	壬	庚	無壬이면 用癸, 庚으로써 補佐삼는다. 戊로서 制壬됨을 忌한다.
午月	壬	庚	壬庚이 있어서 申을 보아서 通根됨이 神妙하다.
未月	壬	庚	壬를 用하고 庚으로서 補佐삼는다.
申月	壬	戊	壬水가 申에 通根한다. 壬多일때는 戊의 制神을 必要로 한다.
酉月	壬	癸	四柱에 丙多면 一壬을 볼때 奇로하고 無壬이면 用癸한다.
戌月	甲	壬	土의 光蔽를 忌하므로 用甲으로 制土한다. 壬은 次로 삼는다.
亥月	甲	戊庚壬	壬水 司令에 水多면 甲으로써 化게한다. 身殺 兩旺함은 用戊로 이를 制하고 火旺일때는 用壬하며 木旺이면 用庚한다.
子月	壬	戊己	壬水를 用하면 戊로서 이를 制하고 無戊면 己로 代한다.
丑月	壬	甲	壬水를 用한다. 土多일때는 甲을 用하여 이를 制함이 必要하다.

〔丁日生〕調候用神 一覽表

生月	調候用神	補佐用神	活 動 作 用
寅月	甲	庚	用庚으로 劈甲해서 丁을 導引한다.
卯月	庚	甲	庚으로써 去乙하고 甲으로써 引丁한다.
辰月	甲	庚	甲木을 用하여 引丁 制土한다. 次에 庚金을 用하며, 木盛일 때는 用庚하고 水盛이면 用戊한다.
巳月	甲	庚	用甲으로 引丁하고 甲多일때는 庚을 取用한다.
午月	壬	庚癸	火多일때는 庚壬을 竝用해서 貴로 삼는다. 無壬이면 用癸한다. 이를 獨殺當權이라 한다.
未月	甲	壬庚	甲木을 用해서 壬을 化케해서 引丁한다. 用甲일때는 必히 庚을 欲한다.
申月	甲	庚丙戊	用庚하여 劈甲한다. 無甲이면 用乙하고 用丙으로 金을 暖케 한다. 無庚甲이면 用乙해서 丙을 본다. 水旺하면 用戊 한다.
酉月	甲	庚丙戊	前月과 同一作用 한다.
戌月	甲	庚戊	戊土가 있으면 傷官破盡한다.
亥月	甲	庚	庚金은 劈甲하여 引丁하고 甲木을 重用삼으면 庚金은 補佐가 된다. 戊癸는 臨機에 適用한다.
子月	甲	庚	亥月과 같은 作用
丑月	甲	庚	亥月과 같은 作用

〔戊日生〕調候用神 一覽表

生月	調候用神	補佐用神	活 動 作 用
寅月	丙	甲癸	먼저 丙暖을 要하며 土를 生한다. 다음 甲으로서 劈戊土하고 그 다음에 癸水로서 潤하게 한다.
卯月	丙	甲癸	前月과 같은 活動作用을 한다.
辰月	甲	丙癸	戊土가 司令을 得하므로 먼저 甲木으로 疏土케 하고 다음에 丙과 癸를 用한다.
巳月	甲	丙癸	前月과 같은 活動作用을 한다.
午月	壬	甲丙	暑熱之候이므로 먼저 壬水를 要하고 다음에 甲木을 用해서 丙火의 配置를 要한다.
未月	癸	甲丙	癸水의 調候가 急要하다. 다음에 丙火를 配用하고 土重이면 甲을 必要로 한다.
申月	丙	甲癸	漸次 陰氣가 되므로 먼저 丙火를 用하고 水氣多일때는 甲으로서 癸水를 泄케 한다.
酉月	丙	癸	丙暖을 用하되 水의 滋潤을 喜한다.
戌月	甲	丙癸	戊土가 當權을 得하므로서 먼저 甲木을 用하고 다음에 丙火를 取用한다. 金을 보면 先癸水하고 後丙火를 取한다.
亥月	甲	丙	甲이 아니면 靈스러움을 얻지 못하고 丙이 아니면 溫暖함을 얻지 못한다.
子月	丙	甲	丙火를 用하여 甲木을 補佐로 삼는다.
丑月	丙	甲	前月 같은 作用을 이룬다.

〔己日生〕調候用神 一覽表

生月	調候用神	補佐用神	活　動　作　用
寅月	丙	庚甲	用丙으로 解寒한다. 壬水를 봄을 두려워 한다. 水多時는 用土로 制하고 土多면 用甲한다. 甲多면 用庚한다.
卯月	甲	丙癸	用甲할때는 己土의 化合을 忌한다. 次用癸水로서 이를 潤케 한다.
辰月	丙	甲癸	先用 丙火한 後 用癸한다. 土多일 때는 甲木으로 疏土 한다.
巳月	癸	丙	暑熱之時므로 癸水는 必用이다. 有土면 欲丙한다.
午月	癸	丙	前月과 같은 活動作用을 한다.
未月	癸	丙	前前月과 같은 活動作用을 한다.
申月	丙	癸	丙火는 土를 溫하고 癸水는 土를 滋케하며 庚金이 得司令이다. 丙은 能히 制金하고 癸水는 泄金하므로 喜하다.
酉月	丙	癸	丙를 用하고 癸를 補佐삼는다.
戌月	甲	丙癸	戌月은 土盛하니 甲木으로 疏土시키고 다음에 丙癸를 用한다.
亥月	丙	甲戊	冬三月은 丙火로서 暖을 取하고 壬水가 旺하면 戊土로서 이를 制하고 戊多면 甲木을 取用한다.
子月	丙	甲戊	前月과 같은 作用을 한다.
丑月	丙	甲戊	亥子丑月은 같은 活動作用

〔庚日生〕調候用神 一覽表

生月	調候用神	補佐用神	活 動 作 用
寅月	戊	甲丙 壬丁	用丙으로 金性을 暖케하고 土多로 金埋일 때는 甲木으로서 土를 制한다. 火多일때는 土를 用하고 火局을 이루면 用壬한다.
卯月	丁	甲丙 庚	專用丁火한다. 借甲으로 引丁함 庚으로 劈甲하고 無丁이면 丙火를 用한다.
辰月	甲	丁癸 壬	頑金은 宜丁하다. 土旺이면 用甲하며 庚의 制는 不取한다. 地支火는 癸를 取하고 天干火는 宜壬이다.
巳月	壬	戊丁 丙	丙은 鎔金되므로 喜 壬水한다. 다음에 戊土를 取하며 丙火를 補佐삼으며 地支 金局은 丁火를 用한다.
午月	壬	癸	專用壬水한다. 癸水는 다음 간다. 無壬癸일때는 用戊己로서 泄火氣시킨다.
未月	丁	甲	地支 土旺하면 甲을 先取하고 丁은 後用한다.
申月	丁	甲	專用 丁火한다. 甲木은 引丁한다.
酉月	丁	甲丙	丁甲을 用해서 金을 鍛鍊한다. 丙火로서 氣候를 整한다.
戌月	甲	壬	土厚일때는 先用 甲木하고 次에 取壬水한다. 己土의 混水를 두려워 한다.
亥月	丁	丙	金寒水冷이 되므로 丙丁을 愛한다.
子月	丁	甲丙	丁甲을 取하고 次에 丙火로 暖케한다. 金寒水冷이므로 不入暖地하면 貧命
丑月	丙	丁甲	前月과 同一 活動作用

[辛日生] 調候用神 一覽表

生月	調候用神	補佐用神	活 動 作 用
寅月	己	壬庚	辛金은 失令하고 己土는 生身의 貴重인 것으로 金은 壬水의 功에 依賴한다.
卯月	壬	甲	壬己를 竝用하며 庚은 補佐삼는다. (寅卯月 同一 作用)
辰月	壬	甲	地支 亥子申을 보면 貴하다.
巳月	壬	甲癸	壬水는 調候用을 成하고 甲木이 있으면 戊를 制한다.
午月	壬	己癸	壬己竝用한다. 無壬이면 用癸한다.
未月	壬	庚甲	先用壬水하고 庚取 補佐한다. 戊는 忌하며 有戊이면 甲으로서 이를 制함.
申月	壬	甲戊	用壬水한다. 甲戊는 참작해서 用한다. 癸水를 싫어한다.
酉月	壬	甲	用壬水한다. 戊己를 보면 甲으로서 制土하고 無壬이면 丁을 用한다.
戌月	壬	甲	戌月은 辛金 火土를 싫어하며 壬甲으로서 藥을 삼는다.
亥月	壬	丙	先用壬水하고 後用丙한다.
子月	丙	戊甲壬	丙火로서 金寒을 煖하게 한다.
丑月	丙	壬己戊	先用丙火하고 後壬한다. 戊己는 버금간다. 必히 丙火를 要求한다.

〔壬日生〕調候用神 一覽表

生月	調候用神	補佐用神	活　動　作　用
寅月	庚	丙戊	無比劫일때는 用戊하지 않는다. 庚金을 專用하고 丙을 補佐로 한다. 比劫이 多일때는 戊를 봄이 佳良하다.
卯月	戊	辛庚	三春에 水多하면 戊土를 用하여 庚辛의 水源도 用한다.
辰月	甲	庚	甲은 季土를 疏土하고 다음에는 庚金을 取하고 金多면 丙으로서 制함이 妙하다.
巳月	壬	辛癸庚	壬水가 極弱하다. 庚辛水源을 取하고 壬癸를 補佐로 한다.
午月	癸	庚辛	庚으로서 水源을 取하고 癸를 補佐삼는다. 無庚이면 辛을 用한다.
未月	辛	甲	辛을 水源으로 用하고 甲木을 用해서 土를 制抑한다.
申月	戊	丁	丁火를 取하여서 戊土를 도웁고 戊土는 辰戌에 通根하며 丁火는 午戌에 通根한다. 通根일 때는 有用이 된다.
酉月	甲	庚	用甲이나 無甲이면 庚의 水源을 用한다.
戌月	甲	丙	甲으로서 戌中戊土를 制하고 丙火로서 補佐한다.
亥月	戊	丙庚	甲으로서 戊를 制하면 庚金을 救神으로 한다.
子月	戊	丙	水旺하면 戊를 用하고 丙으로서 調候삼는다. 丙戊를 兼用한다.
丑月	丙	丁甲	上半月은 丙火를 用하고 下半月은 丙을 用하면 甲木을 補佐로 한다.

〔癸日生〕調候用神 一覽表

生月	調候用神	補佐用神	活　動　作　用
寅月	辛	丙	辛으로 癸水를 生助한다. 無辛이면 用庚한다. 丙은 必히 必要로 한다.
卯月	庚	辛	乙木司令이니 專用 庚金하며 辛金은 이에 버금간다.
辰月	丙	辛甲	上半月은 用丙火하고 下半月은 丙火를 用해서 辛甲을 補佐로 한다.
巳月	辛		辛을 用한다. 無辛일때는 庚으로 代用한다.
午月	庚	辛壬癸	庚辛은 生身의 本이다. 丁火는 司權, 庚辛을 竝用한다.
未月	庚	辛壬癸	上半月은 火氣炎熱, 比劫이 있으면 助身된다. 前月과 同一 作用
申月	丁		庚金得祿이다. 用丁火한다. 丁火는 午戌未에 通根하며, 通根되면 妙로 한다.
酉月	辛	丙	辛金을 用하고 丙火는 補佐로 한다. 透함이 있으면 妙로 한다.
戌月	辛	甲壬癸	辛金을 專用하며 戊土를 忌한다. 有甲이면 用甲으로 戊土를 制함이 妙로 한다.
亥月	庚	辛丁戊	亥中의 甲木 坐長生하여 元神을 泄하므로 庚辛을 用함이 宜하다. 水多일 때는 用戊하고 金多일때는 用丁한다.
子月	丙	辛	丙火는 解氷하고 辛은 水를 助한다.
丑月	丙	丁	丙火는 解凍作用을 하며 巳午未戌을 보면 通根의 妙를 이루고 丁火가 있으면 夜間生은 貴命이다.

命學精釋

定價 10,000원

權威·信義
版　權
本　社
東洋書籍

1992年 3月 20日 印刷
1992年 3月 25日 發刊

著　者　洪　夢　鮮
發行人　安　永　東
發行處　出版社 東洋書籍
　　　　서울市 西大門區 峴底洞 83
　　　　Ⓣ 363-8683, 392-8371
　　　　Ⓕ 356-1521

登錄番號 第 6-11號
登錄日字 1976年 9月 6日